Christine Brückner · Woher und wohin

Christine Brückner

Woher und wohin

Autobiographische Texte

Herausgegeben und mit einem Nachwort
versehen von Walter Pape

05/09

*Ein interessantes Leben!
Eine Biographie, die viel,
sehr kurzweilig liest!*

Ullstein

© 1995 Verlag Ullstein GmbH, Frankfurt/M-Berlin
Alle Rechte vorbehalten
Satz: Dörlemann Satz, Lemförde
Druck und Bindung: Offizin Andersen Nexö Leipzig GmbH
Printed in Germany 1995
ISBN 3 550 067879

Gedruckt auf alterungsbeständigem Papier mit
chlorfrei gebleichtem Zellstoff

Die Deutsche Bibliothek – CIP-Einheitsaufnahme

Brückner, Christine:
Woher und wohin : autobiographische Texte / Christine Brückner.
Hrsg. und mit einem Nachw. vers. von Walter Pape. –
Frankfurt/M ; Berlin : Ullstein, 1995
ISBN 3-550-06787-9

Inhalt

Die Tafel am Haus

In der Nacht vor meiner Geburt – im Dezember 1921 – platzte der Kessel des Badeofens. Das Pfarrhaus, 1732 erbaut, war sehr kalt, nur in wenigen Räumen gab es Öfen. Das Wasser stürzte die hohe Treppe vom ersten Stockwerk ins Erdgeschoß hinunter. Mein weltferner Vater wußte nicht, wo sich der Haupthahn der Wasserleitung befand. Also erhob sich meine Mutter ein letztes Mal und machte der Wasserflut ein Ende. Wenig später erblickte ich das Licht der Welt; an einem Wintermorgen um 8 Uhr wird es nicht hell erstrahlt sein. Wie man auf die Welt kommt, daran soll man erkennen können, wie das künftige Leben verlaufen wird. Ich habe mich beeilt, daran teilzunehmen, eine rasche Geburt, aber: immer dicht an den Katastrophen vorüber. An dem alten Pfarrhaus hängt nun eine Tafel, auf der mein Name steht, vorerst ohne Lebensdaten.

Kleine Welt auf einem Kistendeckel

Den Namen des Lehrers habe ich vergessen. War es in jenem Volksschuljahr in Arolsen oder in der Sexta der Mädchenschule, oder ging ich schon aufs Gymnasium? Ein Kindergedächtnis ist wählerisch in dem, was es des Aufhebens für wert erachtet. Um so deutlicher ist die Erinnerung an jenes kleine Werk, das ich damals zustande brachte und an dem ich meine Vorstellung von der Welt und ihren Höhen und Tiefen zum ersten Mal sichtbar werden ließ.

Mein Vater stiftete dazu einen Zigarrenkistendeckel – unvergessen die Marke: Deli Sandblatt, unsortiert, von Heinrich Schulze in Arolsen –, Schreiner Flamme in Schmillinghausen gab eine ordentliche Handvoll Fensterkitt dazu, meine große Schwester besaß bereits einen Malkasten mit Wasserfarben. Und aus dem Deckel, dem Klumpen Kitt und ein wenig Braun und Grün, Blau und Rot entstand das Relief der Heimat: in der Mitte das Dorf und rundum die Berge – der Hellenberg, der Stock, der Tiergarten. Ein wenig höher vielleicht, als es der Maßstab zuließ – aber was wußte ich damals von Maßstäben? Wie konnte ich wissen, daß es Berge gab, die höher waren als der Stock?

Leuchtender als das Grün der Buchen auf meinem Relief habe ich später keines gesehen. Und dann die Täler! Wie anmutig zogen sie sich durch die Berge von Kitt! Nach Helsen zu Pessinghausen, wo die Walderdbeeren leuchtender und voller reiften als in den anderen Tälern; der Sprengel, in dem man frühmorgens im August Champignons suchte, und Holzhausen, wo einmal ein Dorf gestanden haben soll, das im Dreißigjährigen Krieg zerstört wurde, dort ging man ins Heu mit ›Mushöfers‹.

Natürlich waren Wande und Bicke nicht vergessen! Sie schlängelten sich in großen blauen Schleifen durch das Dorf, flossen vereint an Harseims Mühle vorbei, ostwärts ins Hessische, nach Volkmarsen, aber damals, als ich noch ordentlich Platt konnte, hieß das: Volkemissen.

Auf der Straße nach Rhoden, im Norden meines Reliefs, fehlten nicht die roten Dächer von Gashol, besonders rot, weil ja die Ziegelei dort war. Niemals wieder habe ich eine Wiese gesehen, auf der die Schlüsselblumen so golden blühten wie dort!

Nach Süden zog sich weiß das Band der Landstraße nach Arolsen, der tägliche Schulweg – vorbei an der Himmelswiese mit ihren Rehen. Heute ist das eine Bundesstraße, ich weiß nicht, welcher Ordnung; Lastwagen und Personenautos haben längst die Rehe von der Himmelswiese verscheucht.

Kein gewöhnliches Braun der Felder! Schließlich wußte ich, wer den Klee auf dem ›Brand‹ und wer den Roggen auf den ›Knippbergen‹ und die Kartoffeln auf dem ›Klusfelde‹ hatte. Wen nimmt es wunder, daß sich das Gelb des Weizens mit dem Rot des blühenden Klees mischte? Daß schließlich die blühenden Wiesen den Feldern mit Hederich und die Kartoffeläcker den Tannenwäldern glichen?

Ich hatte noch nicht gelernt, mich zu bescheiden. Es sollte alles da sein: Blumen und Wiesen, der Friedhof und die Mühle, das Forsthaus und das Wehr am Bach. Je mehr ich mich an meiner Aufgabe erwärmte, desto wärmer wurde auch der Kitt. Warm und weich. Von den Bergen schmolz das Braun der Tannen, und das Grün der Buchen lief in kleinen Bächen talwärts, um sich mit dem Blau der Bicke zu vereinen.

Neues Braun und neues Grün waren nötig. Derweil erwärmten sich die Gesteine. Die gesamte Erde setzte sich in Bewegung. Ich drückte mit dem Daumen neue Berge, neue Täler und neue Straßen ein. Schlüsselblumen und roter Klee breiteten sich längst auf Armen, Backen und Kleid aus, und in den schwarzen Zöpfen klebten die Erdmassen.

Ich denke, daß meine Mutter die Vollendung meines Werkes verhindert hat und mich statt dessen in die Badewanne steckte.

Mein Vater: der Pfarrer

Am zweiten Weihnachtstag des Jahres 1921 taufte der Pfarrer Carl Gottfried Emde in der Kirche eines kleinen waldeckischen Dorfes ein Kind. Weil es das Christfest war, taufte man es auf den Namen Christine. Der Winter war kalt, die Kirche ohne Heizung; dem Täufling stand ein Rauchfähnlein vorm Mund. Es wurden wenig Kinder in jenem Winter geboren, man sah das später deutlich, als der Jahrgang eingeschult wurde. Die Kinder hatten auf einer einzigen Schulbank Platz, eine Zwergschule, einklassig. Der Pfarrer predigte über ein Wort aus dem Matthäusevangelium (Kap. 18, Vers 5): »Wer ein solches Kind aufnimmt in meinem Namen, der nimmt mich auf.« Er nahm den Predigttext als Taufspruch für das Kind.

Der Pfarrer war nicht mehr jung. Am Weltkrieg, der damals noch kein Zahlwort trug, hatte er nicht aktiv teilgenommen, sondern passiv. Er hatte die Trauergottesdienste gehalten und die Todesbotschaften in die Häuser gebracht. Seine Gemeinde horchte auf den Spruch, den er einem Kind mit auf den Lebensweg gab, einem Brautpaar mit in die Ehe, dem Toten mit ins Grab. Sie nahm den Spruch als Losungswort.

Ein solches Kind war ich. Die Leute im Dorf haben das nicht vergessen, sie erinnern mich daran, wenn ich zurückkehre. Unser alter Pastor, sagen sie.

Dieser Pastor war mein Vater. Nicht Pfarrer: Pastor. Hirte. Er trug einen graumelierten Bart, war viel zu alt für so ein kleines Kind, ein Mittfünfziger bei meiner Geburt, hoch über mir, 1 Meter 80 oder mehr. Ich mußte anklopfen, wenn ich ihn zum Essen rufen sollte. Patriarchalische Verhältnisse im Pfarrhaus. Autorität. Aber: Der Vater klopfte ebenfalls an die Tür des Kinderzimmers, bevor er eintrat. Ein Erwachsener ist in seine Arbeit vertieft, ein Kind in sein Spiel. Respekt wurde erwartet. Respekt verdient auch ein Kind. Bei Tisch: Kinder reden nur, wenn sie gefragt werden. Das Kind sagt: Fragt mich bitte mal was! Der Vater zur Mutter: Laß das Kind reden. Gleiches Recht.

Dieser Pfarrer, der mein Vater war, wurde als Sohn des Lehrers geboren, in demselben Dorf. Man hat mir Ohrläppchen gezeigt, die schlecht angewachsen waren, nachdem er sie halb abgerissen hatte im Zorn. Aber: Wer bei dem Lehrer Heinrich Emde in die Schule gegangen war – und vierzig Jahrgänge waren es –, der konnte einen Brief aufsetzen, dessen Handschrift war wie gestochen, der konnte bis ins hohe Alter die wichtigsten Choräle auswendig, der deklamierte Schillers ›Glocke‹, ohne zu stocken, der konnte kopfrechnen, der konnte auch singen. Er sprach Platt mit ihnen, wenn er zufrieden war, Hochdeutsch, wenn er zornig war. Höcher, Henner, höcher! pflegte er in der Gesangstunde zu sagen, das sagt man im Dorf noch heute. Er züchtigte die Schulkinder und gewiß auch die eigenen. Der älteste Sohn, der mein Vater wurde, schlug nie, nicht seine Konfirmanden, auch nicht die Gymnasiasten, denen er im Weltkrieg Latein- und Religionsunterricht erteilte, auch nicht die Schulkinder, als er zwölf Jahre lang Kreisschulaufseher war, nicht die eigenen Töchter. Er verließ sich auf die Überzeugungskraft seiner Worte, seines Beispiels.

Mit zehn Jahren verließ er sein Heimatdorf, kam auf ein Alumnat, studierte dann Theologie, wurde Einjähriger, dann Vikar, dann Prinzenerzieher im fürstlichen Schloß. Fürstin-Mama fuhr später oft mit der Kutsche am Pfarrhaus vor, und wir knicksten ehrerbietig. Keine Rede davon, daß man auf gleicher Stufe stünde, nicht einmal der Tod machte alle gleich, für die fürstliche Familie ein Erbbe-

gräbnis. So habe ich es gelernt. Wenn ich in das Residenz-
schloß gehe, das heute von dem Erbprinzen bewohnt
wird, um es Freunden zu zeigen, bin ich befangen und
lache darüber, halte mit Filzpantoffeln den waldeckischen
Stern blank.

Als mein Vater dreißig Jahre alt war und schon andern-
orts ein Pfarramt versehen hatte, schickte ihn seine Kir-
chenbehörde in das Dorf zurück. Nun nicht mehr der Carl,
der älteste Sohn des Lehrers, sondern der Pastor, der
Diener Gottes. Das Du hörte auf, das schien ihm notwen-
dig. Die Leute im Dorf gewöhnten sich daran. Er hörte auf,
Platt mit ihnen zu sprechen, verlernte es sogar, sprach ein
Hochdeutsch ohne jeden mundartlichen Anklang. Der
Talar trennte ihn ebenfalls. Kein Vorname mehr, auch kein
Familienname mehr, nur noch Titel, nur noch Amt. Der
Herr Pastor.

Drei Dörfer gehörten zum Kirchspiel. Ein Berg trennte
das Kirchdorf von den Filialdörfern; er fuhr mit dem Fahrrad über die Landstraße, ging den Fußweg über den Berg.
Zwei Gottesdienste an jedem Sonntag, einmal im Monat
ein dritter in dem kleinsten Dorf, um den Alten den müh-
samen Weg über den Berg zu ersparen. Seine Spaziergänge
machte er erst, wenn es dämmerte, wenn kein Bauer mehr
auf dem Feld arbeitete. Solange noch jemand in Stellma-
cherei oder Schmiede hämmerte, setzte er sich nicht in den
Garten. Er lebte in seinem Studierzimmer in freiwilliger
Absonderung.

Pfarrer sein, das hieß für ihn, ein Predigtamt zu haben,
seiner Gemeinde Gottes Wort zu verkünden. Das an erster
Stelle. In den frühen Morgenstunden des Freitag suchte er
nach dem Textwort, in der darauffolgenden Nacht wurde
die Predigt fertig; jede handschriftlich ausgearbeitet, auf
kleinen, sparsam beschnittenen Zetteln, in einer zierlichen,
leserlichen Handschrift. Nie griff er auf eine alte Predigt

zurück. Zweiundfünfzig Sonntage im Jahr, dazu Feiertage, Karfreitag, Himmelfahrt und Buß- und Bettag, sechzig Predigten im Jahr, von 1890 bis 1934, mehr als zweitausendsechshundert Predigten, alle in Schubladen aufbewahrt und dann im Zweiten Weltkrieg verbrannt. Er war zunächst ein liberaler Christ des ausgehenden 19. Jahrhunderts gewesen. Am Ende seiner langen Amtszeit wurde er ein Anhänger der Bekennenden Kirche. Er hat mit den theologischen Studien nicht aufgehört, in seinem Nachlaß fanden sich die frühen Bücher Karl Barths, Paul Tillichs, Rudolf Bultmanns; sie waren sorgfältig durchgearbeitet und mit Randbemerkungen versehen. Ferien und Urlaub waren fremde Worte für ihn. Er war der Ansicht, daß ein Pfarrer seine Gemeinde nicht verlassen dürfe. Anspruch auf Anwesenheit. Die Leute im Dorf kannten Ferien ebenfalls nicht, er gehörte zu ihnen. Als er sich bei Glatteis das Bein gebrochen hatte, trugen ihn einige Männer im Korbstuhl in die Kirche, er predigte im Sitzen, vom Altar aus.

Am Sonnabend lernte er seine Predigt auswendig. Sein Konzept war mit Lineal und Farbstift rot und grün unterstrichen, forte und fortissimo. Er mußte die Bauern wachhalten, die müde wurden, sobald sie zum Sitzen kamen. Er lernte laut, er lernte im Gehen, er folgte dem Rosenmuster seines Teppichs, bis die Rosen verschwunden waren, er ging im Oval, nicht auf und ab. Der Lebensweg meines Vaters. Wir hörten seine Stimme, wenn wir wach wurden und wenn wir einschliefen. Manchmal schwoll sie zu Donner an, dann klopfte meine Mutter an seine Tür: Carl! Die Kinder!

Von Freitag früh bis zum Gottesdienst am Sonntag herrschte unbedingte Stille im Pfarrhaus. Vater macht die Predigt! Er verlor das Kanzelfieber nie. Kein Frühstück am Sonntag, nicht einmal einen Schluck Kaffee. Er wurde erst ruhig, wenn der Höhepunkt der Predigt erreicht war. Beim

17

Mittagessen war er erleichtert und entspannt, heiter, gesprächig.

Er predigte, er taufte, er konfirmierte, er segnete die Brautpaare ein. Er hielt auf Tugend. Eine Braut, die schwanger war, traute er nicht in Kranz und Schleier. Er brachte den Sterbenden das Abendmahl, er beerdigte die Toten. Das waren seine Amtspflichten. Aber er ging selten ins Dorf. Seine Besuche bei Kindtaufen und Hochzeitsfeiern währten nur kurz. Die sozialen Aufgaben übernahm die Pfarrfrau. Sie wußte, wo jemand krank war, sie versorgte die Verletzten; einen Arzt gab es nicht. Sie besuchte die Alten. Sie war der verlängerte Arm des Pfarrers, sie, die Ortsfremde, schwarzhaarig unter den Blonden, die Großstädterin. Sie veranstaltete Gemeindeabende, führte Regie, wenn Turnverein und Jungmädchenbund Theater spielten, leitete den Frauenverein, gab Kurse in Säuglingspflege. Für alles Soziale war die Pfarrfrau zuständig.

Der Pfarrer, der mein Vater war, ging ungern aus dem Haus. Er war scheu. Er fühlte sich sicherer in seinem Studierzimmer. Bücherwände, Kachelofen, hochstämmige Rosen und Bienenhaus. Idylle. Die Männer, die zu ihm kamen, um die Pacht für das Kirchenland zu zahlen oder um Stundung zu bitten, zogen im Flur die Schuhe aus, stiegen in Strümpfen die Treppe hinauf, gingen den Flur entlang; ans äußerste Ende des Hauses hatte er sich verzogen. Abstand. Er setzte sich mit seinem Amt gleich, er war das Amt. Er gehörte zu seiner Gemeinde, aber er stand über uns. Das mag auch an der Kanzel überm Altar gelegen haben, zu der eine hohe Treppe führte. Eine alte Kirche, die Innenausstattung barock. Wir blickten zu ihm auf. Vertrauen, nicht Vertraulichkeit. Ehrfurcht, aber nicht Furcht. Aber auch Fälle, wo es hieß: Darüber kann man mit dem Herrn Pastor nicht reden. Über vieles ließ er nicht mit sich reden.

18

1934, im Herbst, ließ die Gemeinde ihren Pfarrer zie-hen. Ungern, aber erleichtert. Er paßte nicht mehr in das Dorf, in dem ein paar junge Erbhofbauern, Mitglieder eines SS-Regiments, von nun an den Ton angaben; sie versuchten, den alten Pastor zu ihrem ›fördernden Mit-glied‹ zu machen, sie wollten seine Stimme, die ihnen recht gab, er gab sie nicht, gab seine Stimme für nichts. Man nahm ihm das Amt des Kirchenrates; eines Nachts fand eine Hausdurchsuchung statt.

Sie wollten sicher vor ihm sein, und sie wollten ihn in Sicherheit wissen, beides. Der Kirchenvorstand stellte sich nicht hinter ihn, erst recht nicht vor ihn. Er mußte gehen. Er war gehorsam gegenüber der Kirchenbehörde, gegen-über jeglicher Obrigkeit. Sein Widerspruch ging nach in-nen, nicht nach außen. Er litt. Er wurde leidend. ›Wenn Erziehung und Ermahnung irgend etwas fruchteten, wie könnte dann Senecas Zögling ein Nero sein.‹ Das Dorf, in dem mein Großvater vier Jahrzehnte als Lehrer gewirkt hatte, in dem mein Vater mehr als drei Jahrzehnte Pfarrer gewesen war, geriet unter den Einfluß einiger SS-Männer.

Er kehrte nie mehr in sein Dorf zurück, obwohl es nur fünfzig Kilometer von seinem späteren Wohnort entfernt lag. Er hat nie wieder eine Kanzel betreten. Er ist wenige Jahre später gestorben. Es war sein Wunsch, in der Heimat begraben zu werden. Es war Krieg, eisiger Dezember. Die SS-Männer standen als Soldaten an den Fronten. Alte Männer trugen den Sarg aus der Kirche bis zum Friedhof am Waldrand. Dort liegt er zwischen denen, die er getauft und konfirmiert und begraben hat. Auf seinem Grabstein stehen der Name und die Lebensdaten. Nicht Titel und nicht Amt, so hat er es gewünscht. Er ist heimgekehrt in das Dorf, in dem er geboren wurde. Vor seinen Gott tritt er nicht als Pfarrer. Er war demütig und ein wenig einsam. ›Psalm 119,76‹ steht unter seinem Namen. ›Deine Gnade müsse mein Trost sein, wie du deinem Knecht zugesagt hast.‹ Die Gemeinde nahm ein zweites Mal von ihrem Pastor Abschied. Die Tränen galten nicht nur ihm.

Manchmal durfte ich auf seinem Fuß sitzen, und er ließ mich wippen, manchmal sang er Bellman-Lieder, Lieder von Heinrich Heine.

›In meinem Elternhaus hingen keine Gainsboroughs‹, es war wie im Pfarrhaus, in dem Gottfried Benn aufwuchs, aber bei uns wurde Chopin gespielt. Gab es Schwierigkeiten in der Schule, erkundigte er sich: Kannst du dem Unterricht nicht folgen? Wenn deine Begabung nicht ausreicht, dann mußt du das Gymnasium verlassen. Fehlt es dir aber an Fleiß, dann hat es keinen Zweck, dann wird nichts aus dir. Er erwartete Einsicht. Die Folgen des Tuns oder Nichttuns wurden den Kindern deutlich gemacht. Alles hat seine Ursache und seine Folgen. Keine Strafe, keine Strafandrohung. Keine Nachhilfe. Du kannst oder du kannst nicht. Er behandelte seine Töchter wie zwar kleine, aber doch zurechnungsfähige Erwachsene, nur eben noch unerfahren, man mußte ihnen einiges erklären, aber sie waren voll verantwortlich.

Der Vater, der Pfarrer, Gott Vater, Lieber Vater, Unser Vater, der du bist im Himmel, das war eine Einheit, das mußte nicht unterschieden werden, alle waren sie zuständig für mich, allen war ich verantwortlich, ich gehörte ihnen, sie sahen, was ich tat. Erst viel später trennten sie sich voneinander, aber ich habe meinen Vater nie völlig von dem Pfarrer, der er war, trennen können. Er blieb der Mittler und Fürsprecher; erst recht, seit er tot ist. Da ist vieles unkontrolliert und unkritisch. So soll es bleiben.

Er steht nicht mehr über mir, er steht am Rande meines Lebens, Beobachter und Kritiker meines Tuns. Ich weiß, was ihm mißfällt. Er ist mir von Jahr zu Jahr nähergerückt, ich erkenne den Antrieb seines Lebens: zu predigen, was er glaubte; zu leben, was er predigte. Noch einige Jahre, dann bin ich so alt, wie er war, als ich geboren wurde. Etwas wie Gleichaltrigkeit und Partnerschaft entsteht.

Der Satz ›Die Kunst darf alles und muß nichts‹ kann für mich nicht gelten: Ich stehe unter Kontrolle. Die Kontrollaufgabe hat dieses Dorf, das ich mein Dorf nenne und in dem mein Vater Pfarrer war, übernommen. Nichts tun, nichts schreiben, was in den Augen dieser Menschen falsch oder unrecht ist. Sie sind unbestechlich in ihrem Urteil. Da gilt nicht Ansehen und nicht Erfolg. Sie sind bereit anzuerkennen, was ihnen unverständlich ist, nicht weil es von mir kommt, sondern weil ich die Tochter ihres Pastors bin. Sie erheben Anspruch auf mich, ich bin eine der ihren, sie sagen du zu mir. Sie haben ein Recht auf mich, ich erkenne sie als Gericht an.

Dieses Dorf ist mein Nährboden, dort ist mir Urvertrauen zugewachsen, das nur ein anderes Wort ist für Gottvertrauen.

Das wenige, das ich von meiner Mutter weiß

Immer wieder habe ich mir vorgenommen, das wenige, das ich von meiner Mutter weiß, aufzuschreiben. Ich verdanke ihr jeden Atemzug, jeden Lebenstag, aber gedankt habe ich es ihr erst lange nach ihrem Tod, als ich alles besser übersehen konnte. Nie hat sie selbst den Versuch unternommen, sich schriftlich über ihr Leben zu äußern, einen kurzgefaßten Lebenslauf zu schreiben – wozu auch, sie hat sich niemals irgendwo um einen Posten bewerben müssen. Schreiben ist ein Vorgang des Vergessens; ich entleere mein Gedächtnis. Ich träume immer wieder: Meine Mutter lebt in einem Altersheim. Diesmal lag es in München, nahe dem Hauptbahnhof. Ich hatte sie wochenlang vergessen und mich nicht um sie gekümmert. Ich dachte – im Traum – mit Angst und Schuld an sie. Wenn ich dann wach werde, halbwach, denke ich jedesmal: Geht es ihr nicht gut, dort, wo sie jetzt ist? Sie hat die letzten fünf Jahre ihres Lebens bei mir gewohnt, oft krank, fast immer leidend, selten klagend. Einige Monate vor ihrem Tod verwirrte sich ihr Geist. Dämonen umlagerten ihr Bett. Sie rief meinen Namen, auch wenn ich neben ihr saß und ihre Hand hielt. Bis ich mit dem gleichen Entsetzen in die Zimmerecke starrte, in die meine Mutter starrte. Aber in den letzten Wochen war ihr Geist wieder ganz klar. Ich saß bei ihr, sang Choräle. Wir lebten in Todesnähe. Wir waren nicht mehr allein in diesem Haus in Düsseldorf, nahe beim Flughafen. Damals habe ich einen kleinen Roman geschrieben. Man merkt ihm nichts an, er ist beinahe heiter geraten. Schreiben, um zu überleben …

Das Wiedersehen eines Toten im Traum trifft uns unvorbereitet, bestürzend. Meine Mutter, die ich auch diesmal vernachlässigt hatte, die ich lange nicht besucht hatte. Ich stieg eine Treppe hinauf, ging durch eine Tür, trat in ein Zimmer, das ich nicht kannte. Meine Mutter saß auf dem Boden, gegen einen Sessel gelehnt, war klein geworden, zart und zierlich. Sie erkannte mich nicht, sie schien heiter und zufrieden zu sein in ihrer eigenen, mir nicht zugänglichen Welt. Ich wollte ihr mein Fernbleiben erklären, spürte aber, daß sie mir nicht zuhörte. Ich wachte betroffen auf: Ich war nicht mehr wichtig …

Ich habe in den letzten Briefen meiner Mutter gelesen, sie war keine geübte Briefeschreiberin; Briefe hatte meist mein Vater geschrieben, erst nach seinem Tod übernahm sie die Korrespondenz. Ihre Hände zitterten, eine Folge der schweren Bombenangriffe auf Kassel. An manchen Tagen fiel ihr das Schreiben besonders schwer, dann brach ein Brief ab, dann stand unvermittelt unten auf der Seite ›Mutti‹. Wir nannten sie ›Mutti‹, was mir als Briefunterschrift ungeeignet erschien. Wenn ich verreisen wollte, brachte ich meine Mutter in ein Sanatorium. Von dort her hat sie mir, ein Jahr vor ihrem Tod, geschrieben: ›Also Dein Roman ist angenommen. Schade, daß ich das Manuskript nicht lesen konnte. Ob ich das fertige Buch noch lesen kann, weiß Gott allein. Wünschen tue ich es nicht, denn meine Kraft ist am Ende.‹ Ich habe auch diesen Brief vernichtet. Es ist genug darüber geweint. Was für dunkle Jahre! Für sie und auch für mich. Aber als ich für meinen ersten Roman einen ersten Preis erhielt – kurz zuvor hatten wir sie aus dem Altersheim zu uns in unsere erste eigene Wohnung geholt –, während sie mit Hexenschuß wie gelähmt zu Bett lag, da belebte sie die Freude über den Erfolg ihrer Tochter. Sie gab mir einen Geldschein und sagte: ›Kauf eine Flasche Sekt!‹ und stand geheilt auf. ›Wie die Tochter des Jairus‹, sagte ich später, wenn ich davon erzählte – in meiner Familie war es üblich, in biblischen Gleichnissen und Bildern zu sprechen. Dieser Preis war ein großes Ereignis. Hätte ich ihn nicht bekommen, hätte ich wahrscheinlich nicht weitergeschrieben. Noch heute bin ich auf Bestätigung angewiesen. Kühner lacht darüber, fragt: ›Hast du heute dein Lorbeerblatt schon bekommen?‹

Ihr häufiges Kranksein und die sich anschließenden Schonzeiten verschafften mir einen Freiraum, den ich nutzte: Ich verschwand in aller Frühe, wenn es noch still im Haus war, ins Dorf. Der Schweinehirt blies von ferne sein Horn, die Stalltüren öffneten sich, und die Schweine mach-

23

ten sich auf den Weg zu ihrem Hirten, der mit ihnen auf ›die Drift‹ zog. Ich lief zum Stellmacher, zum Schmied, sah in die Schuster-Werkstatt, durfte beim Nachbarn im Stall die Häckselmaschine drehen und kehrte so unbemerkt zurück, wie ich verschwunden war. Ich hatte ein Talent zum Unsichtbarmachen entwickelt. Brachte ich aus dem Dorf ›Wörter‹ mit nach Hause, hieß es: ›Da spricht man nicht von.‹ Auch über Geld sprach man nicht. Ich habe später weder das Geld, das ich nicht hatte, noch das Geld, das ich hatte, für wichtig genug gehalten, um darüber zu sprechen, habe mich untergründig für beides, Haben und Nichthaben, geschämt. Zur Genußfähigkeit hat man mich nicht erzogen.

Keine Bekenntnisse, keine Geständnisse. Fragte meine Mutter mich – als ich erwachsen war – nach irgend etwas, worüber ich nicht reden wollte, sagte ich lachend: ›Da spricht man nicht von!‹ Von der Scheidung meiner Ehe habe ich sie erst viel später unterrichtet. Kein Vertrauensverhältnis, aber unser Verhältnis war auch nicht lieblos. Vertrauen und Schonung kann man nicht gleichzeitig haben ...

›Blamier mich nicht!‹ war ihre Erziehungsdevise. Keine aufgeklärte Mutter würde das heute zu ihrem Kind sagen, aber alle Eltern hätten es wohl gern, wenn ihre Kinder sie nicht blamierten. Ich galt als wohlerzogen, als ›liebes Kind‹. Es ist nicht überliefert, daß ich irgendwann ›bockig‹ gewesen wäre ...

Meine Mutter war eine fortschrittliche Frau; sie hätte gewiß Bücher über Kinderpsychologie und Pädagogik gelesen, wenn sie ihr zur Verfügung gestanden hätten. Wir Kinder mußten Kalzan einnehmen; einmal wöchentlich wurden unsere Gelenke kräftig in moorhaltigem Wasser gebürstet. Ich schluckte Eisenpräparate zur Appetitanregung ...

In ihrem ›roten Zimmer‹ stand ein eleganter kleiner Bücherschrank mit Romanen von Thomas Mann und Joseph Roth, auch ein Buch, das ›Disteln und Dornen am Wege des Kindes‹ hieß, Richtlinien zur Kindererziehung. Später zitierten wir bei Mißgeschicken und bei Fehlern, die wir gemacht hatten, den Titel in jenem ironischen Tonfall, den wir uns im Umgang mit ihr angewöhnt hatten, gegen den sie machtlos war. Ungezogenheit wurde von ihr mit Liebesentzug bestraft; so nennt man das heute. Ich zweifle nicht daran, daß sie ihre Erziehungsmethode für richtig hielt. Ich habe nie an ihren guten Absichten gezweifelt, tue es auch heute nicht. Sie drohte nicht mit Strafe, sondern führte sie sofort und eigenhändig aus. Man mußte ihr ins ›Reisebüro‹ folgen, so wurde das geräumige Klosett genannt; dort bezog man seine Schläge, dort blieb man, bis man ›wieder lieb sein wollte‹. Einmal erschien mein Vater auf der Treppe, als meine Mutter mich mit sich ins ›Reisebüro‹ zog, und rief: ›Tilla, vergiß dich nicht!‹ Sie strafte im biblischen Sinne: Wer seine Kinder liebt, der züchtigt sie …

Meine Mutter, die mich zur Ordnung ermahnte und anhielt und Unordnung bestrafte – wollte sie eine ordnungsliebende Tochter heranziehen, weil sie selbst gar nicht so ordentlich war, wie ich jahrzehntelang angenommen habe? ›Halte Ordnung, übe sie, Ordnung spart viel Zeit und Müh‹, stand blau auf weiß gestickt überm Küchenherd. In diesem Elternhaus ließen sich häufig Schubladen nicht aufziehen, weil Gegenstände, Küchengeräte oder Bürsten, sich verklemmt hatten. Das kommt in meinem Haushalt nicht vor, was daran liegen mag, daß meine Schubladen nicht so voll sind …

Ich erinnere mich, daß ich als Kind meine Mutter vor Weihnachten bat, sie möchte mir einen Wunsch nennen. Meist sagte sie dann, daß sie sich ›ein liebes Kind‹ wünsche. Ich wollte ihr aber Topflappen häkeln, Nadelkissen

25

sticken. Was soviel leichter ist, als ›ein liebes Kind‹ zu sein ...

Woher meine Angst, sie würde mich beim Haarwaschen in der Badewanne ertränken? Sie drückte meinen Kopf weit zurück, ich mußte einen Schwamm vor die Augen pressen, konnte mich daher nicht mit beiden Händen am Rand der Wanne festhalten ...

Der ersten Frau meines Vaters wurde das Kindbett zum Sterbebett, sie nahm das Söhnchen mit ins Grab. Als mein Vater nach langen Jahren sich ein zweites Mal verheiratete, schien sich das Unheil zu wiederholen, wieder starb das erste Kind, aber meine Mutter wurde gerettet. Das zweite Kind wurde mit größerer Freude, aber auch in größerer Sorge erwartet; es wurde in einer Klinik geboren, ein Mädchen. Als ich – drei Jahre später – ohne viel Aufhebens geboren wurde, teilten meine Eltern auf Visitenkarten mit, daß ihr Töchterchen eine Schwester bekommen habe, mein Name wurde auf der Anzeige nicht genannt. Ich bin als Schwester meiner Schwester aufgewachsen. Meine Mutter war vierundvierzig, mein Vater fünfundfünfzig Jahre alt, ich hatte Großeltern als Eltern. Ich habe das nie bedauert ...

Meine Mutter sah aus wie eine Frau, die geliebt wurde. Blieb sie – geliebt – deshalb so lange schön? Ihr Gesicht zeigte im Alter keine Fältchen, sondern wenige tiefe Falten, ein geprägtes Gesicht. Kurz vor ihrem Tod hatte man ihr das lange, schwere Haar abgeschnitten.

Sie wusch sich mit einem roten Gummischwamm, vor dem ich Abscheu empfand. Wir Kinder hatten unsere Waschläppchen, der Vater wusch sich mit den Händen. Sie benutzte keine Schönheitsmittel. Palmolive-Seife für Körper und Gesicht, Kaloderma-Gelee für die Hände. Das Fläschchen Uralt Lavendel reichte von einem Geburtstag zum anderen ...

26

Ich habe als Kind und auch später, als ich erwachsen war, unter ihrem Schweigen, das sie erzieherisch einsetzte, gelitten. Aber sie selbst wird mehr darunter gelitten haben als ich, die dieses Schweigen jederzeit beenden konnte. Sie war gezwungen zu schweigen, sie war darauf angewiesen, daß das Kind kam und sagte: ›Ich will wieder lieb sein‹, ›Hab mich bitte wieder lieb!‹ Das erlösende Wort! Dann konnte auch sie wieder ›lieb sein‹, konnte wieder reden. Es ging etwas Dunkles von ihr aus, das lag nicht am tiefschwarzen Haar, dem dunklen Teint, den dunklen Augen. Sie breitete in der Karwoche die schwarzen Samtdecken über Altar und Kanzel und legte ihr schwarzes Samtkleid an. Da erstarb alles Lachen …

Immer habe ich sie bewundert, weil sie schön war und weil sie immer wußte, was richtig war und was man tat. Nie, auch heute nicht, zweifle ich daran, daß sie die gebratene Geflügelleber bekommen mußte, die Spargelköpfe, zum zweiten Frühstück das mit Rotwein und Traubenzukker geschlagene Ei. Sie aß die Spargelköpfe und die Geflügelleber aus Pflichtgefühl, nicht um des Genusses willen. Es geriet ihr alles zur Pflicht. Sie war zart, sie mußte geschont werden, weil sie sich selbst nicht schonte und nie gelernt hatte, mit ihren geringen Kräften hauszuhalten. In unregelmäßigen Abständen brachte der Vater sie ins Krankenhaus oder in ein Sanatorium. Jeder Psychologe würde mir nachweisen, daß sie sich in Krankheiten geflüchtet habe. Aber kann man sich in Mittelohrvereiterungen flüchten? Lebensgefährliche Operationen bei Nacht? Typhus, Scharlach, Rheuma, Tuberkulose, Gallenkoliken? Und immer wieder Gastritis und Gemüsebrei und Toast und ein wenig Rauchfleisch. Sie mußte ihr Leben lang Diät essen, Schonkost. Monatelang kam täglich der Arzt und spritzte Bienengift. Alle ihre Hexenschüsse! Zwei Herzinfarkte und jahrelange Angina pectoris …

Morgens, wenn man besorgt fragte: ›Wie hast du geschlafen?‹ oder die Frage abwandelte in ›Konntest du ein wenig schlafen?‹, antwortete sie mit: ›Ach, Kind!‹ Hat sie mir ihre Schlaflosigkeit vererbt? Schlief ich vor ihrem Tod schon schlecht? Auch ich werde, mit Besorgnis und Anteilnahme, gefragt, wie ich geschlafen habe; man kennt meine Schlafschwierigkeiten, ruft mir in der Frühe bereits zu: ›Ach, Kind?!‹ Wiederholungen. Ähnlichkeiten. Manchmal verstumme ich wie sie …

Üblich ist, daß Mütter am Bett ihres Kindes sitzen, bei uns war es umgekehrt. Ich hatte keine zärtliche Mutter, aber ich hatte eine liebebedürftige Mutter. Sie war dankbar, wenn man sie in den Arm nahm, wenn man sie küßte; sie ließ sich küssen …

Sie war eine umsichtige Pfarrfrau, sie kümmerte sich um Kranke und Alte, auch um Verletzte. Sie verband Fleischwunden. Bevor man zum Arzt fuhr, suchte man erste Hilfe im Pfarrhaus. Blutspuren auf der Haustreppe, im Flur. Meine Mutter verband sorgfältig und geschickt die Wunden. Wenn der Verletzte das Haus verlassen hatte, legte sie sich totenbleich auf ihr Bett. Abgehackte Fingerkuppen, Brandwunden, vereiterte Splitter. Sie sorgte dafür, daß Trinker in Trinkerheilanstalten kamen. Einmal bedrohte ein Schwachsinniger sie mit einem Messer; sie konnte ihn zur Ruhe bringen, sie ließ ihn nicht in eine Anstalt einweisen. In den Zeitabschnitten, in denen sie gesund war, war sie doppelt tüchtig, arbeitete bis zum Einbruch der Dunkelheit in den großen Gärten, die zum Pfarrhaus gehörten. Manchmal verließ dann mein Vater seine Studierstube, suchte sie und sagte: ›Mach ein Ende davon, Tilla!‹ Auch diesen Satz zitierten wir oft, zitieren ihn noch heute. Für diese Überanstrengungen rächte sich ihr zarter Körper mit immer neuen, schweren, ernst zu nehmenden Krankheiten. Ich erinnere mich nicht an gewöhnliche Erkrankungen wie Erkältungen oder verdorbenen Magen. Ich durfte ihr, kaum daß ich zählen konnte, die Arznei auf einen Teelöffel tropfen und reichen. Niemand konnte das Kopfkissen so gut aufschütteln wie ich! Sie lobte, sie war dankbar für alle diese kleinen Hilfen, die sie benötigte. Aber ich habe eine Abneigung gegen Krankheiten zurückbehalten, besonders gegen eigene. Mein Gedächtnis unterscheidet: Sie lag krank im Elternschlafzimmer oder im Fremdenzimmer ...

Mein Vater schreibt in seinen Lebenserinnerungen: »Sie stellt mit ihren leiblichen Heilerfolgen mich, den berufenen Seelsorger, ganz in den Schatten.‹ Aber er liebte den Schatten, er zog sich gern in ihn zurück. Sie erfüllte gewissenhaft alle Pflichten, die sich ihr stellten, solange sie gesund war; genauso gewissenhaft benahm sie sich als Kranke. So wie sie das Leben als Aufgabe nahm, so auch das Gesundwerden. Sie aß Diät, ohne zu klagen, sie legte sich nach den Mahlzeiten mit einer Wärmflasche zu Bett. Sie klagte auch nicht, als ›das eigene Haus‹ im Krieg durch Phosphorbomben ausbrannte und wir heimatlos wurden. Aber ihr schweigendes Leiden war nicht leicht zu ertragen ...

Sie war keine ökonomische Natur. Als sie noch viele Pflichten hatte, wurde man weniger gewahr, daß es ihr an Lebensfreude fehlte ...

Meine Mutter war eine gute Köchin; sie hatte ein Mädchen aus dem Dorf als Hilfe und eine ›Haustochter‹ – meist die Braut eines Pfarrers –, die sie anlernte. Pfarrfrau, ein Anlernberuf. Sonntags gab es oft gebratene und gefüllte Täubchen zum Mittagessen. Der Vater besorgte das Füttern der Tauben. Vom Dachboden führte eine steile Leiter zum Taubenschlag. Jährlich sechzig oder siebzig junge Tauben. Er drehte ihnen die Köpfchen um, es tropfte Blut. Daran erinnere ich mich und an mein Entsetzen und meine Bewunderung, daß dieser gütige, weltferne Vater ein Tier töten konnte. Aber er stammte vom Land, er war bereit, das Nötige zu tun. Man erntet, was reif ist, den Kohl im Garten und Hühner und junge Tauben. Aber was ging in meiner Mutter vor, dieser schönen jungen Frau aus der Stadt? Sie nahm Gänse aus, was viel Kraft erforderte. War ihr das Schlachtfest zuwider? Das Schreien der Tiere? Wenn unser Schwein, das ein halbes Jahr lang gefüttert worden war, abgestochen wurde, blieben wir Kinder in den Betten, zogen uns die Decken über den Kopf, um das Quieken nicht hören zu müssen. Hat sie die Schüssel gehalten, in die das Blut floß? Sie hat sich nichts anmerken lassen, durfte, ihres schwachen Magens wegen, nichts vom Schlacht-Essen zu sich nehmen. Aber der Vater ließ sich eine Portion Kesselspeck in sein Studierzimmer bringen, aß es und wußte dabei, und alle wußten es, daß er es nicht vertragen würde ...

Sie klagte über kalte Füße, zog aber keine wärmenden Pantoffeln an, es wäre ihr nachlässig erschienen; sie ließ sich nie gehen ...

Mein Vater hat säuberlich mit der Hand geschriebene Lebenserinnerungen hinterlassen. Mit der Niederschrift begann er im Jahr 1938 in dem Bewußtsein, schreibt er, daß seine Aufzeichnungen nur für seine nächste Familie eine Bedeutung haben würden; das Schreiben, namentlich das Briefeschreiben, sei ihm nie eine Last, sondern immer eine Freude gewesen. Der Name Adolf Hitler fällt auf den 500 eng beschriebenen Seiten nur ein einziges Mal. Vorsicht war geboten. In meiner Familie wurde kein Widerstand geleistet. Es hat aber auch keine Mitläufer gegeben, man stand beiseite. Wäre auch das spätere ›eigene Haus‹ durchsucht worden wie das Pfarrhaus und hätte man die Aufzeichnungen gefunden, so hätte man meinem Vater nichts anhaben können; sogar das Kapitel über den Kirchenstreit zwischen ›Bekennender Kirche‹ und ›Deutschen

Christen‹ ist in größter Vorsicht und Zurückhaltung geschrieben …

Die Väter im ›Dritten Reich‹, davon hört und liest man
zur Zeit ständig; mit ihnen wird – meist erbarmungslos –
abgerechnet. Aber die Mütter! Frauen haben eine verhäng-
nisvolle Neigung, aus ihren Männern und Söhnen Helden
zu machen, auf die sie stolz sein können. Leidensfähigkeit
und Opferbereitschaft als Tugend. Im Ersten Weltkrieg
hätte es meine Mutter wohl gern gesehen, wenn mein
Vater sich freiwillig als Feldgeistlicher gemeldet hätte, statt
dessen nahm er ›in der Heimat‹ die verschiedensten zu-
sätzlichen Aufgaben auf sich. Vor Anbruch des ›Dritten
Reiches‹ hat es im Pfarrhaus politische Auseinandersetzungen gegeben, die sich in der Regel an Rundfunkreden
›des Führers‹ entzündeten. Die Gespräche brachen ab,
sobald die Töchter zugegen waren. Wir wurden politisch
nicht beeinflußt, aber auch nicht unterwiesen. Zunächst
wurden ›Führer-Reden‹ noch angehört; als mein Vater
politisch nicht mehr tragbar war und in den Ruhestand
versetzt wurde, hörte das auf. Meine Mutter wurde zum
Luftschutzhauswart ausgebildet, was viel Anlaß zur Heiterkeit gab. Sie sollte sich bei Luftangriffen eine Leine um
die Taille binden und Kontrollgänge auf dem Dachboden
machen; an dieser Leine sollte man sie, falls sie bewußtlos
würde, herunterziehen …

Meine Mutter hatte an ihren künftigen Mann, der vom
Lande stammte, einige Forderungen gestellt: Der ›Hohen-
zollernmantel‹ mußte durch einen Überzieher ersetzt werden; der dicke rötliche Bart mußte fallen. Mein Vater gibt
in seinen Erinnerungen den Trauspruch wieder: ›Seid fröh-
lich in Hoffnung, geduldig in Trübsal, haltet an am Gebet!‹
An Hoffnung und an Fröhlichkeit hat es meiner Mutter
wohl gefehlt, aber nicht an Geduld, und gewiß hat sie nie
aufgehört zu beten …

31

Mein Vater schreibt über meine Geburt: ›Um fünf Uhr setzten die Wehen ein, um acht Uhr tat das Kind bereits den ersten Schrei.‹ Keine Klinik, kein Arzt, nur die Hebamme des Dorfes …

Bis auf die Zähne und die langen schwarzen Zöpfe, die sie um den Kopf gelegt trug, war an meiner Mutter nichts gesund. Zu Beginn des Ersten Weltkrieges erkrankte sie an Tuberkulose, die aber ausgeheilt wurde. Mein Vater: ›Sie hat ihre mannigfachen Beschwerden mit viel Geduld ertragen, tapfer allem standgehalten, was die Ärzte über sie beschlossen, und der Welt auch noch ein heiteres Gesicht gezeigt. Einen starken Willen, gesund zu werden und alles dazu Erforderliche zu ertragen, hatte sie immer, und an diesem Willen, zusammen mit den ärztlichen Künsten, wird es liegen, daß ich sie noch immer habe.‹ Sie, die von Krankheiten Heimgesuchte, überlebte ihren Mann, der im ganzen gesund war, um fast zwei Jahrzehnte. Aber ob sie das auch wollte?

Nachdem ich noch einmal aufmerksam diese Lebenserinnerungen gelesen habe, weiß ich über die Ehe der Eltern nicht mehr als vorher. Immerhin ein Satz: ›Nächte, in denen sie ihre Kissen nahm und in ein anderes Zimmer zog und weinte und ich sie wieder holte und tröstete …‹

Als mein Vater im Jahre 1901 als Pfarrer in sein Heimatdorf berufen wurde, bat er sich in seiner ersten Predigt aus, daß die jungen Männer, die auf der Empore saßen, die Kirche nicht zum Schlafsaal machen sollten. Er predigte in Bildern, setzte, wie der Fürst der Prediger sagt, ›Fenster in seine Predigten‹ ein. Er schreibt: ›Ein Kirchgänger, der zur Erntezeit ein wenig einnickt, ist besser als ein leerer Platz.‹ Es ist mir nicht schwergefallen, aus meiner Erinnerung an den Vater sein Lebensbild zu entwerfen, obwohl ich knapp achtzehn Jahre alt war, als er starb; er war als Person übersichtlicher als meine Mutter. Er ist mir im Lauf der

Jahrzehnte verständlich geworden, meine Mutter, mit der ich soviel länger zusammengelebt habe, nicht …

Sie, die soviel leiden mußte, behielt ihre schöne glatte Haut, ihr schweres Haar, die gesunden Zähne, die aber kaum etwas zu kauen hatten, da ihr schwacher Magen nichts Schweres vertrug. Lauter Widersprüche …

Sie wusch sich ihr Gesicht lange und gründlich mit jenem roten Gummischwamm, als wolle sie das Alter abwaschen, als erwarte sie, daß ihre Schönheit darunterliege und wieder sichtbar werde. Ihr Eislaufkostüm, ihre Hüte, ihre Sonnenschirme verschwanden in den großen Truhen, die auf dem Dachboden standen, bei Kindergeburtstagen durften wir uns damit ›verkleiden‹ …

Was war das für eine Frau, die 24jährig in das Pfarrhaus auf dem Lande einzog? Nur einmal in der Woche fuhr eine Postkutsche nach Arolsen, zur Bahnstation; es gab nur zwei Petroleumlampen in dem großen Haus, nur zwei Kachelöfen; das Wasser mußte am Mühlenbrunnen geholt werden. Sie war die Tochter eines Gas- und Wasserwerkdirektors. Dieser beachtliche Großvater war ein Mann der Gründerjahre, nur um seiner acht Kinder willen war er nicht mit einem Segelschiff zur Weltausstellung nach Chicago gereist! Solche Sätze versetzten uns in Staunen. Der Großvater, der seine schöne älteste Tochter mitnahm, wenn er zu Kongressen fuhr, ›die schöne Tilla aus Unna‹. Sie führte auf Messen Geräte vor. ›Koche mit Gas!‹ Anschließend nahm ihr Vater sie mit zu geselligen Veranstaltungen. Er schmückte sich mit seiner Tochter, seine Frau nahm er nicht mit. Und zu Silvester Sekt, ein Dutzend Austern für sich und ein Dutzend für seine Frau! Als er um die Pfarrerstochter aus Thüringen angehalten hat, soll er versprochen haben, sie zur Kommerzienrätin zu machen. Aber er starb früh; unter seinem Tod hat meine Mutter lange gelitten. Seine Besuche während der ersten Ehejahre

33

müssen ihr sehr geholfen haben. Mein Vater hat seinen
Schwiegervater verehrt. Dieser Großvater war das, was
man heute einen Aufsteiger nennt. Er ist in einem Wai-
senhaus in Potsdam, das der Kaiserin unterstand, aufgewachsen. Er war zunächst nur Werkführer, aber wegen
seiner Tüchtigkeit schickte man ihn auf das Polytechnikum
nach Langensalza in Thüringen, dort hat er seine spätere
Frau beim Tanz kennengelernt. Mehr konnte ich über ihn
nicht erfahren. Er war Landtagsabgeordneter, baute Gas-
und Wasserwerke; einmal soll er einen kleinen Sack auf
den Eßtisch gestellt haben, die Kinder mußten ihn hoch-
heben, um zu merken, wie schwer er war: ein Säckchen
Gold für den Bau eines Gaswerkes. Er besaß eine Jagd im
Sauerland. Er sang im Quartettverein. Er war mit August Klönne befreundet. Wenn ich heute im Rhein-Ruhr-
Gebiet an den Baukränen den Namen ›August Klönne‹
sehe, fällt mir ein, was meine Mutter oft erzählte: August
Klönne schrieb unter die Rechnungen: ›A. K. z. d. B.‹
(August Klönne zückt den Beutel.) Ich schreibe unter
eingehende Rechnungen: ›Q. z. a.‹ (Quindt zahlt alles.)
Mein Großvater hat eine Talsperre gebaut. Er hat in Dortmund ein Konstruktionsbüro eingerichtet, aber dann starb
er ja früher, als zu erwarten war, ein gutaussehender,
tatkräftiger Mann. Jemand, der tüchtig und beliebt war ...
Mein Vater schreibt: ›Auf der Insel Amrum in der Nord-
see haben die Bewohner die Gepflogenheit, ihren Verstor-
benen Grabsteine mit Inschriften zu setzen, die so lang
sind, daß sie beinah eine Lebensbeschreibung enthalten.
So stand in dem Dorf Nebel auf einem Grabstein des
Friedhofs über ein Ehepaar zu lesen: »Sie lebten in einer
kinderlosen, aber doch sehr vergnügten Ehe.« Das hätten
wir, meine Frau und ich, im ersten Jahrzehnt von unserer
Ehe auch sagen können, denn da wollte sich im Pfarrhaus
das frohe Kinderlachen nicht einstellen. Aber das Glück

und die Freude sind uns nicht aus dem Haus getrieben, obwohl Arzt und Apotheker und Sanatorien eine große Rolle bei uns spielten ...‹ Dreizehn Jahre lang hat die Mutter meines Vaters mit im Pfarrhaus gewohnt. Die Wochen, in denen sie bei ihren anderen Kindern zu Besuch weilte, beschreibt er behutsam mit ›Schonzeiten unserer Ehe‹. Es wurde über diese Großmutter nicht gesprochen, sie war die Frau des Lehrers gewesen, war zwei Jahrzehnte lang verwitwet, sie ist fünf Jahre vor meiner Geburt gestorben. ›Sächtelken, sächtelken‹ – kein anderes Wort ist von ihr überliefert. Mein Vater verdankte es ihr, daß er hatte studieren dürfen; diesen Dank hat er zwei Jahrzehnte lang abgetragen. Und meine Mutter auch. Wenn eine solche ›Schonzeit‹ vorbei war und die Mutter des Pfarrers wieder im Pfarrhaus anwesend war, ›merkten wir wieder, daß der Menschen Leben nicht ausschließlich Glück, Freude und Vergnügen sei‹, schreibt mein Vater ...

Ich bin nicht in einem Elternhaus, sondern in einem Pfarrhaus aufgewachsen. Der Mittelpunkt des Hauses war oft das Krankenbett der Mutter. Sie war nicht egoistisch, aber Krankheit wirkt sich auf die Umwelt wie eine Abart von Egoismus aus. Ihre Geduld und ihre Tapferkeit bewirkten, daß zum Bedauern auch noch die Bewunderung kam ...

Oft vergleiche ich: Als ich vierzig war – als meine Mutter vierzig war; als meine Mutter sechzig wurde – wenn ich sechzig werde ...

Sie hat den Beruf der Pfarrfrau mit großer Gewissenhaftigkeit ausgeübt. Sie war eine unbezahlte Gemeindehelferin, sie war im Außendienst tätig und für den scheuen Vater unentbehrlich. Ein erfülltes Leben, so ist es mir immer erschienen. Aber als sie alt war und eine neue Frauengeneration nach Gleichberechtigung verlangte, hat sie gesagt: ›Ich wäre lieber Ärztin oder Juristin geworden.‹

Der Satz hat mich traurig gestimmt, er erschien wie ein Verrat an meinem Vater, dem Pfarrhaus, der Gemeinde, auch an mir ...

Wenn ich zurückdenke, war ich mein Leben lang von ›Er wird's recht machen‹ überzeugt. Der Satz stand meinen persönlichen Wünschen oft entgegen, aber in vielen Fällen ist es gut gewesen, daß meine persönlichen Wünsche nicht in Erfüllung gingen. Das habe ich diesem Pfarrhaus zu danken ...

Ich hatte keinen Bruder, der meine Beziehung zu Männern hätte bestimmen können; immer nur dieser gütige, etwas ferne Vater, der einen Talar trug, der im Studierzimmer saß und seine Predigten ausarbeitete. Ich habe in Männern nie das ›stärkere Geschlecht‹ gesucht, ihre ›Stärke‹ nie beansprucht ...

Sie wollte ein Vorbild sein: der Familie, dem Dorf. Sie wollte christlich leben, das muß sie sich vorgenommen haben, als sie einen Pfarrer geheiratet hat. Manchmal sagte sie: ›Man darf sich den Leuten nicht auf die Zähne hängen!‹ Sie benutzte kräftige waldeckische Ausdrücke. Sie verstand Plattdeutsch, konnte es lesen, sprach es aber nicht. Sie las uns keine Kinderbücher vor, sondern ›Ut mine Stromtid‹ von Fritz Reuter. Wenn ich darin lese, was ich oft tue, kann ich die Stimme meiner Mutter hören ...

Das Haus, das die Eltern nach der Pensionierung meines Vaters in Kassel bauten, hieß immer ›das eigene Haus‹. Als es am 22. Oktober 1943 bei jenem Luftangriff zerstört wurde, der die Stadt vernichtete, wurde meine Mutter heimatlos und besitzlos. Wir brachten sie in Pfarrhäusern unter, wo wir Freundschaft erhofften, brachten sie zu ihrem Bruder nach Pommern, dann nach Thüringen zu ihrer Schwester, schließlich nach Marburg. Sie ertrug das eigene und das deutsche Schicksal klaglos. Wir schickten ihr Lebensmittelmarken, und sie schickte uns von ihren

Lebensmittelmarken, hilflos, mit dem Willen zu helfen. Einmal schrieb sie, daß sie das Kriegsende geträumt habe. ›Fahnen wehten, Lampen brannten.‹ Als sie dann in Marburg Zuflucht bei ihrer ältesten Tochter fand und in einem eigenen Zimmer zwischen fremden Möbeln lebte, erkannte sie die Traum-Stadt wieder. Das Haus, in dem sie wohnte, wurde von Amerikanern beschlagnahmt, auf einem geliehenen Handwagen brachte man ihre kleine Habe zu anderen freundlichen Leuten. Als ich dann eintraf, im Herbst 1945, lag sie mit siebzehn anderen Frauen in einem Behelfskrankenhaus, monatelang, klaglos. Später fanden wir für sie einen Platz in einem Altersheim, wo sie wieder ›wirken‹ konnte. Sie machte Krankenbesuche, stiftete Frieden, wo Streit ausbrach, suchte im nahen Wald Kienäpfel für ihre Töchter, sparte sich Speisen vom Munde ab, um ihre Töchter bewirten zu können, wenn wir sie besuchten, und wir brachten ihr, was wir für sie gespart hatten …

Ich erinnere mich: Ein vereiterter Zahn war mir gezogen worden, ich ging, halb betäubt und weinend vor Schmerzen, durch die Ketzerbach in Marburg, als mir meine Schwester entgegenkam. Sie dachte, unsere Mutter sei gestorben. Wir lagen uns weinend in den Armen, ich konnte vor Schluchzen nicht sprechen. Immer dachten wir: Sie stirbt, sie wird sterben, diesmal wird sie nicht überleben. Als sie dann starb, schien mir tot zu sein besser als zu leben. Ich lebte damals nicht gern …

Als sie schon sehr alt war, berichtete sie einmal unseren Gästen von meiner Geburt. ›Ich lag im Fremdenzimmer, um mein Kind zu empfangen –‹ sagte sie. Fröhliches Gelächter, in das sie dann einstimmte. Über körperliche Vorgänge wurde nicht gesprochen. Mein Geburtszimmer wurde ›das Fremdenzimmer‹ genannt, ein großes helles Eckzimmer, nach Süden und Westen gelegen, aber schwer zu heizen. Dort schliefen meine Eltern im Sommer. Das Winterschlafzimmer ging nach Norden, lag über der Küche und hatte einen Dauerbrenner-Ofen. Wenn es kalt war, durften wir abends in den Betten der Eltern liegen. Lebendige Wärmflaschen, die der Vater dann ins Kinderzimmer trug und in die kalten Kinderbetten legte. Ich bin ein Winter-Kind ...

›Glückselig, wessen Arm umspannt ein Mädchen aus Westfalenland.‹ Er habe die volle Wahrheit dieser Zeile des Westfalenliedes erfahren und erfahre sie noch immer, schreibt mein Vater. Nach seinem Tod wiederholte meine Mutter oft, was er auf seinem Krankenlager, ein Bibelwort zitierend, zu ihr gesagt hatte: ›Sie tat ihm viel Liebes und kein Leides.‹ Aus der Ehe meiner Eltern drang nichts nach draußen ...

Als er seine Frau zum erstenmal gesehen hat, soll er ausgerufen haben: ›Wie kann man nur so schön sein!‹ Er hat nie aufgehört, sich darüber zu wundern, daß eine so schöne, so kluge, so tüchtige Frau aus der Stadt ihn, der vom Land stammte, der ein Dorfpfarrer war, genommen hatte. Sie war 24 Jahre, er war 35 Jahre alt. Es wurde manchmal von einem geheimnisvollen polnischen Grafen gesprochen, der sich um meine Mutter ›beworben‹ hatte. ›Ich konnte ihm seine Grafenkrone nicht vergolden‹, sagte sie. Alles, was sonst war oder nicht war, fiel unter ihre Maxime: ›Da spricht man nicht von.‹ Mein Gedächtnis gibt nichts mehr her, immer nur diese makellose Fassade. Aber es war keine Blendfassade; das Gebäude, das sie aufgerichtet hatte, hielt stand, bis zu ihrem letzten Atemzug: eine Christin, bereit zu sterben, keine Anzeichen von Todesangst, als es endlich soweit war ...

Jährlich 80 Strophantinspritzen, mehr hielt ihr Arzt nicht für ratsam, die Milch der alten Leute. Ein gestütztes und gepflegtes Herz, damit stirbt es sich schwer. Todesangst gehört zur Angina pectoris, sagt man. Sie ist 81 Jahre alt geworden, das hat sie sich nie gewünscht: alt werden ...

Ihre Beerdigung fand an einem regnerischen Apriltag (1959) statt. Der Sarg war in das Dorf überführt worden, in dem sie drei Jahrzehnte lang gewirkt hatte; ein anderes Tätigkeitswort fällt mir noch immer nicht ein. Sie wurde neben ihrem Mann bestattet. Beide Töchter standen noch einmal an der Seite ihrer Ehemänner, von denen sie bereits geschieden waren. Eine tödliche Komödie. Aber es war richtig so, war in ihrem Sinne: ›Blamiert mich nicht!‹ und ›Man hängt sich den Leuten nicht auf die Zähne!‹ Unsere Männer leisteten uns Beistand, standen uns wort-wörtlich zur Seite. Trauerfeier in der Kirche, wo der Sarg aufgebahrt war, der Gang zum Friedhof mit der Gemeinde, die Feier am Grab, und dann fuhren wir alle in verschiedenen Richtungen davon. Wir trennten uns am Ausgang des Dorfes ...

Als wir meinen Vater im Dezember 1940 beerdigt hatten, lag auf dem Grabhügel ein prächtiger Kranz, größer als alle anderen, er trug eine Schleife mit einem Hakenkreuz darauf, eine Aufmerksamkeit des Generalkommandos, bei dem ich kriegsdienstverpflichtet war. Keiner wagte, an das Grab zu treten und die Schleife umzudrehen ...

In dieser Dorfkirche, in der mein Vater mehr als 30 Jahre lang gepredigt hat, haben wir vor einigen Jahren am Himmelfahrtstag ein Kirchenkonzert veranstaltet. Oboe, Violoncello, Geige, Cembalo; das Cembalo spielte Kühner. Später hieß das Fest bei denen, die es mitgefeiert haben, ›das himmlische Fest‹. Während des vierstimmigen Satzes, a cappella gesungen, ›Was Gott tut, das ist wohlgetan‹, lief mir ein Schauer über den Rücken, den man immer seltener verspürt, je länger man mit dem Leben vertraut ist. Ich fühlte mich reich, als wäre das alles wirklich ›mein‹. Das Dorf, die Kirche, die Gräber der Eltern und Großeltern,

die Wälder und Täler, die Freunde, die von weit her gekommen waren, und die Dorfbewohner, die die Kirche bis
auf den letzten Platz füllten: das erste Konzert in der alten Kirche. Der Posaunenchor spielte vor der Kirchentür
geistliche und ländliche Weisen, bevor das Abend-Konzert
›nach dem Füttern‹ anfing – die unveränderten Tageszeiten
des Dorfes. Anschließend heiteres Tafeln im Dorfgasthaus,
heiteres Singen. Ich las aus den Lebenserinnerungen meines Vaters vor. Wir übernachteten alle im selben Gasthof;
unsere Freundin Rose P. ging am nächsten Morgen singend durch die Flure, um zum gemeinsamen Frühstück zu
wecken. Dann noch ein Ausflug in eines der Täler, ein
Picknick. ›Im schönsten Wiesengrunde.‹

Es war einmal ein Teich ...

Vor Jahren wolltest du mir eine Landkarte schenken, auf
der mein Geburtsort Schmillinghausen eingetragen war,
möglichst in großem Maßstab, damit auch die Stätten
meiner Kindheitserinnerungen deutlich erkennbar wären,
Feldwege, Bäche und Mühlen. Du erwarbst die entspre-
chende topographische Karte, mehrfarbig, vom Hessischen Landesvermessungsamt 1957 herausgegeben, im
Maßstab 1 : 25 000, also vier Zentimeter auf der Karte
gleich einem Kilometer in der Natur; selbst Feldscheunen
und einzelnstehende markante Bäume waren verzeichnet.
  Mein Dorf lag auf dieser Karte unten links in der Ecke.
Das erschien dir nachteilig, weil wir die Karte auch als
Wanderkarte benutzen wollten; Ausgangspunkt sollte dabei der Gasthof Teuteberg sein, der früher Gröticke hieß
und sich von einer Wirtsstube für die männlichen Dorfbe-

wohner inzwischen zu einem ansehnlichen Landgasthaus für Stadtbewohner entwickelt hat. Die Lage meines Geburtsortes am Kartenrand erschien dir aber auch als eine Herabsetzung, ja, als Kränkung meines Dorfes, also hast du in die Weltschöpfung beziehungsweise in die Hoheitsrechte eines staatlichen Vermessungsamtes eingegriffen, hast die drei Anschlußkarten erworben, ebenfalls im Maßstab 1 : 25 000, hast sie mit der Schere beschnitten, ganze Dörfer und Wälder dabei opfernd, und so aneinandergeklebt, daß Schmillinghausen in die Mitte zu liegen kam, Mittelpunkt der Welt, wie es meinen Erzählungen entsprach. Dabei gab es eine zusätzliche Schwierigkeit: Nicht weit von meinem Dorf entfernt verläuft die Grenze zu Nordrhein-Westfalen, eine der drei Anschlußkarten war von dem Landesvermessungsamt eines anderen Bundeslandes herausgegeben, und dieses war offensichtlich rückständiger, die Karte war nicht mehrfarbig wie die hessischen, auf denen Wälder und Felder und Gewässer braun und grün und blau gefärbt waren. Also hast du dich ein zweites Mal als Demiurg betätigt, hast, um die Karten einander anzugleichen und ein einheitliches Bild herzustellen, zu Farbkasten und Pinsel gegriffen und das, was das nordrhein-westfälische Vermessungsamt nicht geleistet hatte, selbst besorgt. Du hast Wäldern und Tälern Farben gegeben. Diese Karte ist einmalig, unersetzbar; du hast sie mit Folie überzogen, hast ihr Dauer verliehen, sie ist nun stoß- und regensicher. Die Erklärungen der Zeichen und Abkürzungen, die sogenannte ›Legende‹, hast du auf der Rückseite aufgeklebt.

Über diese von dir geschaffene Welt gehe ich mit Augen und Zeigefinger im Vierzentimetertempo. Ich verwandle, mit Hilfe der Legende, die Höhenangaben zu Bergen, alle diese Chiffren und Codes zu Laub- und Nadelwäldern, zu Wiesentälern und Waldrändern, zu Forsthäusern, am

Hirschgeweih kenntlich, zu Sand- und Kiesgruben, zu Bahnhöfen und Hünengräbern.

Die geometrische Anlage der nahen barocken Residenzstadt Arolsen ist deutlich erkennbar, Schloß und Schloßpark, auch der Schloßteich, auf dem mein Vater mit den waldeckischen Prinzessinnen Schlittschuh gelaufen sein soll. Dann die Eisenbahnlinie, die mir den ersten Zugang zur Welt verschaffte, eingleisig, nicht auf Rückkehr bedacht. Die Straße, die lange mein Schulweg gewesen war, ist inzwischen zur Bundesstraße 252 ausgebaut, wir sind damals zu fünft mit Rädern nebeneinander gefahren, bis uns ein Auto auseinandertrieb; heute ist die Straße so verkehrsreich, daß man eine Umgehungsstraße plant; ich versuche eine Linie zu ziehen, die mein Dorf rechts oder links liegen läßt. Am Hellenberg etwa? Das ist nicht möglich, dort liegt der Friedhof, man kann nicht die Toten von den Lebenden trennen! Und die andere Seite? Wo die Bäche, die aus den schönen Waldwiesentälern kommen, zusammenfließen? Das ist doch unmöglich! Die Walderdbeeren im Pessinghäuser Grund, die Champignonwiesen im Holzhäuser Grund, wo früher einmal Dörfer lagen, im Dreißigjährigen Krieg zerstört, aus den Steinen hat man Häuser in Schmillinghausen gebaut, als Kind habe ich noch Reste dieser Dörfer gesehen. Und dann der Sprengel, das dritte der Täler, wo meine Mutter manchmal an der Quelle des Baches ein Picknick veranstaltete. Sogar mein Vater kam mit und spielte mit seinen Töchtern Ball. Höhepunkte des Jahres! Im Sprengel stoßen meine Augen an die Gemeindegrenzen, die du mit roter Tusche nachgezogen hast; du hast meinem Heimatgefühl Grenzen gesetzt.

Bei Gashol, der alten Ziegelei, steht ›Whs‹, aber dort gab es damals kein Wirtshaus, dort lebten die Freunde der Eltern, dort gab es altmodische Puppen, die genauso aussahen wie die Puppen, mit denen Maximiliane von Quindt auf Poenichen gespielt hat. Alles ist ja so dicht verwoben ... Auf Gashol gab es die beste Schichttorte; mein Vater bekam sie von seiner alten Freundin Adolfine zu jedem Geburtstag geschenkt, dann blühten die Heckenrosen, dann gab es Erdbeerbowle im Pfarrhaus ...

Auf der Karte steht ›Prinzessinfichte‹. Aber wir sagten Prinzessinnentannen! ›Wbh‹ steht am Dorfrand, ›Wasserbehälter‹ laut Legende, aber in Wirklichkeit lag dort das ›Bassin‹, wo wir Schlitten gefahren sind. Die tausendjährige Kroneiche ist mit ›ND‹ ausgezeichnet, ›Naturdenkmal‹, leicht zu finden auf der Karte, aber bei keiner unserer Wanderungen haben wir sie ausfindig machen können, schon mein Vater, der sein Leben in Schmillinghausen verbracht hat, von Kindheit an, konnte sie nie finden. Dann der Stucksforst, 412 Meter ü. N., ist das keine beachtliche Leistung für das kleine Fürstentum Waldeck? Wir sind hier nicht im Kaiserstuhl und nicht im Schwarzwald!

Ich nenne nun alles beim Namen, ich verschlüssele nicht mehr. ›Sägemühle‹, sage ich; es ist die erste der drei Mühlen, die von demselben Bach betrieben wurden. Im ›Glücklichen Buch der a. p.‹ heißt sie ›Vogtsmühle‹, ein ganzes Kapitel des Romans heißt ›Heimatkunde‹. Als ich das Buch schrieb, ging ich noch nicht so freimütig mit meiner eigenen Vergangenheit um, da bestand noch nicht soviel Einverständnis, da war noch Zurückhaltung geboten. Ich hatte schwarze Zöpfe und nicht blonde wie jene a. p. Der Bach, zu dem sich die kleinen, aus den Waldtälern kommenden Bäche vereinigen, heißt ›Wande‹ und nicht ›Merlebach‹; und der Berg, an dem der Friedhof liegt, heißt Hellenberg und nicht Eresberg. Das Arzthaus ist ein Pfarrhaus. Der Sandweg, an dem a. p. als Kind spielte, heißt auch in dem, was ich Realität nenne, Sandweg; auch a. p. hielt die Realität für eine legitime Schwester der Phantasie.

Jene a. p. hatte zwei Schwestern, ich habe nur eine,

sie heißt Ursula. Mit ihr ging ich oft zum Hellenberg, in den großen Wald, um Pfifferlinge zu suchen, und manchmal gerieten wir an eine schmale Schneise zwischen hohen Fichten, dorthin, wo die Zwerge unter den weit aufgespannten Schirmen der Fliegenpilze wohnten. Es gibt noch jemanden, der weiß, wo die Zwerge wohnen! Dort holten wir am Tag vor Ostern das Moos für die Hasennester. Aber kennt meine Schwester auch den Teich, zu dem kein Weg führte, diesen Teich, den man antraf oder nicht antraf? Dort bin ich mit den Dorfjungen Schlittschuh gelaufen, sie fanden den Teich immer, und sie fanden auch immer den Weg durch den Wald zurück ins Dorf; es war dann schon dunkel, die Jungen lärmten, ohne sie hätte ich mich gefürchtet, mit ihnen fürchtete ich mich auch, ich ging allein hinter ihnen her. Anpassung habe ich erst allmählich gelernt. In meiner Erinnerung läuft die Schwester nie Schlittschuh, sie sitzt auch nie auf einem Schlitten; sie liest. Sie konnte schon lesen! Und manchmal holte sie mich an Winternachmittagen in die Ofenecke, zog den Ofenschirm vor uns, machte uns unsichtbar, und dort erzählte sie mir Märchen, die sie sich ausgedacht hatte. Sie war sieben Jahre alt, als ich vier Jahre alt war, sie erzählte mir die Geschichten ›ein wenig kindlich‹, wie sie es nannte; ihre pädagogische Begabung zeigte sich schon früh.

Wenn man mich nach meinen ersten Erinnerungen fragt, erzähle ich, wie ich neben meinem Vater am Waldrand oberhalb des Friedhofs stand, die Sonne ging unter, mein Vater zeigte mit seinem Spazierstock nach Westen, sagte dabei ›Sonnenschein‹ und wollte mir Unterricht im Sprechen erteilen. Ich konnte kein ›S‹ aussprechen, sagte statt dessen ›J‹, er wiederholte mehrmals das Wort ›Sonnenschein‹, und ich wiederholte jedesmal ›Jonnenschein‹.

Von Picasso stammt die Äußerung, daß die einen eine Sonne malen wollen und einen gelben Fleck machen, und die anderen machen einen gelben Fleck, und es wird die Sonne. Von der Sonne sieht man auf deinen Bildern immer nur den Schatten, den Bäume und Berge werfen. Befürchtest du, daß es ein gelber Fleck werden könnte? Manchmal wird ein Mond sichtbar, manchmal auch zwei Monde. Die Sonne weiblich, der Mond männlich, bei uns stimmt das. Es ist immer Vollmond auf deinen Bildern, wie bei Eichendorff, und dein Mond ist größer und heller als der richtige Mond. Dem Maler ist mehr gestattet als dem Schreiber.

Als wir im vorigen Jahr über den Hellenberg gingen, haben wir die Wiese, auf der im Frühling die Himmelsschlüssel blühten, nicht gefunden. Neue, geschotterte Wege waren angelegt worden, damit die Fremden, die Sommergäste, auch bei schlechtem Wetter spazierengehen können. Man hat Wegemarkierungen angebracht und Schutzhütten aufgestellt. Wo früher eine Schonung war, steht heute ein Hochwald. Ich finde mich nicht mehr zurecht. Ich habe dir den Teich nicht zeigen können, er war nicht aufzufinden, du hast von Verschilfung und allmählicher Versandung gesprochen. Ich habe eingewandt, daß ich dort Schlittschuh gelaufen sei, daß es kein Tümpel war. Ich konnte eine liegende Acht laufen! Das Ewigkeitszeichen. Verschilft, versandet, verloren. Einen Ameisenhaufen habe ich wiedergefunden, an der alten Stelle, unter hohen Kiefern, deren Stämme im Abendlicht leuchteten. In einer Viertelstunde hatten wir den Wald, der doch für mich einmal unendlich groß gewesen war, durchquert und blickten über die Felder zum Gertenberg; wo ich hinblickte, erwuchs eine Geschichte, eine Legende, ein Märchen.

Ich suche den Teich auf der Karte, er müßte doch eingetragen sein, es müßte ein ›Whr‹ danebenstehen, was ›Weiher‹ heißt. Der Mühlenteich am Dorfrand, der die Kornmühle betrieb, ist doch auch eingezeichnet, und die Marksteiner Teiche im Tiergarten, der zum Arolser Schloß gehört, waren auch nicht größer als mein Teich, der keinen Namen hatte, der immer nur ›der Teich am Hellenberg‹ hieß, unvermutet stand man davor; wenn man ihn aufsuchen wollte, fand man ihn nicht. Statt dessen haben wir einen Steinbruch entdeckt, den ich als Kind nie gesehen hatte. War dem Kartographen des hessischen Landesvermessungsamtes jener Teich zu unbedeutend, der in meinem Leben so bedeutend war? Wir suchen zu zweit, die Größe eines Stecknadelkopfes müßte er doch haben. Du bist kartenkundiger als ich, du hast das Kartenlesen bei den Pfadfindern, später sogar in einer Kriegsschule gelernt. Aber auch du findest meinen Teich nicht. Du bezweifelst seine Existenz und glaubst einem Landvermesser! Du hast die Karte auf deiner Seite.

»Es war einmal ein Teich …«, sagst du, verwandelst meine Erinnerungen in ein Märchen. Du bietest dich an, dich ein weiteres Mal als Demiurg zu betätigen und den Teich für mich einzuzeichnen, exakt nach meinen Angaben. Als ob ich exakte Angaben machen könnte, es war schon immer ein unzuverlässiges Gewässer. Ich werde meine Schwester danach fragen, sie ist mein Kronzeuge. Dort lebten Elfen und Nixen. Unterm Eis, auf dem ich Schlittschuh lief.

Waldeck

›Dieses Dorf ist mein Nährboden, dort ist mir Urvertrauen zugewachsen, das nur ein anderes Wort ist für Gottvertrauen.‹ Mit diesem Satz endet die Lebensgeschichte meines Vaters, die ich vor einigen Jahren geschrieben habe.

46

Der Satz gilt weiterhin. Ich wohne heute fünfzig Kilometer von jenem Dorf entfernt. Hin und wieder zeige ich mein Geburtshaus vor, es ist mehr als 200 Jahre alt; daneben die Kirche; der Pfarrgarten mit Lauben und Grotten; der Bach, an dem ich gespielt habe. Dort habe ich laufen und sprechen und schreiben gelernt: das Wichtigste.

Man wurde zu Hause geboren, wurde zu Hause gepflegt, wenn man krank war; man starb zu Hause; die Nachbarn trugen die Toten zu Grabe. Ich sprach Plattdeutsch in den Bauernhäusern, Hochdeutsch im Pfarrhaus. Ich kannte die Flurnamen, holte die Kühe zum Melken, half beim Kartoffellesen, war fast in jedem Haus: Zuhause. Ein Kind vom Lande. Aber bald schon war in meinem Dorf kein Platz mehr für einen Pfarrer der Bekennenden Kirche; Schatten liegen seither auf der Idylle. In den Grabstein der Großeltern, die ebenfalls dort begraben liegen, ist der Stern Davids eingemeißelt. Ich kenne Bäume, in deren Rinde nicht ein Herz zwei Namen verbindet, sondern das Hakenkreuz, verzerrt, um einen Meter in die Höhe gewachsen. Keine Frage: Das ist meine Heimat, ein Dorf mit nur 400 Einwohnern, wenige Kilometer von der ehemaligen Residenzstadt Arolsen entfernt. Der Erbprinz Josias hatte das SS-Regiment ›Germania‹ dorthin geholt, es trug den Totenkopf als Schmuck. Das Lebenswerk von Großvater und Vater zunichte gemacht.

Schreibend kehre ich oft zurück in mein Dorf; meine Größen- und Zeitmaße stammen von dort. Ein Morgen Land, ein Tagewerk, die Kanne Milch, der Laib Brot. Eierlaufen zu Ostern, zu Pfingsten die jungen Birken neben den Haustüren, alle sieben Jahre Schützenfest. Damals ein armes Dorf, heute wohlhabend, das Auto in der Scheune, Fernsehgerät und Kühltruhe; die Frauen nicht mehr von der Feldarbeit ausgemergelt, sondern beleibt. Manche kennen mich noch, sagen ›du‹ zu mir. Wir sprechen von früher, der Vergleich zum Heute geht zugunsten des Gestern aus; Armut vergißt sich im Wohlstand rasch. Wenn ich behaupte, ich wolle mir später am Waldrand – am Hellenberg – ein Haus bauen, ist das nur halb ernst zu nehmen. Ich gehöre nicht mehr in dieses Dorf, ich fühle mich auf einer griechischen Insel oder in den Straßen Roms wohler; Klima, Vegetation und die Spuren der antiken Welt sind mir gemäßer. Für die Dauer von einigen Wochen oder Monaten suche ich mir meine Heimat aus. Die Sonne geht mir hinter Salamis unter, ohne daß ich mich fremd fühle. Die Erfahrungen eines Astronauten, der die Sonne hinter Afrika untergehen sah und den ganzen Planeten Erde als ›Heimat‹ empfand, kann ich nachvollziehen. Wenn ich unterwegs etwas vermisse, dann ist es die deutsche Sprache, mein Lebenselixier.

Als ich den Atlantik und dann den nordamerikanischen Kontinent überquert hatte, am Pazifik stand und der ›Osten‹ im Westen lag, habe ich gesagt: Was tue ich hier, ich stamme doch aus Waldeck! Denselben Satz sagt in den ›Poenichen‹-Romanen die Heldin Maximiliane, nur daß sie ›Poenichen‹ sagt, ein Dorf in Hinterpommern, auf dem die Quindts mehr als 300 Jahre ansässig gewesen sind. Die Heldin, eine Mutter Courage des Zweiten Weltkriegs, erkennt, dazu braucht sie allerdings Jahrzehnte: Der Mensch ist kein Baum, sonst hätte er Wurzeln und keine Beine.

Unvorstellbar, daß ich in meinem Heimatdorf leben, schreiben und sterben sollte! Heimat halte ich für ein Gefühl, einen Gedanken, mit dem ich mich auseinandersetzen muß; ein Begriff, der mir das Herz erwärmt, aber nicht den Kopf verwirrt. Ich habe mich mit dem Thema ›Heimatvertriebene‹ jahrelang befaßt, ebenso wie mit jenem ›Osten‹, den wir gewohnheitsmäßig ›deutsch‹ nannten. Ich gestatte mir Heimatgefühle, aber ich halte sie

48

unter Kontrolle; Nationalgefühle gestatte ich mir selten. ›Deutsch‹ ist kein Wertbegriff. Eine Heimat zu haben ist kein Verdienst, sondern ein Geschenk. Eine Heimat für andere zu schaffen, das wäre eine Aufgabe.

Noch einmal: Waldeck

Immer wieder Diskussionen darüber, ob die Frau ein Geschöpf zweiter Ordnung sei. Vermutlich ist die Einstellung einer Frau zu dieser Frage von ihrem persönlichen Erleben geprägt. Wie war das bei mir?

Meinen Eltern wurden noch spät zwei Töchter geboren – ich wähle bewußt diesen altmodischen Ausdruck –, die jüngere war ich. Wir wuchsen als etwas Besonderes heran: Pfarrerstöchter. Die Frage, ob die Eltern sich über die Geburt eines Sohnes mehr gefreut hätten, wurde nie gestellt. Als wir, meine Schwester und ich, in der nahe gelegenen Residenzstadt Arolsen das Gymnasium besuchten, waren die Mädchen – weil gering an Zahl – etwas Besonderes. Meine Mutter war in erster Linie Pfarrfrau, in zweiter und dritter erst Mutter und Hausfrau. Ihre Stellung im Dorf war nicht weniger angesehen als die des Vaters. Er auf der Kanzel, vorm Altar, am Taufstein oder am Grab; sie an den Wochenbetten, den Krankenbetten, den Sterbebetten. Man sprach im Dorf nicht ohne Scheu von ›dem Herrn Pastor‹, nie ohne Ehrfurcht, er lebte in einer angestrebten Schonzone; zu meiner Mutter trug man die täglichen Sorgen. Sie versuchte, das zu leben und vorzuleben, was er predigte. Zusammen ergab das ein Lebenswerk, das über den Tod hinaus gewirkt hat.

Zunächst wollte ich Missionsfrau werden: nicht Missio-

nar. Von Albert Schweitzer hatte ich gewiß noch nie gehört, aber an eine Verbindung von leiblicher und geistlicher Sorge werde ich wohl gedacht haben. Es kamen oft
Missionare zu uns ins Pfarrhaus, ich sah Lichtbilder von
Somaliland, Borneo, Neu-Guinea. Ich wäre wohl auch
gern eine Pfarrfrau geworden; den Wunsch, Theologie zu
studieren, habe ich nie verspürt.

Bis zu meinem 13. Lebensjahr, dem Jahr, in dem wir in
die Stadt zogen, habe ich das nicht gekannt, was ich einmal
›Unterschiede‹ nennen will. Ich wußte nicht, daß es arme
und reiche Leute gibt. Ich habe keine Klassenunterschiede
gekannt. Mein Vater ging lieber in die Häuser der Armen
als in die der Reichen; lieber zu den ›Kuh-Bauern‹, den
Stellmachern und Waldarbeitern als zu den ›Pferde-Bau-
ern‹ auf die großen Bauernhöfe. Ich habe ebensowenig
wahrgenommen, daß ein Bauer wichtiger wäre als eine
Bäuerin.

In den handgeschriebenen Lebenserinnerungen meines
Vaters, die ich vor kurzem noch einmal gelesen habe, steht
gegen Ende, daß er den Wunsch hege, es möge sich ein
Mann finden, der die jüngste Tochter zum Altar führe.
Kein anderer Wunsch für die damals Sechzehnjährige. Einige Seiten vorher äußert er seine Überraschung darüber,
daß diese Tochter ein Theaterstück geschrieben hatte, das
in der Schule aufgeführt worden war. Für einen Sohn hätte
er andere Wünsche geäußert. Aber ich vermute, daß er der
Ansicht war, erst Mann und Frau zusammen ergäben ein
lebensfähiges Ganzes. Er selbst war ohne persönlichen
Ehrgeiz. Er liebte und achtete seine Frau ein Leben lang.
Ein Kampf um Vorherrschaft fand nicht statt.

Die übliche Einteilung in ›reich und arm‹, ›oben und
unten‹, ›männlich und weiblich‹, ›rechts und links‹ erkenne
ich nicht als Wertung an. Diese Unterschiede werden null
und nichtig vor dem, was Männer und Frauen und Arme

und Reiche in gleicher Weise betrifft: Geburt, Krankheit, Krieg, Alter und Tod.

Mein Vater: ›Wenn die Landwirte nicht eine Kuh aus dem Oberdorf ins Unterdorf ohne Vermittlung eines Viehhändlers aus dem Nachbardorf verkaufen können, sollen sie nachher nicht auf den Juden schimpfen!‹

In diesem Dorf kenne ich vornehmlich jene, deren Namen auf dem ›Kriegerdenkmal‹ am Rand des Friedhofs stehen. Ich erinnere mich an die Häuser, in denen sie lebten, ich erinnere mich, daß ich mit ihnen auf dem Teich im Wald Schlittschuh gelaufen bin; ich erinnere mich, daß wir zusammen Theater fürs Schulfest gespielt haben, unter ihnen Christian und Reinhold V., die beiden Söhne des Lehrers, der ein Ludendorff-Anhänger geworden war und es schließlich ablehnte, in der Kirche die Orgel zu spielen, die Kirche überhaupt nicht mehr betrat; Feindschaft zwischen Pfarrhaus und Lehrerhaus. Mein Vater mußte weichen, der Lehrer blieb, unterrichtete viele Jahrgänge als einziger Lehrer. War er am Ende seines Lebens bekehrt? Nach dem Blutopfer seiner beiden Söhne? Ich weiß es nicht. Ich frage auch niemanden. Ich sehe, was ich sehe, ich höre, was man mir erzählt, ich weiß nicht, was man mir verbirgt und was man verschweigt.

Das erste Telefon, das es in meinem Heimatort gab, war Tag und Nacht betriebsbereit, es hing im Pfarrhaus an der Wand. Die Vermittlung der Gespräche besorgte ein Fräulein vom Amt. Man kam nur in Notfällen zum Telefonieren ins Pfarrhaus, in der Regel, wenn der Tierarzt gebraucht wurde. Mein Verhältnis zum Telefon ist durch diese Kindheitserinnerungen bestimmt worden. Ich überlege lange, ob mein Anruf wirklich wichtig ist, ob er den anderen, nach dem ich klingele wie nach einem Dienstboten, auch nicht stört.

20. Juni. Der Geburtstag meines Vaters. Meine Erinne

rungen setzen sich aus Heckenrosen und Erdbeerbowle zusammen, aus der Schichttorte, die seine Jugendfreundin Adolfine mitbrachte. Im Pfarrgarten blühten die hohen weißen Lilien und die starkduftenden Nelken; der Garten meiner Kindheit: Es gab Lauben, mit Pfeifenkraut bewachsen, Grotten und einen Teich, ein Bienenhaus und Bergamotten; Terrassen, von Efeu überwuchert, und einen mächtigen Nußbaum. Adalbert Stifter hätte den Garten angelegt haben können. Das ist nun alles verfallen, ohne Geheimnisse und Glanz, aber dort hat sich mein Gefühl für die Größenverhältnisse des Lebens gebildet.

Arolsen, die kleine Residenzstadt. Alles wieder frisch getüncht, das Schloß senfgelb, in den Anlagen blühen die Azaleen, die große Allee gealtert, Eichen-Ruinen. ›Grün im Schutze deiner Eichen.‹ Die ehemalige waldeckische Hymne.

So brav alles, so ordentlich ... Aber inzwischen weiß ich: Hitler und Himmler waren die Taufpaten des Erbprinzen von Waldeck, dessen Vater Josias das SS-Regiment ›Germania‹ in sein kleines Fürstentum geholt hat.

In einer kleinen Stadt wirkt alles kleiner, auch die Historie.

Sonntagnachmittag in meinem Dorf. Ich bin zu Besuch bei der alten Hedwig J. Sie lebt allein in ihrem kleinen Haus, ihre Kinder haben gebaut, kommen aber mit den Enkeln häufig zu Besuch. In dieses Haus, inzwischen bis zur Unkenntlichkeit modernisiert, bin ich als Kind oft gegangen, um Bestellungen an Hedwigs Mutter auszurichten, die im Pfarrhaus die Wäsche wusch. Etwas muß an dieser alten Frau bewunderungswürdig gewesen sein, denn mein erster Berufswunsch war: Waschfrau.

Ich blicke aus dem Fenster und sehe jemanden – am Sonntagnachmittag! – mit dem Trecker vorüberfahren. ›Wer ist denn das?‹ frage ich. ›Das ist der alte Müller!‹

antwortet Hedwig. ›In seinen Mercedes kann er nicht rein und raus wegen dem Rheuma, deshalb fährt er mit dem Trecker.‹ Ich sehe genauer hin – ich muß sehr genau hinsehen, wenn ich jemanden wiedererkennen will. ›Hedwig!‹ sage ich. ›Das ist der junge Müller!‹ Als ich ihn zuletzt sah, hieß er noch der ›junge Müller‹ und sein Vater der ›alte Müller‹, dem die große Kornmühle gehört und der Mühlenteich.

Sie sagt: ›Du bist auch nicht mehr Pastors Christa!‹ Wir lachen beide.

Ich sage nur selten ›mein‹, mit den besitzanzeigenden Fürwörtern gehe ich vorsichtig um, aber von diesem Dorf habe ich immer besitzanzeigend gesprochen. Mein Dorf. Mein Elternhaus. Dieses Elternhaus gehörte nicht den Eltern, und das Dorf gehört nicht mir. Ich gehöre auch nicht mehr in dieses Dorf, ich weiß nicht, ob es dort noch jemanden gibt, der meinen Namen mit ›meine‹ oder ›unsere‹ versieht, vielleicht noch ein paar alte Frauen, die sagen, wenn ich an ihrem Haus vorbeigehe und sie mich erkennen: ›Das ist doch die Jüngste von unserem alten Pastor!‹

Auf meinem Geburtsschein steht glaubwürdig in der Handschrift meines Vaters, der die Kirchenbücher sorgfältig geführt hat, daß ich in Schmillinghausen/Kreis der Twiste in Waldeck, zugehörig zum Deutschen Reich, geboren wurde.

Fürst Friedrich von Waldeck hatte 1918 zwar seinen Thron, und mit seinem Fürstentum auch die Selbständigkeit, verloren, aber der Fürst residierte weiterhin in seinem Schloß in Arolsen. Waldeck war ein demokratischer Freistaat und ich somit eine gebürtige Waldeckerin. Am 1. April 1929 wurde Waldeck gegen seinen Willen, aber auf demokratischem Wege an Preußen angeschlossen und gehörte von nun an zum Regierungsbezirk Kassel.

Im wehrlosen Alter von sieben Jahren hatte ich zum ersten Mal meine Heimat verloren, zumindest auf dem Papier. Das nächste, das ich einbüßte, war der ›Kreis der Twiste‹; das gleichnamige Bächlein floß zwar weiterhin durch sein Tal, aber die drei waldeckischen Kreise wurden zu einem einzigen zusammengeschlossen, womit sich die Angaben zu meiner Person vereinfachten; nun also geboren: Schmillinghausen, Kreis Waldeck.

Von dieser Änderung erfuhr ich durch eine Zeitungsmeldung, denn mittlerweile war ich zwar noch eine gebürtige Waldeckerin, aber ich lebte nicht mehr dort. Als es mit Preußen ein Ende hatte und die Länder nach dem verlorenen Zweiten Weltkrieg neu aufgeteilt wurden, kam Waldeck zu Hessen. Wie bei allen Fusionen zwischen groß und klein verschwand Waldeck aus dem allgemeinen Bewußtsein, obwohl im Schloß zu Arolsen immer noch Prinzen zu Waldeck residierten, zumindest lebten. Mein Dorf war nun ein nordhessisches Dorf. Und im Zuge der größeren geschichtlichen Ereignisse war aus dem ›Deutschen Reich‹ die ›Bundesrepublik Deutschland‹ geworden.

Inzwischen gibt es ›mein Dorf‹ überhaupt nicht mehr. Es wurde im Rahmen der Gebietsreform zum ›Stadtteil‹ der sechs Kilometer entfernten ehemaligen Residenzstadt Arolsen erklärt. Noch taucht der Name, klein geschrieben, auf den Schildern am Ortseingang auf; noch steht er auf alten Landkarten, aber auf den neuen Autokarten fehlt er bereits, eine eigene Postleitzahl besitzt mein Dorf nicht.

Im weiteren Verlauf der Gebietsreform wurde schließlich durch einen einfachen Verwaltungsakt der Landkreis Waldeck mit dem Landkreis Frankenberg zusammengelegt. Kein Autokennzeichen mit der Chiffre ›WA‹ läßt mich noch freudig ›Ah – ein Waldecker!‹ ausrufen. Neuerdings liest man den Namen gelegentlich wieder in den Zeitungen, wenn von einer nordhessischen WAA berichtet wird, die wenige Kilometer von meinem Dorf entfernt, jenseits des Hellenberges, gebaut werden soll, eine Wiederaufbereitungsanlage für atomare Brennstoffe.

Von den sieben Taufnamen, die ich meinen sieben Paten verdanke, ging mir durch Unachtsamkeit eines Standesbeamten der schöne Name Gertrud verloren. Von den verbliebenen sechs Namen benutze ich den letzten, den ich allerdings eigenmächtig abgeändert habe. Den Familiennamen habe ich durch Heirat zum zweiten Mal verloren, aber auch diesen neuen und schönen Namen benutze ich selten.

Beim Lesen meiner Geburtsurkunde kommen mir Zweifel an meiner Identität. An den Daten hat sich – habe ich – nichts geändert.

Wenn es dämmert am Heiligen Abend …

Wann begann eigentlich die Weihnachtszeit in unserem Pfarrhaus? Ich glaube, wenn Mutter die Adventskränze band. Zuerst den großen für die Kirche und dann den kleinen für uns. Wenn sie die schwarzen Samtdecken vom Totenfest abnahm und die roten auf Kanzel und Altar breitete und im Hausflur des Pfarrhauses den goldenen Stern aufhängte – dann war Weihnachten nicht mehr weit.

Abends zogen die jungen Mädchen aus dem Dorf mit ihren Nähmaschinen in die warme Küche und nähten: Kinderhemdchen und Männerhemden für die Berliner Stadtmission. An anderen Abenden kamen die älteren Frauen aus dem Dorf und schälten Äpfel, die im alten Backhaus auf Horden getrocknet wurden; andere strickten aus Schafwolle Strümpfe und Kopfschützer und Leib-

binden. Mutter saß zwischen ihnen und stimmte Advents-
lieder an, und wenn es gar zu spät wurde, kam Vater aus
dem Studierzimmer herunter und bot Feierabend. Wenn
alles fertig war, wurden Pakete gepackt: mit Wollsocken
und Hemden, einem Stück Speck, einer Wurst, mit Honig-
kuchen, und in Notzeiten lag auch ein Brot darin oder ein
Säckchen mit Erbsen, auch der Tannenzweig war nicht
vergessen. Pakete für die Männer aus dem Dorfe, die im
Felde standen, und nach dem Kriege Pakete für die Armen
in den großen Städten.

Auf dem Boden des Pfarrhauses standen drei große
Kisten. In einer waren Ständer und Schmuck für den Baum
in der Kirche, in der anderen Krippe und Baumschmuck
und die bunten Teller für unser Weihnachtszimmer, und in
der dritten lagen Engelsflügel und weiße Gewänder mit
silbernen Borten, Stab und Stern der Heiligen Drei Könige
und goldene Haarreifen. – Abends deklamierten Engel
und Hirten und Könige ihre Verse im Hausflur unterm
Adventsstern, sangen, nähten an ihren Gewändern, flü-
sterten und lachten, und oben lagen wir Kinder in unseren
Betten und horchten.

Zwei Tage vor dem Fest brachte der Förster die Tanne
für die Kirche. Mutter war überall und niemals zu finden.
Eben stand sie noch auf der Treppenleiter in der Kirche
und schmückte den Baum. Oder probte sie das Krippenspiel? Oder war sie etwa doch im Weihnachtszimmer? Wir
Schwestern hockten mit unseren Handarbeiten hinterm
Ofenschirm und lernten Gedichte und Strophen auswendig. Nur der Pfarrherr saß fern von Vorbereitungen und
Geheimnissen in seiner Studierstube über der Weihnachts-
predigt hinter Tabakwolken und Büchern und tauchte erst
wieder auf, wenn es am Heiligen Abend dämmerte.

Wenn es dämmerte am Heiligen Abend! Wenn sich der
Frieden der Heiligen Nacht über unser kleines Dorf brei-

tete, wenn das Vieh versorgt war und das Sonntagskleid angezogen, wenn die Glocken läuteten, dann kamen sie in kleinen schwarzen Gruppen durch den Schnee gestapft in die Kirche, die so wunderbar verändert war: Holzscheite prasselten im eisernen Ofen, die Kerzen gaben ihren Duft dazu, und auf dem Transparent des Altars leuchtete das blaue Kleid Marias, das Weiß der wolligen Schafe und der goldene Stern von Bethlehem. Mutters Engelschor sang ›Vom Himmel hoch, da komm ich her‹, und wenn Vater anhob, die Weihnachtsgeschichte zu lesen: ›Es begab sich aber zu der Zeit, daß ein Gebot ausging von dem Kaiser Augustus‹ – dann ging ein Schauer des Glücks durch uns alle. Und während wir noch standen und das letzte Lied sangen, verlöschten die Kerzen am Baume, und die Kirche wurde dunkel, wie in allen anderen Nächten des Jahres.

Dann läutete im Weihnachtszimmer das Christkind, und die Tür tat sich auf – ach, alles war anders als sonst: zum Abendbrot gab es Holundersekt, den Mutter im Frühling selbst angesetzt hatte, und die Spielsachen durften mit ins Bett. Wir lagen und warteten, daß es Mitternacht wurde und die Weihnachtsglocken läuteten. Eine Stunde lang beiern bei uns die Burschen, schlagen mit ihren Hämmern an die Glocken und singen laut vom hohen Turm herab: ›Dies ist die Nacht, da mir erschienen des großen Gottes Freundlichkeit.‹

Am ersten Feiertag ging Mutter mit den jungen Mädchen zu den Alten und Kranken im Dorf. Vor dem Haus wurden die Kerzen am Tannenbäumchen angezündet, und sie sangen ›Fröhliche Weihnacht überall‹. Hinter den Türen wartete man schon auf sie. Das Bäumchen blieb zurück und ein Korb mit Bohnenkaffee und Würfelzucker, Kakao und Plätzchen und weihnachtlicher Liebe. Und so zogen wir in der Dämmerung des Abends singend von einem Ende des Dorfes zum anderen.

Auch heute noch liegt dieses Dorf in der Weihnachtszeit in tiefem Schnee in den weiten Wäldern Waldecks, aber aus mir ist längst eine Stadtfrau geworden, die ihren Weihnachtsbaum beim Händler kauft und im Flur keinen Platz hat für den goldenen Stern. Die Krippe aus unserem Pfarrhaus ist in einer Bombennacht verbrannt. Der Vater ist schon lange tot, wir nähen keine Hemden für die Berliner Stadtmission mehr –.

Komm in meinen Umarm!

Im Goethejahr 1932 stand ich als Quintanerin der Bathildisschule in Arolsen – einer reinen Mädchenschule – auf dem Podium der Aula und deklamierte auf eigenen Wunsch Goethes ›Willkommen und Abschied‹. Ich stand mit durchgedrückten Knien, die Augen vorsichtshalber geschlossen, dachte an Friederike aus Sesenheim, den jungen Goethe, das Pfarrhaus – ich war ein belesenes kleines Mädchen – und setzte an: »Es schlug mein Herz, geschwind zu Pferde! Es war getan fast eh gedacht ...« Ich ließ mich vom Tempo der Zeilen und des Pferdes mitreißen, fiel in Galopp, nahm bei »und Zärtlichkeit für mich – ihr Götter!« – den Graben, vergaß die Aula, die Lehreraugen, erreichte ohne abzustürzen die letzte Hürde, riß die Augen auf und endete begeistert: »Und doch, welch Glück, geliebt zu werden! Und lieben, Götter –‹, dann verpaßte ich das Reimwort und sagte nicht »welch ein Glück!«, sondern: welche Lust. In einer reinen Mädchenschule.

Ich war viel zu früh eingeschult worden, war fast zwei Jahre jünger als meine Mitschülerinnen; manchmal ruhte ein Lehrerinnenblick mit Sorge und Mißtrauen auf mir. Ich bin sicher, daß ich das Wort ›Zärtlichkeit‹ auf dem Umweg über dieses Gedicht kennengelernt habe. Ich galt als Schmusekatze. Mein Zärtlichkeitsbedürfnis wurde im Elternhaus nicht befriedigt, man sagte artig ›Gute Nacht‹, gab Vater und Mutter einen Kuß, das war die Tagesration. Meine einzige Schwester rannte weg, sobald ich ihr einen Gutenachtkuß geben wollte; es gehörte zum abendlichen Ritual, daß ich mich ihr mit der Drohung, sie zu küssen, näherte, dann lief sie aus dem Zimmer, und wir jagten durchs Haus. Diese Jagd nach Liebe endete dann meist in einer Schlägerei. Wenn wir in den Betten lagen, kamen die Eltern, die im Großelternalter waren, und sangen noch ein Lied. Manchmal, nicht immer! Wer annimmt, sie hätten Wiegenlieder oder doch Kinderlieder gesungen, kennt sich in protestantischen Pfarrhäusern nicht aus. Meine Eltern sangen Mendelssohn-Lieder, zweistimmig. Ob in einem Kinderzimmer Einstimmigkeit herrschen sollte?

Das Angebot an Zärtlichkeit war gering, die Nachfrage groß; ich holte mir, was ich brauchte. Wenn ich den Vater von weitem sah, breitete ich die Arme aus, rief: »Wer kommt in meinen Umarm!«, lief auf ihn zu und wurde aufgefangen und durch die Luft geschwenkt. Wenn meine Mutter auf dem Sofa ruhte – sie war oft leidend –, dann ging ich zu ihr und streichelte sie vorsichtig. Man mußte nur den ersten Schritt tun, verweigert wurde nichts. Meine Mutter, die zu Zärtlichkeit nicht begabt war, brauchte Zärtlichkeit; gespürt habe ich das früh, begriffen erst viel später. Mein Vater schrieb zärtliche Briefe an seine Frau, liebevolle und lobende Gedichte zu ihren Geburtstagen, aber ich erinnere mich nicht, daß er den Arm um sie gelegt hätte, daß er sie küßte. Aus der Ehe der Eltern drang nichts nach draußen. Wir lebten auf Distanz.

Was man zu Hause nicht findet, sucht man sich außer

Hause. Ich ging zu Dorfe! So wurde das genannt. Eines Tages fiel meiner Mutter auf, daß meine Bäckchen ständig gerötet und rauh waren. Woher und wieso? Ich kletterte den Bauern – den alten, die in der Stube saßen oder auf der Bank vorm Haus – auf den Schoß, und weil man sich auf dem Lande nur am Sonntag rasierte, wurden meine Backen von all den Küssen, die ich mir einholte, wund. Ein mütterliches Dekret wurde erlassen, das ich umgehend meinen alten Freunden kundtat: »Mutter hat boten, alle fremden Männer Kuß geben!« Dieser Satz einer Dreijährigen wurde kolportiert und kam schließlich auch im Pfarrhaus an. Er wurde bei allen passenden Anlässen zitiert. Mit Ironie. Zitat und Ironie spielten bei meiner Erziehung eine große Rolle.

Die Ermahnungen meiner Mutter haben lebenslänglich gewirkt. Heute bin ich eher zurückhaltend in meinen nichtsprachlichen Äußerungen. ›Sei umarmt!‹ schreibe ich unter einen Brief, aber bei einer Begegnung würde ich den Arm nicht um den Betreffenden legen. ›Komm in meinen Umarm!‹, einige Freunde kennen diesen Satz, wenn ich ihn lachend zitiere, fällt mir die zärtliche Umarmung leichter. Mir gab – im Goetheschen Sinne – ein Gott die Fähigkeit zu sagen, wie ich leide und wie ich mich freue, aber die Begabung, zärtliche Gefühle zu zeigen, scheint verschüttet zu sein.

Wer die Deutschen in den achtziger Jahren beobachtet, könnte annehmen, wir seien ein herzliches, zur Freundschaft begabtes Volk. Kaum hat man sich zwei-, dreimal gesehen, umarmt man sich bei der Begrüßung. Als wäre man im Kreml! Wenn ich merke, daß jemand zu einer Umarmung ansetzt, sage ich rasch noch »Brüderchen!«, bevor sich ein fremdes Gesicht an meines drückt, oder gebe kleine Regieanweisungen, flüstere »rechts!«, damit man nicht, ungeübt, mit den Nasen aneinanderstößt. Ich mag nicht, wenn jemand achtlos seine Hand auf meinen Arm legt und dort liegen läßt, als handele es sich um einen Kaminsims, ich gebe sie lächelnd dem Eigentümer zurück. Ich gehöre zu den Analphabeten der zärtlichen Körpersprache, aber: es gibt auch in dieser Sprache wirkliche Begabungen, Naturtalente. Zärtliche Hände, die alles streicheln: den staubigen Esel auf einer griechischen Insel, ein hungriges Kätzchen in Rom, einen Baumstamm, einen rotwangigen Apfel, sogar ein Menschengesicht.

›Und Zärtlichkeit für mich – ihr Götter! Ich hofft es –‹, und ich hab's bekommen.

Erste Liebe, letzte Liebe

Was für ein Geschrei um den ersten Zahn, bei dem, der ihn bekommt! Was für jubelndes Entzücken bei jenen, die ihn als erste entdecken. Die ersten Schritte! Die doch unweigerlich zum Sturz führen: welches Aufsehen, welche Befriedigung. Ein Lebensweg beginnt! Der erste Kuß! Wie viele wird es geben? Hochgerechnet?

Was für ein heiteres Erinnern an alles, was erstmalig war.

Die erste Liebe! Man mußte nur nachspielen, was im Märchenbuch stand. Der Lehrer der einklassigen Dorfschule übernahm die Regie meiner ersten Liebe. Weil ich die Tochter des Pfarrers war, entschied meine Herkunft über die Besetzung der Hauptrolle: Dornröschen! Die Feen beschenkten mich mit Wundergaben, mit Tugend und Schönheit und Reichtum und allem, was auf der Welt zu wünschen ist. Nachzulesen in Grimms Hausmärchen. Die Rolle des Prinzen wurde mit dem Sohn des größten Bauern besetzt, zehnjährig, wer sonst hätte in diesem Dorf zum Königssohn getaugt? Er führte einen Königsnamen, er hieß Otto; gespielt wurde auf der Bühne des Gasthofs. Bevor das achtjährige Dornröschen in hundertjährigen Schlaf fallen konnte, hatte es hinter der Bühne auf seinen Auftritt zu warten, der Königssohn ebenfalls. Es war dämmrig, man mußte leise sein, um die Aufführung nicht zu stören. Wir waren allein. Der Prinz näherte sich und versuchte, das vor Lampenfieber bebende Dornröschen probeweise zu küssen. Ein Versuch, der am beiderseitigen Ungeschick scheiterte. Kein Bildschirm hatte uns die nötigen Kenntnisse vermittelt. Die Erziehung der Pfarrerstochter siegte über die Eroberungslust eines Bauernjungen. Den einzigen wiederbelebenden Kuß ihres Prinzen bekam Dornröschen, gemäß den Anweisungen des Lehrers, im rechten Augenblick auf der Bühne. Die Aufführung war einmalig! Keine Wiederholung. Kein Nachspiel.

Aber schon der Versuch, mich aus eigenem Antrieb, ohne Aufforderung zu küssen, hatte genügt: ich war verliebt!

Meine persönlichen Dornröschen-Erinnerungen im Kopf, habe ich dann die kleine Maximiliane von Quindt aus Poenichen in Hinterpommern ebenfalls ›Dornröschen‹ spielen lassen, mit größerer Berechtigung: sie lebte in einem Schloß. Der Prinz, mit Namen Klaus Klukas, seiner Herkunft nach ein Landarbeitersohn, wird, ehe er sich versieht, von Dornröschen stürmisch geküßt. Er zieht, in pommerschem Platt laut schimpfend, davon: Küssen laß ick mich nich! Trotzdem blieb Klaus Klukas die erste Liebe der Maximiliane von Quindt.

Wie leicht sich das feststellen läßt: die erste Liebe. Aber wie schwer zu sagen: die letzte Liebe. Oder doch nicht? Keine Spekulationen jetzt über die letzten Schritte und den letzten Zahn! Obwohl es gerade wegen der letzten Zähne viel Lamento gibt. Über den letzten Kuß läßt sich noch gar nichts sagen, es sei denn von Beckett, von Ionesco, von Thomas Bernhard. Nicht von mir! Eines Tages weiß man – sollte man wissen – jetzt wird nicht mehr gezählt, keine Zahlworte mehr, das Einmaleins der Liebe ist zu Ende. Jetzt weiß man: dabei bleibt es, jetzt und immer und ewig. Bis daß der Tod uns scheidet. Nicht einmal die christliche Trauformel genügt dann noch. Wir gehen zusammen, sagt der, den ich liebe, der Otto heißt. Von Otto dem Ersten zu Otto dem Letzten, das Leben reimt sich. Ich sage dann: Versprichst du mir das? Und er sagt: Das verspreche ich dir! Eine Unterredung im Halbernst geführt. Ich zitiere mich selbst, zitiere Mosche Quint, den ältesten Sohn der Maximiliane aus Poenichen, der ängstlich ist und sich bei der Mutter vergewissert: Versprichst du mir das? Und dann sagt sie: Das verspreche ich dir! –

Längst haben wir Verabredungen getroffen fürs Jenseits, im Sektor Literatur. Man kann sich dort nicht verfehlen. Wen wird man schon antreffen? Paul Gerhardt! Das wäre mir recht, einen großen Choral hätte ich – für mein Leben gern – geschrieben. Matthias Claudius – mit Vergnügen! Heinrich Böll –? Der Sektor wird doch nicht durch eine Konfessionsgrenze geteilt sein? Aber das Jenseits als unendliche PEN-Tagung? In dem jeder sich selbst zitiert? Mir kommen Bedenken. Ich muß mich mit dem Besitzer meiner letzten Liebe darüber verständigen.

Carl mit C

›Dein Vater C. Emde‹ schrieb er unter die Briefe an seine Töchter; ›Dein Bruder C. Emde‹ an seine zahlreichen Geschwister; an seine sehr geliebte Frau schrieb er ›Dein

Dich liebender Mann C. Emde‹. Unter allen Briefen stand die genaue Bezeichnung der Bindung: Bruder, Vater, Schwager, Freund; nur selten ein Beiwort: treu oder liebend oder geduldig, aber auch besorgt, doch, ich erinnere mich, es stand wohl auch einmal ›Dein besorgter Vater C. Emde‹ unter einem Brief. Keiner seiner Briefe ist erhalten.

Im Herbst 1945 machte ich mich aus der russisch besetzten Zone Deutschlands auf den Weg in den Westen, weitgehend zu Fuß. Ich lebte dann eine Weile in Marburg an der Lahn. Auf einer Hamsterfahrt ins Waldeckische, wo ich herstamme, lernte ich in einem überfüllten Eisenbahnabteil zwei ältere Damen kennen. Wir machten uns miteinander bekannt, das tun alle Waldecker. Sie hörten meinen Namen, der in Waldeck häufig vorkommt, hörten den Beruf meines Vaters, blickten einander an, blickten mich an und sagten: Er ist es! Sie hatten meinen Vater gekannt, als er in Marburg Theologie studierte, beide hatten mit ihm getanzt, beide hatten sich in ihn verliebt. Aber: Er war ein Student, hatte noch nicht seiner Militärpflicht genügt; wann würde er ein eigenes Pfarramt bekommen und eine Familie gründen können? Heiteres, schmerzliches Erinnern. Und jetzt saß den beiden alten Schwestern, die unverheiratet geblieben waren, seine Tochter gegenüber. Sommersprossen! sagten sie beglückt. Und gerade die Sommersprossen, die von ihm stammten, hatten ihn immer bekümmert; ich berichtete es lachend.

Am Ende der Bahnfahrt wurde ich zu einem Besuch eingeladen, und einige Wochen später reiste ich nach Korbach. Ich kam in eine Wohnung, in der es alles gab. Von allem zuviel, würde ich heute sagen, aber damals war ich überwältigt. Möbel, Teppiche, Porzellan, Bilder, Kissen und Decken und eine Silberkanne mit Bohnenkaffee. Eine Schokoladentorte! Die Einladung galt bis zum Abendbrot, gar nicht abzusehen, was man der Tochter Emde noch alles anbieten würde.

Das erste, was mein Mißtrauen weckte, war der Kneifer. Ich erhob Einspruch: Keine Brille, sagte ich, er hat bis zu seinem Tod keine Brille getragen, obwohl er doch soviel studiert hat. Beide erinnerten sich, er war ein strebsamer Student. Der Kneifer ging im weiteren Gespräch verloren.

Die beiden alten Fräulein blickten sich an und erinnerten sich an sein Bäuchlein. Trotz der Schokoladentorte sagte ich, zur Wahrhaftigkeit erzogen: Nein! Kein Bauch. Niemals. Mein Vater war groß und schlank! Die beiden lächelten, sie wußten es besser, schließlich war ich ja noch ein halbes Kind gewesen, als ich den Vater verloren hatte. Der Krieg. Die Luftangriffe. Man hatte den Feuerschein gesehen, als Kassel in einer einzigen Nacht zerstört wurde. Der traurigen Erinnerung wegen wurde mir ein Likör aus schwarzen Johannisbeeren angeboten, den die Damen selbst angesetzt hatten. Ich erinnerte mich, daß auch meine Mutter – aber meine Mutter fand wenig Interesse. Eine schwarzhaarige Tochter, wo er doch blond gewesen war. Rötlich, darauf bestand die eine; die andere widersprach, aber ich bestätigte: Der Bart war ein wenig rötlich. Ein Bart? Hatte er sich einen Bart stehen lassen? Einen Schnurrbart etwa? Ja, sagte ich, und auch einen Backenbart.

Inzwischen war mir klargeworden, daß es sich nicht um meinen Vater handeln konnte. Aber noch war die Schokoladentorte nicht aufgegessen, und in der Küche stand mein Abendbrot.

Das ›K‹, mit dem er so schwungvoll seine Briefe unterschrieb! Karl! Bei diesem ›K‹ hat die Erziehung meiner Eltern über die Aussicht auf ein Abendessen gesiegt. Karl mit K, das ging zu weit, ich sagte: Nein! Carl mit C. Kein Kneifer. Kein Bauch. Aber ein Bart.

Und dann saßen wir da, sahen uns betreten an, meine Anwesenheit war durch nichts gerechtfertigt, ich war nur noch eine hungrige Studentin aus Marburg, die zufällig Emde hieß und zufällig aus Waldeck stammte.

Wer hat angefangen zu lachen? Wir haben noch ein Gläschen Johannisbeerlikör auf ›Carl mit C‹ getrunken, und dann bin ich nach Marburg zurückgefahren. Vor oder nach dem Abendbrot?

DIN A 5 – eine Schulzeit im ›Dritten Reich‹

Als meine Mutter den Satz »Lies mir das bitte vor!« nicht mehr hören konnte, schickte sie mich in die Schule, damit ich endlich lesen lernte. Irgendwann, mitten im Schuljahr, ich war gerade fünf Jahre alt geworden. Ich saß in der letzten Reihe einer einklassigen Volksschule; die Versetzung erfolgte von einer Bank zur anderen. Ich habe dort Heimatkunde gelernt, außerdem Stricken und Lesen und Schreiben. Heute steht die Schule leer, die Dorfkinder werden mit Schulbussen zu größeren schulischen Unternehmen befördert.

Meine Eltern hatten Größeres mit mir vor, Ziel war eine Höhere Schule. Das vierte Grundschuljahr saß ich in einer städtischen Volksschule ab, in Arolsen, einem Residenzstädtchen, über dem damals noch fürstlicher Glanz lag. Auch dieser Schulbesuch befähigte ein kleines Mädchen noch nicht dazu, ein Gymnasium zu besuchen, dazu bedurfte es der weiteren Vorbereitung auf einer Mädchenschule. Zwei Jahre später durfte ich – gründlich geprüft – in das Reform-Realgymnasium gehen; nur wenige Mädchen durften das. Außer dem Gymnasium befand sich eine SA-Führerschule in den Gebäuden; der Kasernenhof war unser Schulhof, später zog SS dort ein; heute befindet sich eine NATO-Einheit in den Schulgebäuden, Belgier, soviel ich weiß. Die Schule heißt jetzt Christian-Rauch-Gymnasium. Ich war eine Fahrschülerin. Täglich zweimal sechs Kilometer hin, sechs Kilometer zurück, landschaftlich hübsch, aber bergig. Und weiterhin zu jung, was in jedem Zeugnis vermerkt wurde, außerdem: ›Die Schrift ist unleserlich!‹

Mein Vater, der Pfarrer und Kirchenrat war, wurde vorzeitig pensioniert, er gehörte der Bekennenden Kirche an. Wir zogen nach Kassel, und ich wurde in eine reine Mädchenschule, das städtische Oberlyzeum, geschickt. Meine Mitschülerinnen besaßen bereits Tanzstundenreife, waren BDM-Führerinnen, und ich war weiterhin zu jung, kam vom Lande, war nicht im BDM. Mit 15 hatte ich eine mittlere Reife erlangt, schrieb zur Abschiedsfeier ein Theaterstück, das in der Aula aufgeführt wurde. Damit schien meine schulische Laufbahn beendet zu sein. Was hatte ich vor? Was hatten meine Eltern mit mir vor? Was das Leben? Der einzige, der das wußte, war der Führer, er erließ einen entsprechenden Befehl. Ich hatte das ›Pflichtjahr für deutsche Mädchen‹ in einem kinderreichen Haushalt abzuleisten, eine Art von Zivildienst. Und als ich das hinter mich gebracht hatte, wußte er wieder, was für mich gut war: Kriegseinsatz. Von 1939 bis 1942 arbeitete ich als ›besonders beauftragte Person‹ in der Geheimregistratur eines Generalkommandos. Inzwischen war ich über zwanzig. Ich beantragte meine Freistellung zum Studium, dazu mußte ich zunächst eine höhere Reife erwerben. Ich kehrte zurück zu jenem Oberlyzeum, das aber inzwischen Jacob-Grimm-Schule hieß. Meine Freunde, alle in feldgrauen

67

Uniformen, holten mich am ersten Schultag ab. Mit einer großen Schultüte.

In raschen Sprüngen habe ich die drei Jahre Oberstufe bewältigt. Bewältigt? Das klingt zu großartig. Der Direktor der Schule war großzügig, ließ mich alle paar Monate eine Klasse überspringen. Dort war ich ein Fremdkörper, war zu alt und auch zu lebenserfahren, trug keine Uniform. Mit dem Abitur wurde es wieder nichts! Ein Luftangriff zerstörte mein Elternhaus, die Schule, die ganze Stadt. Ich geriet in den nächsten Kriegseinsatz, diesmal als Zweitköchin in einem Kurort im Vogelsberg, ›Kaiserhof‹ hieß das Hotel, eine evakuierte Schule aus Wilhelmshaven war darin untergebracht. Eines Tages bekam ich die Nachricht, daß ich in Fulda als Externe die Reifeprüfung ablegen könnte. In welchen Fächern hat man mich geprüft? Ich weiß es nicht, mit Sicherheit in Vererbungslehre. Wie hieß das Gymnasium? An welchem Tag? Auch das weiß ich nicht, Januar 1944. Am Abend stand ich wieder in der Großküche.

Inzwischen wußte ich, daß ich Architektur studieren wollte, aber: die Technischen Hochschulen waren für Mädchen gesperrt. Ich fing eine Ausbildung als Bibliothekarin an, ein halbes Jahr ging das gut, dann wurde ich in ein Flugzeugwerk in Halle/Saale, das nicht mehr produzierte, eingezogen; ich arbeitete als Gehalts- und Lohnrechnerin. Rechnen hatte ich ja gelernt.

Ich habe es auf dreizehn erlernte oder ausgeübte Berufe gebracht, ich habe auch ein Diplomexamen abgelegt und einiges studiert. Der vierzehnte Beruf war dann der einer haupt- und freiberuflichen Schriftstellerin, darüber war ich 32 Jahre alt geworden.

Kein aufregender erster Schultag. Kein festlicher letzter Schultag. Kein Schulgebäude, vor dem ich – glaubwürdig – versichern könnte: Hier bin ich zur Schule gegangen!

Die Schulen tragen andere Namen, stehen an anderen Plätzen. Aus Gründen der Papiersparnis hat mein Reifezeugnis nur das Format DIN A 5.

Diese ganze Schulzeit: DIN A 5.

Kinder des ›Dritten Reiches‹

Meine Familie hatte sich in Marburg zusammengefunden; ich war im Oktober 45 als letzte eingetroffen; was ich besaß, hatte in einem einzigen Koffer Platz. Ich verdiente mir meinen Lebensunterhalt mit Nähen: Kindermäntel aus gewendeten Soldatenröcken. Ich hatte zu Weihnachten für den, den ich liebte, der schwer kriegsbeschädigt war, der aus der russisch besetzten Zone angereist kam, einen Pullover aus nicht mehr verwendeten grauen Kniewärmern der Wehrmacht gestrickt. Hindenburglichter zur Weihnachtsbeleuchtung. ›Only for army dogs‹ stand auf der Büchse Fleisch, die ich beschafft hatte; was für amerikanische Hunde gut war, mußte auch für uns genügen. Eine Sonderzuteilung an Weizenmehl und Zucker, aber auch an Freiheit: Die Ausgangssperre war auf 2 Uhr 30 in der Heiligen Nacht verschoben.

Meine Mutter, die nach einem Herzinfarkt wochenlang mit siebzehn anderen Patientinnen in einem Krankensaal lag, durfte für einige Tage ›nach Hause‹ kommen, in dieses möblierte Zimmer, das nicht heizbar war, in dem Mahagonimöbel und Plüschsessel standen, mehr zum Schonen als zum Wohnen geeignet. Wir machten uns unsichtbar; trotzdem schlug die Sicherung durch, wenn wir auf den Heizspiralen des Elektro-Ofens ein wenig kochten.

Aber: sie schossen nicht mehr! Auch dieser Satz stammt nicht von mir. Joachim Quint, siebenjährig, Mosche genannt, das älteste der Flüchtlingskinder aus Poenichen, sagt immer wieder: »Sie schießen nicht mehr, Mama!« Es fielen keine Bomben mehr. Es wurde nicht mehr auf Eisenbahnzüge geschossen. Keine Tiefflieger ...

Alles war neu, war aufregend. Als hätte ich bis dahin nichts oder doch nur das Falsche gelernt und gelesen. Aber das ließ sich nachholen. Die Bücherschränke waren gefüllt, man konnte Bücher ausleihen, alles konnte man ausleihen: Kleider und Schuhe.

Wir werden am Heiligen Abend zur Christvesper in die überfüllte Universitätskirche gegangen sein, wo die Michaelsbrüder ihre festlichen liturgischen Gottesdienste feierten. Habe ich damals den Gruß der Engel zum ersten Mal gehört? »Denn er hat seinen Engeln befohlen, über dir zu wachen bei Tag und Nacht.« Oder hat der Pfarrer über einen Text aus der Offenbarung des Johannes (21, 3 u. 4) gesprochen? »Siehe da, die Hütte Gottes bei den Menschen! und er wird bei ihnen wohnen, und sie werden sein Volk sein, und er selbst, Gott, wird mit ihnen und ihr Gott sein; und Gott wird abwischen alle Tränen von ihren Augen, und der Tod wird nicht mehr sein, noch Leid noch Geschrei noch Schmerz wird mehr sein ...« War ich es, die das hörte? War es diese Maximiliane, die dachte: Warum erst in einer künftigen Stadt? Worauf wartet er noch? Er wird abwischen alle Tränen ... Sie hatte Poenichen verloren, ihre Heimat im Osten; ich hatte weniger verloren, ein zerstörtes Elternhaus, was zählte das schon?

Sicher bin ich, daß wir am Ende dieses Gottesdienstes, wie im Krieg, stehend »Verleih uns Frieden gnädiglich, Herr Gott, zu unsern Zeiten« gesungen haben. Waren jetzt ›unsere Zeiten‹ angebrochen? Wann und warum haben wir eigentlich aufgehört, diesen Choral zu singen? Rückblickend scheint mir, als wären wir Weihnachten 45 dem ›Frieden auf Erden‹ näher gewesen als je zuvor und je danach. Noch wußten wir nicht, ob wir – wie ein Soldatenrock – zu wenden und weiterzuverwerten waren. Die großen Abrechnungen standen noch aus. Wir saßen unter Kanzeln, Kathedern und Bühnen und hörten aufmerksam die neuen Verkündigungen, wir: altgewordene, notreife Kinder des ›Dritten Reiches‹ mit dem großen Nachholbedarf an Jung-sein und Lebensfreude und dem untergründigen Gefühl – das man uns später radikal ausgetrieben hat –, auch an uns sei etwas wiedergutzumachen.

Wir werden in der Weihnachtsnacht getanzt haben, wir nahmen jede Gelegenheit zu tanzen wahr. In Marburg gab es ja alles noch, Parkettböden und Grammophone und sogar Jazz-Platten. Vermutlich habe ich damals das Lied von Mackie Messer aus der ›Dreigroschenoper‹ zum ersten Mal gehört, schwankend zwischen Entrüstung und Vergnügen. Immer noch war ich, trotz fünf Jahren Kriegseinsatz, eine wohlbehütete Pfarrerstochter vom Lande. Bing Crosby sang im Sender AFN ›Dreaming of a white Christmas‹. Nescafé und Camel-Zigaretten! Im Haus jenes Professors wohnte eine junge Adelige im besten Zimmer mit separatem Eingang, dort gingen gesunde junge amerikanische Soldaten ein und aus. Keiner sah etwas, keiner hörte etwas, sondern wir aßen, was sie uns großzügig zukommen ließ …

An den Hauswänden stand ›Death is so permanent‹. Vermutlich wußten die Amerikaner – an enge Durchfahrten und Altstadtgassen nicht gewöhnt – nicht, wie dieser Satz auf die Deutschen wirkte, sie wußten vieles nicht, und wir wußten vieles nicht. Wer Zigarettenkippen wegwirft, weiß nicht, wie denen zumute ist, die sich danach bücken. Und wie hätten wir ahnen sollen, daß wir das Wegwerfen so rasch lernen würden? Noch war nicht geklärt, ob die Sieger unsere Befreier waren. Freund oder Feind? Die einfachsten Fragen mußten noch diskutiert werden.

Wir hatten die Hölle des Krieges und das Inferno des Kriegsendes überlebt. Ich vermute, daß ich damals davon überzeugt war, daß nun, wie bei Dante, das Paradies folgen würde, das Frieden hieß.

Von Gipfel zu Gipfel Feuerzeichen

Wie sehr wünsche ich mir einen großen Osternachts-Gottesdienst! Er müßte das Herz aufreißen, vor dem ein schwerer Stein liegt. Ein Engel brauchte nur daran zu tippen, und er stürzte um. Einmal zu Ostern in Notre-Dame in Paris, einmal zu Ostern im Salzburger Dom, einmal in Maria Maggiore in Rom – an eindrucksvollen Plätzen hat es nicht gefehlt, vermutlich lag es an mir oder auch an dem, der neben mir war. Aber vor wenigen Jahren eine Osternacht bei den Michaelsbrüdern in Marburg, das war, wie es sein sollte. Vom Beginn der Schöpfung ›Es werde Licht und es ward Licht‹ in der dunklen Universitätskirche bis ›Christ ist erstanden‹, als die Ostersonne die ersten Strahlen durch die schönen Glasfenster im Chor der gotischen Kirche schickte. Nach dem gemeinsamen Abendmahl in der Kirche das gemeinsame festliche Frühstück bei Freunden, dann der Osterspaziergang über die Felder, den Waldrand entlang.

Und weiter zurück. Ostern 1946 auf dem Hochgern, oberhalb des Chiemsees. Wir waren abends aufgestiegen, um die Ostersonne tanzen zu sehen, übernachteten in einer überfüllten Berghütte. Es war der 20. April, auf den Berghöhen wurden Feuer entzündet; es hieß, in den Tälern hielten sich noch Einheiten der Waffen-SS verborgen, sie gäben sich zum Geburtstag ihres Führers von Gipfel zu Gipfel Feuerzeichen. Wir, zwei Studentinnen, kümmerten uns nicht darum, tanzten um das Osterfeuer, sprangen wie die anderen durch die Flammen, in denen der Winter verbrannte. In der ersten Morgendämmerung stiegen wir zum Gipfelkreuz auf und meinten, die Sonne tanzen zu sehen: Der Krieg war zu Ende! Beim Abstieg, zusammen mit drei jungen ehemaligen Offizieren, zitierten wir Münchhausen-Balladen, und am nächsten Tag trampten wir nach Reit im Winkl; die Grenze nach Österreich war nahe, wir riskierten es, einen Fuß ins Ausland zu setzen, ungeheuerlich, unvergeßlich.

Mein Kopfgeld

Bei dtv wird ein Sammelband zum Thema ›Währungsreform‹ geplant, Heinz Friedrich zeichnet als Herausgeber. Er schreibt an die Autoren: ›Im Juni 1988 sind es 40 Jahre her seit der Geburt der D-Mark und damit unseres Wohlstandes. Die Geburt der D-Mark zeitigte aber auch in den nachfolgenden Jahrzehnten geistige, kulturelle und wirtschaftliche und politische Probleme, mit denen wir uns noch heute abmühen. Deshalb die Frage: Ist am 20. Juni 1948 eine Chance verpaßt worden, oder wurde eine wahrgenommen? Zeigte sich die Gesellschaft dem materiellen Wohlstand gewachsen, konnte ihn kulturell und politisch moderieren und damit beherrschen?‹ In einem späteren Absatz des Briefes heißt es: ›Jeder war auf sich selbst angewiesen und auf die eigene Leistung, auf die eigene

Initiative und auf die eigenen Einfälle, wenn er es zu etwas bringen wollte.‹

Diesen eher unauffälligen Nebensatz habe ich zum Thema meines Beitrages genommen: Es zu etwas bringen.

Über dieses Problem, unwesentlich anders formuliert – ›etwas Rechtes werden‹ heißt es bei mir –, habe ich einen ganzen Roman geschrieben. ›Die Quints‹. Was ist aus den Kindern jener Flüchtlingsfrau aus dem Osten geworden, später, im Westen? Etwas Rechtes? Und was ist das, etwas Rechtes? Besitz? Stellung? Oder doch noch etwas anderes? Ich halte diese Frage für eine jener Fragen, auf die es keine allgemeingültige Antwort gibt, die trotzdem gestellt werden müssen, damit man diesem ›etwas‹ etwas näher kommt.

Vor kurzem hat man mir den ›Waldeckischen Heimatkalender‹ aus meinem Geburtsjahr gezeigt; darin stehen die wichtigsten Angaben über das Dorf, in dem ich geboren bin. Die Anzahl der Seelen, der Pferde, Rinder, Schafe, sogar das Federvieh in Stückzahl angegeben; Schwierigkeiten bei der Zählung gab es wohl nicht. Die Ziegen sind nicht aufgeführt, dabei standen in unserem Stall, der kleinen Töchter wegen, zwei Ziegen; wir wurden mit Ziegenmilch aufgezogen, die nach dem damaligen Stand der medizinischen Erkenntnisse soviel gesünder als Kuhmilch sein sollte. Ich habe die Angaben mit heiterem Interesse gelesen und mich erst jetzt, als ich das Wort ›Kopfgeld‹ las, gefragt, seit wann wir die Köpfe zählen und nicht mehr die Seelen; für die Seelen jenes Dorfes war mein Vater zuständig gewesen. Seit wann zählen Seelen nicht mehr?

Vermutlich handelt es sich um eine der vielen Änderungen, die im ›Dritten Reich‹ unauffällig stattgefunden haben. Lebensmittel konnte man nicht für Seelen rationieren, fünfhundert Gramm Brot, fünf Gramm Fett. Man sagte ›pro Kopf der Bevölkerung‹, keiner scheint überlegt zu haben, daß es pro Bauch hätte heißen müssen. Was man offiziell und pro Kopf zugeteilt bekam, wurde im Laufe des Krieges immer geringer, reichte immer weniger aus, der Wert des Geldes schwand, je weniger es dafür zu kaufen gab. Nach Kriegsende kehrte man zu einer frühen Handelsform zurück, zum Warentausch. ›Tausche Brautkleid gegen Kinderwagen‹. Schwarzer Markt und Tauschzentrale. Die gebräuchlichste Währung war die Zigarettenwährung, in Stangen oder auch pro Stück. Man zog zum Hamstern aufs Land, man klaute Koks von Güterwagen, klaute Holz im Wald. Man sagte ›klauen‹, um nicht ›stehlen‹ sagen zu müssen, die Zahlungsmoral sank, jegliche Moral sank. ›Erst kommt das Fressen, dann kommt die Moral‹, eine Zeile aus Brechts ›Dreigroschenoper‹, die wir damals gerade erst kennengelernt hatten, bewies ihre Richtigkeit. Das Datum, an dem sich alles ändern sollte, hieß zunächst ›der Tag X‹.

›Am Tag der Währungsreform, im Juni 1948, legt Maximiliane vor der Geldumtauschstelle bei strömendem Regen in einer Menschenschlange eine Strecke von zweihundert Metern – was der Poenicher Lindenallee entsprach, die sie immer noch als Längenmaß benutzte – in vier Stunden zurück: Kopfgeld in Höhe von vierzig Deutschen Mark, jeweils für fünf Köpfe.

Wer hundert Reichsmark besitzt, erhält dafür zehn Deutsche Mark, wer hunderttausend Reichsmark besitzt, erhält zehntausend Mark, zunächst auf Sperrkonten. Das Verhältnis arm zu reich ändert sich im Verhältnis zehn zu eins, aber an diesem einen Tage war eine absolute Gleichheit hergestellt.

»Paß auf, wie es jetzt losgeht!« sagt ihr Mann nach seiner Rückkehr. »Freier Markt und freie Preise! Der neue freie Mensch braucht Wohnungen, Autos, Straßen, Krankenhäuser, Kleidung. Von der Wäscheklammer bis zum

Schulheft fehlt ihm alles. Jetzt beginnt der große Wiederaufbau ... Die Welt wird sich über den Aufbauwillen der Deutschen wundern!«

Die Welt hat sich dann auch gewundert. Aus den Überlebenden des Krieges wurden Verbraucher. Die Geburtsstunde des neuen Kapitalismus und Materialismus war gekommen: Restauration, Herstellung alter Verhältnisse. Ein Volk entschied sich für den Konsum ...‹ ... und so weiter. So steht es in meinem Roman ›Nirgendwo ist Poenichen‹, er ist 1977 erschienen. Jene Geldumtauschstelle, an der meine Heldin stundenlang in einer Menschenschlange stand, lag an der Uferstraße in Marburg/Lahn. Ein Schulgebäude.

In diesen vier Stunden des 20. Juni 1948 hätte ich meiner Heldin begegnen können; dieses eine Mal haben sich unsere Lebenswege berührt. Maximiliane stand dort unsichtbar, als noch nicht einmal konzipierte Romanfigur, ich stand dort ganz real. Zeit- und Ortsangaben stimmen ebenso wie die Angaben über das Wetter: strömender Regen. Wer einen Regenschirm besaß, stand unterm Dach eines Regenschirms, ich besaß keinen. Ohne meine Heldin hätte ich das Datum und die näheren Umstände vermutlich vergessen, ich kenne mich im Leben meiner Romanfiguren besser aus als im eigenen, das mir nur selten als Steinbruch dient.

Ich wohnte in einem möblierten Zimmer in der Südstadt, die genaue Adresse weiß ich nicht mehr, aber wenige hundert Meter von dieser Schule entfernt, die auch als Wahllokal diente, liegt das Kunstinstitut der Universität; dort besaß ich einige Jahre lang ein geistiges Zuhause, so habe ich es damals empfunden und so muß ich es heute hinschreiben: ein geistiges Zuhause, ein Arbeits- und Studienplatz, den ich mir selbst ausgesucht hatte. Als ich fünfzehn Jahre alt war, traf zum ersten Mal ein Führerbefehl auf mich zu: Das ›Pflichtjahr für deutsche Mädchen‹ mußte abgeleistet werden. Kriegseinsätze folgten; mit einem Bibliotheksdiplom, das ich nebenher erworben hatte, war ich nach Kriegsende für zwei Semester Leiterin der Mensa in Marburg geworden. Und dann dieses Forschungsinstitut für Kunstgeschichte! Ich hatte einen Platz gefunden, an dem ich lange bleiben wollte; außerdem hatte ich den Mann gefunden, mit dem ich mein Leben teilen wollte. Das Datum unserer Hochzeit war wegen der bevorstehenden Währungsreform bereits zweimal verschoben worden. Wir haben mit diesem Kopfgeld geheiratet, zwei Köpfe, zweimal vierzig Mark. Reichsmark, die wir im Verhältnis zehn zu eins hätten eintauschen können, besaßen wir beide nicht. Was ich in vier Jahren Kriegseinsatz gespart hatte, war in der russisch besetzten Zone geblieben, wo ich zuletzt als Gehaltsrechnerin in einem Flugzeugwerk kriegsdienstverpflichtet war. Der Mann, den ich liebte, ist mir nach zwei Jahren gefolgt, über die grüne Grenze, die damals gefährlich, aber doch kein Todesstreifen war. Die kirchliche Trauung und das Hochzeitsfest fanden in dem Dorf statt, in dem ich als Tochter des Pfarrers aufgewachsen war. Ein Stück Wiedergutmachung: Mein Vater hatte dieses Dorf 1934 verlassen müssen, er war nicht mehr genehm, ein Mann der Bekennenden Kirche. Kuchen und Torten wurden gebacken, Hühner geschlachtet, große Stücke vom Knochenschinken geschnitten, ein Glas Honig aus diesem Haus, eine Kanne voll süßer Sahne aus dem nächsten. Das Innere der schönen Kirche war mit Sommerblumen geschmückt, Dorfkinder streuten Blumen vor dem Hochzeitszug. Abends gab es Erdbeerbowle. Wir feierten im Gasthaus. Woher plötzlich der Wein? Besser, man fragt nicht. Auf einer Fleischdose, die wir mit nach Marburg nahmen, stand das Datum November 1944. Jetzt war Sommer 1948; wie viele Hungrige werden in dem Bauernhaus nach etwas Eßbarem gefragt und gebettelt haben, vier Hungerjahre lagen zwischen dem Schlachttag und der Schenkung. Besser, man fragt nicht, man sagt: Danke. Mit ›Danke‹ wurde dieses Hochzeitsfest finanziert, mit einem einzigen Wort. Ein Wort als Währung.

Von einem unserer Gäste, einem namhaften, geistreichen Professor der Volkswirtschaft, hieß es, daß er während des Essens nichts anderes gesagt habe als: »Reichen Sie mir bitte noch einmal den Schokoladenpudding.«

Was nicht geschenkt war, war entliehen. Das Brautkleid, der Schleier, der Frack und der Zylinder. Damals erschien uns alles geschenkt oder geliehen, in einem höheren Sinn. Wir hatten uns noch nicht daran gewöhnt, zu jenen zu gehören, die überlebt hatten. Warum wir? Warum nicht die anderen? In diesem Dorf kenne ich unter den Lebenden kaum noch jemanden, aber ich kenne die Toten, deren Namen auf der Gedenktafel für die Gefallenen des Zweiten Weltkriegs stehen, sie waren so alt wie ich, ich hatte mit ihnen auf der Schulbank gesessen. Im Sommer 1948 gab es diese Gedenktafel auf dem Friedhof noch nicht.

Das Fest zog sich über zwei Tage hin. Es hatten zwei Habenichtse geheiratet, die keinen gemeinsamen Wohnsitz hatten, keine Aussteuer. Wir hatten uns gefunden, alles andere würde sich finden.

Eine neue Zeitrechnung wurde eingeführt: vor der Währungsreform, nach der Währungsreform. Wie groß die Veränderungen sein würden, ahnten wir nicht, wir waren beide sehr ahnungslos. Ich bekam ein elektrisches Bügeleisen als Hochzeitsgeschenk, sonst nur nutzlose, unschöne Gegenstände aus Schmiedeeisen oder Keramik, die aus der Zeit vor der Währungsreform stammten. Ich besaß nun etwas, das andere von mir ausleihen konnten. Dieses Bügeleisen war mein erster Besitz und zugleich der erste

Ballast. Der Mann, den ich geheiratet hatte, war schwer kriegsbeschädigt, das Studium hatte er abbrechen müssen, die zweite Ausbildung war noch nicht abgeschlossen; ich selbst verdiente nicht viel, aber wir brauchten ja auch nicht viel; Geld für die Fahrkarte, um uns zu treffen, für Briefmarken, um uns zu schreiben. Bald nach der Währungsreform erhielt das Forschungsinstitut keine staatlichen Zuschüsse mehr, die Gehälter wurden drastisch gekürzt, die ersten Mitarbeiter wurden entlassen, dann wurde ich ebenfalls entlassen. Warum hätte ich eine Tätigkeit, die mir so lieb war, bei der ich soviel lernen konnte, aufgeben sollen? Ich blieb an meinem Platz, arbeitete ohne Bezahlung weiter und holte mir einmal wöchentlich auf dem Arbeitsamt meine Arbeitslosenunterstützung, man stand dort Schlange, das war man gewöhnt, man befand sich in guter, meist akademisch gebildeter Gesellschaft. Damals fing ich an zu schreiben. Geschichten zu berühmten Kunstwerken, man bot mir bald darauf eine Stelle als Redakteurin einer Frauenzeitschrift in Nürnberg an, ich verdiente wenig, wir teilten das wenige, die räumliche Trennung wuchs, die innere wuchs auch. Ganz allmählich wurden Worte meine Währung. Jahrelang habe ich von dieser Freude am Schreiben, am Gedrucktwerden und von den kleinen Honoraren gelebt und weiterhin von dem, was ich nicht brauchte.

Die Einteilung von Dingen, die man braucht, und denen, die man nicht braucht, stammt von dieser Maximiliane, deren Maximen ich mir angeeignet habe, mit denen ich leben muß. Was braucht man? Was braucht man nicht? Ich hatte Verwandte, die ›aus dem Osten‹ stammten, Bruder und Schwester, er kam spät aus russischer Gefangenschaft, war der Erbe des verlorenen Ritterguts, sie war als Tochter eines Rittergutsbesitzers aufgewachsen; es gab in Westdeutschland keine Tätigkeiten für die beiden: Sie wanderten in die USA aus, gleich bis nach Kalifornien. Er hat dort – als ungelernter Landschaftsgärtner – die Gärten reicher Kalifornier betreut, sie arbeitete als cleaning woman. Sie verdienten beide gut, aber in einem der Briefe stand: ›Was ich wirklich brauche, kann man nicht für Dollar kaufen.‹ Später besaßen sie ein Haus mit Pazifikblick und einen großen Wagen, aber das war nicht das, was sie gebraucht hätten. Ein Hund, mit dem sie durch blühende Roggenfelder hätten gehen können? Ein Pferd, um über Land zu reiten, ein eigenes Pferd über eigenes Land? Sie haben nie darüber geschrieben. Vielleicht entbehrten sie die Schneeschmelze, den anhaltenden Landregen? Die Sprache, in der sie aufgewachsen waren?

Stammt die Achtlosigkeit meiner Heldin gegenüber materiellen Dingen am Ende doch von mir? Ist sie mehr mein Geschöpf, als ich wahrhaben will? In meinem Elternhaus stand das Thema Geld unter Tabu, da hieß es: Davon spricht man nicht. Aber mein Vater war ein Beamter mit gesichertem Gehalt und später dann mit einer gesicherten Pension. Hätte meine Ehe unter etwas günstigeren wirtschaftlichen Bedingungen standgehalten? Wenn wenigstens einer eine geregelte und bezahlte Tätigkeit gehabt hätte; wenn der eine nicht immer in Krankenhäusern und Sanatorien gelegen hätte; ohne die ständigen Trennungen? Um uns herum brachten es alle zu etwas, aber wir nicht, wir lachten oft über unsere Armut: die Flasche billigen Wermut zum Wochenende, die Tube Nescafé, die für zwei Tassen Kaffee am Sonntagmorgen reichte. Irgendwann lachten wir nicht mehr. Wir hatten vernachlässigt, was man Sicherheit und bürgerliche Existenz nennt. Ich schrieb in jener Zeit meinen ersten Roman, bekam dafür einen ersten Preis, wir kauften ein kleines Auto und ein kleines Haus, verhielten uns wie andere, aber Besitz hält zwei Menschen nicht zusammen, im Gegenteil. Von Françoise Sagan ist überliefert, daß sie gesagt habe, sie weine lieber in einem Cadillac. Ich kann das nicht beurteilen, ich habe in einem Volkswagen geweint. Die Ehe wurde nach zehn Jahren einvernehmlich geschieden. Das Geld brachte uns kein Glück, irgendwo war es doch noch immer dieses Kopfgeld, mit dem wir angefangen hatten. Erfolg und Unglück schienen zusammenzugehören. Das Auto wurde verkauft, das Haus wurde verkauft, ich zog fort. Das Geld, das ich nicht wichtig nehmen wollte, hat sich später an mir gerächt, es ist mir über den Kopf gekommen wie im Märchen vom Sterntaler. Mein zweiter Mann hat mir einen hessischen Sterntaler geschenkt, den hänge ich mir oft an einer Kette um den Hals; als die Brüder Grimm dieses Märchen aufzeichneten, galt der Sterntaler als Zahlungsmittel in Hessen. Wir leben in Kassel, da lebten auch die Grimms lange. Ich habe Geldsorgen, sage ich lachend, und nur die engsten Freunde wissen, daß es mir damit ernst ist, die anderen sagen: Die hat gut lachen. Ich weigere mich weiterhin, Geld als die einzige wichtige und gültige Währung anzuerkennen; weder das Geld, das ich nicht hatte, noch das Geld, das ich habe, darf mein Leben bestimmen, das lasse ich nicht zu.

Mit diesem Kopfgeld vom Tag der Währungsreform hat man Geldköpfe aus uns gemacht. Haben wir unsere Seelen für Kopfgeld verkauft? Im Verhältnis zehn zu eins? Die Abwertung des Geldes – hat sie eine Abwertung des Geistes mit sich gebracht? Hat die innere Unsicherheit bewirkt, daß man äußere Sicherheit sucht? Geldanlagen, Immobilien, bleibende Werte? Als ob wir in diesem Land nicht gerade erst erfahren hätten, wie rasch das alles zu zerstören ist. In dem Wort Währung steckt doch auch das Wort Bewährung.

Man hat mich nach meinem Kopfgeld gefragt, das ›mein‹ im Titel hat bewirkt, daß ich über ›Das Geld und ich‹

geschrieben habe und dabei biographischer geworden bin, als es sonst meine Art ist. ›... wenn er es zu etwas bringen wollte.‹ Ich selbst wollte eigentlich nur durchkommen, das schien mir schwer genug.

Das ist alles so lange her! Inzwischen habe ich erfahren, daß man Glück und Erfolg haben kann, beides. Ich sage weiterhin: Worte sind meine Währung und: Man darf mich beim Wort nehmen.

Alles verloren, alles gewonnen

Es gibt für unsere Situation nach 1945 keinen passenderen Satz als den Titel des Theaterstücks von Thornton Wilder: ›Wir sind noch einmal davongekommen‹. Wir hatten überlebt, gegen jede Wahrscheinlichkeit. Ende eines Krieges, einer Diktatur. Alles verloren, alles gewonnen.

Diese Nachkriegsjahre sind in meiner Erinnerung chaotisch-exotisch ... Hunger, den man in Vortragssälen, Kirchen, Auditorien, Kellertheatern stillte; wir haben uns warm getanzt, wenn wir froren; wir haben aber auch Kartoffeln und Holz mitgehen lassen, wir stahlen das Nötigste, Lebensnotwendige, wie die Zigeuner, die ja nur stehlen, was sie für den Augenblick benötigen. Wir wurden Weltbürger mit niedrigen Mitgliedsnummern. Nazi-Literatur verschwand, die ›Giftschränke‹ in den Bibliotheken wurden geöffnet, wir lernten zu unterscheiden, ich las und las, mein Heißhunger war eher geistig-seelischer als leiblicher Art.

Dieses Neue, Andere, war unbekannt wie das Jenseits: Freiheit, Leben in Freiheit, die wir aber zunächst nur in kleinen Dosen zugeteilt bekamen, stundenweise, von einer

Ausgangssperre zur nächsten, auch räumlich waren wir durch Zonengrenzen beengt.

Wir hatten Großartiges erwartet, aber es gab Flickwerk, wir schneiderten die Uniformen des ›Dritten Reiches‹ um in Zivilkleidung; in den Carepaketen, die aus den USA geschickt wurden, befanden sich kleine Dosen für unseren großen Hunger; Tagesrationen, winzige Mengen Erdnußbutter, kleine Mengen Eipulver. Man behandelte uns wie Unmündige, wie Kinder, die man gängeln mußte. Unsere Begeisterung, die mit unserer Demütigung einherging, wurde gedämpft, wir sollten auf kleinem Feuer kochen.

Das haben wir dann auch getan. Wir haben wiederaufgebaut, statt aufzubauen, wir stellten Altes wider her, der Mut zu Neuem ging uns verloren oder wurde erstickt in Lastenausgleichs- und Entnazifizierungsverfahren, Schuld und Un-Schuld, Forderungen und Ansprüchen. Wir wollten vorwärts blicken, und man hat uns immer wieder umgedreht – wie man kleine Hunde mit der Nase in ihre Notdurft steckt, um sie stubenrein zu machen. Wir wurden stubenreine Bürger ...

Was undenkbar gewesen war: Eines Tages redete man von Wiederbewaffnung, von ›Allgemeiner Wehrpflicht‹. Und es war kaum ein Jahrzehnt seit Ende des Krieges vergangen. Wilson hatte nach dem Ersten Weltkrieg ›vom letzten aller Kriege‹ gesprochen, er hatte sich geirrt. Daß meine Generation sich nach dem Zweiten Weltkrieg wieder irrte und nicht vom ›letzten Krieg‹, sondern vom ›zweiten Weltkrieg‹ sprach, der ja die Möglichkeit eines dritten einschließt, war und ist unfaßlich.

Und schon kamen die Krisen, denen man nur noch Vornamen zu geben brauchte. Suezkrise, Ungarnkrise. Das eine Mal lagen die Krisenherde weit entfernt, das andere Mal lagen sie nahe, zwischen Kuba und Korea. Wir haben uns an die Temperaturschwankungen innerhalb des kalten

Krieges gewöhnt, minus 1 Grad bis minus 50 Grad. Meine Generation weiß, daß man bei minus 50 Grad noch überleben kann, aber wissen wir auch, bei welcher Temperatur der Brennpunkt liegt?

Welche Erwartungen, die wir an uns und an die Welt stellten! An die Welt, die unseren guten Willen doch erkennen mußte!

Aber irgendwann wurden aus unseren Erwartungen Ansprüche. Ansprüche auf Wiedergutmachung. Zurück wollten wir nicht blicken, nach vorn blicken sollten wir nicht, und dabei haben wir aus dem Blick verloren, was wir einmal angestrebt hatten: Einigkeit und Recht und Freiheit, darüber reden wir nicht mehr, dafür tun wir wenig, gelegentlich läßt man die dritte Strophe des Deutschlandliedes nach Feierstunden singen.

Das Grundwasser steigt

Einer meiner frühen Romane trägt den Titel ›Die Zeit danach‹, er spielt am Niederrhein. Johanna, die Heldin des Buches, ist mit Albert, von dem sie sich hat scheiden lassen, und mit J., der ihr Liebhaber ist und den sie nicht heiraten konnte und wollte, dort unterwegs, im Auto, redend, immer nur redend. Die Bäume liefen neben den endlosen Sätzen her. Die jeweiligen Partner redeten sich auseinander und versuchten, mit den Händen wiedergutzumachen, was sie mit Worten zerstört hatten. Diese Szenen wiederholen sich, und diese Wiederholungen der Sätze, die der eine zu ihr und sie zu dem anderen sagt, machen die quälende Ratlosigkeit und die Melancholie des Romans aus. Bei einer solchen Fahrt auf den Straßen am

Niederrhein sagt jener J. einmal, daß man es sich in der Liebe nicht bequem machen dürfe. Sobald ein Gefühl angenehm würde, ›behaglich‹, sei es bereits verdächtig. Für eine Geliebte müsse man Unbequemlichkeiten auf sich nehmen, Entfernungen müßten wie Widerstände überwunden werden. Für das andere, das Behagliche und Bequeme, habe man die Ehe. Und ein paar Tage – ein paar Seiten – später sitzen sie wieder im Auto und fahren irgendwohin, hinaus aus der Stadt, aus Düsseldorf oder Duisburg, genau erfährt es der Leser nicht, und dann heißt es: ›Der Abend war wirklich schön. Wolken am Himmel, zuerst rosafarben, dann weiß, dann grün.‹ Johanna wäre gern ein Stück zu Fuß gegangen, aber ihr Liebhaber, ein verheirateter Mann, sagt, was er oft sagt, daß man nie selber tun solle, was eine Maschine besser könne. Er hält den Wagen irgendwo, an einem Waldrand vermutlich, an oder in einem Feldweg, es gibt am Niederrhein nicht viele Wälder. Er versucht, Johanna zu umarmen, sie entzieht sich ihm, sie schätzt Umarmungen auf Autositzen nicht. Sie sagt: Man muß es sich nicht unbequemer in der Liebe machen als nötig. Ob J. den Unterton wahrnimmt, erfährt man nicht. Er antwortet: Sehr bequem hat man es mit dir sowieso nicht, da kannst du unbesorgt sein. Er läßt sie los und fährt weiter.

Der Untertitel des Romans heißt ›Aufzeichnungen einer unbequemen Frau‹.

Meine Jahre in Düsseldorf, die zweite Hälfte der fünfziger Jahre, als man im Rhein noch schwimmen konnte, in den schönen Buchten gegenüber der Kaiserpfalz, in Kaiserswerth, wo wir uns übersetzen ließen. Ich bin in die Strömung des Flusses hinausgeschwommen, um meine Kräfte zu erproben, ich habe mich treiben lassen und bin ein paar hundert Meter rheinabwärts wieder an Land gegangen und zurückgekehrt. Damals sagten wir, daß keiner zweimal im selben Fluß schwämme, und meinten es sinnbildlich, heute ist es nicht mehr sinnbildlich, es ist Wirklichkeit geworden, kein zweites Mal, keinmal.

Damals waren wenig Autos auf den Straßen, die Alleen noch baumbestanden, Ahorn, viel Ahorn am Niederrhein, aber auch Pappeln, die den Boden entwässern sollen, die Wurzeln nützlicher als die Stämme. Mit der Dämmerung fielen die Krähenschwärme aus dem Himmel, brachten Unruhe in die Bäume. Rauhes Gekrächze. Wir kurbelten die Wagenfenster hoch, weil wir das Schreien nicht anhören wollten. Fahr weiter, sagte ich, sprich weiter, sprich ruhig weiter, das habe ich zu dem einen gesagt, das habe ich zu dem anderen gesagt; das Auto ein anderes Auto, der Fahrer ein anderer. Im Auto redet es sich gut, man muß sich nicht ansehen, man redet aneinander vorbei. Wenn wir nicht weiterwußten, redeten wir über Krähen, stritten über Krähen. Raben! Es sind Raben! – Krähen! Es sind Krähen! Über alles kann man streiten. Wir wußten nicht, daß es Rabenkrähen gewesen sein müssen. Daß die Nebelkrähe östlich der Elbe zu Hause ist, habe ich erst gelernt, als ich mich mit dem ›Deutschen Osten‹ beschäftigte, als mein Pensum jahrelang Pommern hieß.

Oder waren es Saatkrähen, die wir gesehen haben? Wahrscheinlich waren es Saatkrähen, der Streit war unnötig, jeder Streit war unnötig. ›Ein harmloser Allesfresser‹ steht in meinem Vogelbuch, von Totenvogel ist die Rede. Die Saatkrähen vereinigen sich zu großen Nistgesellschaften, bauen ihre Nester so nahe nebeneinander, daß sich in einem Baum häufig 50 Nester befinden. Solche Bäume haben wir gesehen und haben gestritten, ob es verlassene Vogelnester seien oder Mistelgebüsch, Schmarotzer, erst zu Weihnachten nützlich, wenn Liebende sich unter den Mistelzweigen küssen. Damals verbrachte ich die Weihnachtsfeste allein.

Mit den Schiffen sind auch die Möwen vom Meer rheinaufwärts gekommen; die Krähen und die Möwen, auf den abgeernteten Feldern müssen sie miteinander auskommen.

Du hast andere Erinnerungen an den Niederrhein, sie liegen noch weiter zurück, reichen bis in deine Heidelberger Sekundanerjahre. Einer deiner Klassenkameraden, Sohn eines Stinnes-Direktors, hatte dich als Begleiter auf die Ferienreise mitgenommen, immer auf Stinnes-Schiffen, erst nach Norwegen, dann nach Ostpreußen, von da nach Rotterdam. Dort seid ihr auf einen Schleppkahn umgestiegen, der fünf Lastkähne hinter sich herzog, rheinaufwärts, im Schrittempo, langsam genug, um neben den Kähnen herschwimmen zu können oder die Landschaften zu beiden Seiten des Stroms in dein Skizzenbuch zu zeichnen, auch, der Reihe nach, sämtliche Burgen, ›Katz‹ und ›Maus‹, ›Rheinfels‹, ›Drachenfels‹. In Bingen mußte man euch mit dem Ruderboot an Land übersetzen, weil am nächsten Morgen der Schulunterricht wieder begann. Sechs Ferienwochen waren vergangen …

Die Landschaften des Niederrheins sind Schauplätze meines Lebens. Die toten Rheinarme, die Stechmücken überm brackigen Wasser, die flachen Seen zur holländischen Grenze hin, wo man an milden Novembertagen noch Boot fahren konnte. Zuckerrübenernte, die Trecker mit den hochbeladenen Anhängern waren unterwegs, die Straßen lehmig und glitschig, jeder Baum hätte zur Todesursache werden können. Fahrer und Beifahrerin waren unaufmerksam. Und immer wieder Pappeln zur Seite; wenn wir anhielten, blieben sie stehen, fuhren wir weiter, rasten sie nebenher.

Pappeln umgrenzten das Grundstück, auf dem unser Haus stand; ich hatte es mit meinem ersten Honorar gekauft, das Grundstück auf Erbpacht, 99 Jahre, die Lebenszeit überdehnt. Dem Vorbesitzer, dem Pflanzer der Pappeln, hatten offenbar Bäume als Begrenzung seines Besitzes nicht genügt, er hatte Stacheldraht ziehen lassen und dann auch noch Knöterich gepflanzt, der hoch hinauswollte, der keinen Baumwipfel über sich duldete, höher und höher kletterte, die Spitzen der Pappeln erreichte und dort unbekümmert blühte. Im Herbst nahm ich den Kampf auf, hängte mich an die Äste des Knöterichs, um ihn herunterzureißen und die Pappeln von dem Schmarotzer zu befreien. Äste wie Schaukeln. Mißverständnisse. ›Und die Ranke häkelt am Strauche‹ – nie ist mir die Genauigkeit einer Gedichtzeile so deutlich geworden wie dort am Starenweg, in dem es viele Stare gab, aber auch Flugzeuge, die die Vögel aufstieben ließen. Der Flugplatz lag nahe, abends brachte ich meine Briefe zum Flughafenpostamt, saß eine Weile in der Halle, schlenderte umher, hörte Ausrufe: »Mr. Brehm, bitte zur Information!« Als die Pappeln zu hoch in den Himmel wuchsen und zur Behinderung des Flugverkehrs wurden, hat die Feuerwehr sie geköpft. Das war, als die ersten Caravelle-Flugzeuge Düsseldorf anflogen und der Fluglärm störend wurde. Als die Boeing 707 eingesetzt und längere Startbahnen gebaut wurden, war ich schon fortgezogen. Ich konnte auf die Erfahrungen meiner Heldin Johanna aus dem Roman ›Die Zeit danach‹ zurückgreifen, das erleichterte mir die eigenen Entscheidungen, das Ende meiner Ehe betreffend.

Später, viele Jahre später haben wir zu zweit vor dem Grundstück im Starenweg gestanden. Die Pappeln waren wieder und wieder geköpft worden, waren kaum noch als Pappeln kenntlich, das Haus war umgebaut. Ich habe dir einiges aus jenen Jahren erzählt. Mitten in einem Satz habe ich meinen Bericht abgebrochen.

Das Grundwasser steigt.

Die beste Telefonnummer

Man sieht meiner Bibel an, daß sie oft benutzt wird, aber sie gibt keine Auskunft über die Benutzerin; nichts weist darauf hin, daß es meine Bibel ist. In anderen Büchern streiche ich unbekümmert das an, was mir für meine Arbeit wichtig ist, mag sein, daß auch da Rückschlüsse möglich wären. In der Heiligen Schrift streiche ich nichts an, das mag zunächst Scheu vor ›Gottes Wort‹ sein, das ich von klein auf zu respektieren gelernt habe; ich wage wohl auch nicht zu entscheiden, ob dieser eine Satz wichtiger ist als der andere.

Neben meiner Bibel steht die Bibel, die von meiner Mutter benutzt wurde und nach ihrem Tod in meinen Besitz übergegangen ist. Manchmal blättere ich darin, sehe ihre Anstreichungen, entziffere ein Wort, das sie an den Rand geschrieben hat; ihre Hände zitterten seit den schweren Luftangriffen, bei dem schwersten hat sie dann alles, was ihr einmal wichtig war, verloren. Wer ihr später diese Bibel verschafft hat, weiß ich nicht, eine Dünndruckausgabe, der Einband von einer Hülle geschützt, einige Seiten aus der Leimung gelöst. Die Anstreichungen stammen aus den letzten Jahren ihres Lebens. Drei Jahrzehnte war sie eine umsichtige Pfarrfrau gewesen, nun war sie schon lange verwitwet, fand mal hier und mal da Unterschlupf, bis ich sie dann in unsere Wohnung nach Düsseldorf holen konnte.

Am Rande von Johannes 16, Vers 22, der unterstrichen ist, steht: Erster Sonntag in Düsseldorf, Matthäuskirche. ›Und auch ihr habt nun Traurigkeit; aber ich will euch wiedersehen, und euer Herz soll sich freuen, und eure Freude soll niemand von euch nehmen.‹

Ich erinnere mich …

Sie lebte nun nicht mehr bei Fremden und unter Fremden, sondern bei ihrer Familie, in räumlicher Enge, aber nicht in innerer Nähe, die sie benötigt hätte. Damals hatte ich meinen ersten literarischen Erfolg, der mich irritierte und sie freute. Sie hatte niemanden, mit dem sie hätte reden können, über Alter, Angst, Einsamkeit, Krankheit, Tod. Sie hat mit Gott im Dialog gelebt, sie hat ihn gefragt, er scheint ihr geantwortet zu haben, auch dafür gibt es Beweise in Form von Bleistiftstrichen. ›Doch es wird nicht dunkel bleiben über denen, die in Angst sind.‹

Ich blättere die dünnen Seiten um, erschrecke, wenn da ein Wort über den Streit von Brüdern angestrichen ist und am Rand, gut lesbar, steht ›oder Schwestern‹.

Ein Lehrbuch. Ein Lebensbuch.

Bei Jeremia, bei Salomo, den Psalmen verdichten sich die Anstreichungen, aber auch in den Offenbarungen des Johannes und im Buch Sirach. ›Der ist reich, der da arbeitet und sammelt Geld und hört auf und genießt es auch.‹ Warum hat sie das angestrichen? Wir hatten endlich ein eigenes Dach überm Kopf, sogar ein Auto, ein Telefon. Mein erster Roman hatte mir großen Erfolg gebracht. Aber habe ich das genossen? Hat sie mich gemeint, die so unruhig war? Wer spricht da zu mir? Die Stimme meiner Mutter? Hat sie auch an die gedacht, die später in ihrer Bibel lesen würde? Ein Buch gibt über seine Benutzer Auskunft. Sie war lange Jahre leidend. In den Monaten vor ihrem Tod saß ich, wenn es dämmerte, an ihrem Bett und sang einen Choral, das tat uns beiden gut, mehr an Kontakt war uns nicht möglich. Sie war damals über achtzig, und ich war noch nicht vierzig, die Entfernung war groß.

Während ich mich erinnere und in ihrer Bibel blättere, fällt mein Blick auf einen Vers aus dem 138. Psalm, den sie angestrichen hat. ›Wenn ich dich anrufe, so erhörst du mich und gibst meiner Seele große Kraft.‹ An den Rand hat sie geschrieben: ›Die beste Telefonnummer‹.

Die erste Operation

Klinik. Operation. Der Arzt ist zufrieden, der Patient ist zufrieden; du liegst mit geschlossenen Augen und siehst – wie du sagst – die schönsten Bilder. Ich bin zuversichtlich. Das Ergebnis liegt noch nicht vor. Ich höre nicht auf zu beten, es ist wie Ein- und Ausatmen. Ich hoffe, daß ich mit beidem zu gleicher Zeit aufhören werde. In der Straßenbahn, mit der ich zum Krankenhaus fuhr, kam eine mir unbekannte Frau, jünger als ich, mit schönem offenem Gesicht, auf mich zu, drückte mir einen Strauß Anemonen in die Hand: »Eigentlich sollte jemand anders ihn bekommen!« – und verschwand wie ein Engel. Und da saß ich dann mit ihrem Strauß. Draußen auf der Straße sah ich sie dann noch einmal, unser Lächeln begegnete sich.

Du liegst und gesundest. Ohne Worte, ohne Musik, du bist ganz für dich.

Das neue Kassel ist unvergleichlich

Im Juni 1960 zog ich nach Kassel. Ich bin nicht in meine Vaterstadt zurückgekehrt. Ich bestreite das. Ich erkannte nichts wieder und wollte nichts wiedererkennen. Dabei gab es Anzeichen. Im Park Wilhelmshöhe sind die Anfangsbuchstaben meines Mädchennamens in die steinerne Wand eines Pavillons geritzt, zusammen mit zwei anderen Buchstaben. Mein Name an den eines Toten gebunden.

Mit dem 22. Oktober 1943 war endgültig und gewaltsam meine Kindheit zu Ende. Das Elternhaus bis auf die Mauern ausgebrannt; der Vater tot, die Mutter krank und ohne Obdach und Habe; die Schule, in der ich ein halbes Jahr später hätte Abitur machen sollen: bis auf die Grundmauern zerstört; die liebste Freundin verbrannt, mit Eltern, Großeltern, Hund – nichts, was man noch hätte begraben können.

Das war das Ende. Das war der Abschied. Da war alles in Flammen aufgegangen. Nach solch einer Nacht geht man fort und dreht sich nicht um.

Ich weigerte mich, das alte Kassel wiederzufinden, in dem ich schon einmal neun Jahre lang gewohnt hatte. In meiner Erinnerung waren nichts als Trümmer und Tote. Das Vergessen war leichtgemacht. Die Straßen trugen neue Namen; es war nicht schwer zu lernen, daß jene Straße die Friedrich-Ebert-Straße war, daß der Platz, an dem einmal das Oberlyzeum stand, wer weiß denn noch wo, der Scheidemannplatz ist. Die paar restaurierten Erinnerungsstücke genügten: Druselturm, Zwehrener Turm, Ottoneum. Die roten, klassizistischen Säulen vom alten Porticus des ›Roten Palais‹ an der Fassade eines Kaufhauses: ich war's zufrieden.

Dann und wann sah ich jemanden, den ich einmal kannte. Für Sekunden tauchte das alte junge Gesicht vor mir auf, Olympiarolle, Nackenknoten, schwarzes Käppi; eine Uniform, HJ oder BDM, braun oder feldgrau. Wozu? Das ist vergessen. Ich gehe vorüber. Ich gehe unter der Tarnkappe von zwanzig vergangenen Jahren, im Schutz eines neuen Namens. Manchmal bleibt jemand stehen, nennt den alten Namen. Leugnen hilft nicht. Sagt er: »Sie haben sich gar nicht verändert«, dann werde ich blaß, sage »oh« und gehe weiter, wie jener Herr Keuner bei Bert Brecht. Ich habe mich verändert. Die Stadt hat sich verändert.

Das Haus der Eltern ist wieder aufgebaut, ein Trugschluß. Manchmal gehe ich vorüber, unternehme Kontrollgänge. Lange stand noch die Birke vorm Haus und der Mandelbaum, den meine Mutter gepflanzt hat. Jeder kann Bäume schlagen, auch wenn er sie nicht gepflanzt hat. ›Mein‹ ist das alles nicht mehr. Mein Elternhaus, meine Straße, meine Schule, mein – in jener Nacht sind alle meine Possessiva verbrannt.

Ich sah das Neue. Wer geblieben ist, wer bald nach der Katastrophe zurückkehrte, sah das Zerstörte, das Alte, stellte Vergleiche an. Die Stadt, die ich vorfand, war bereits unvergleichlich …

Wo die Erinnerung die Vergangenheit vergoldet hatte, was sie so gern tut, zeigte sich beim zweiten, kritischen Blick, daß es sich nicht um Gold, sondern um Dublee handelte. Das sehe ich vor mir: mein Vater, der Superintendent, vorzeitig pensioniert, wie er im Restaurant ›Herkules‹ mit erhobenem rechtem Arm dasteht, die Lippen zusammengepreßt. Eine Sondermeldung aus dem Lautsprecher. Statt unsere Suppe zu essen, standen wir auf, erhoben den rechten Arm zum Deutschen Gruß und sangen das Horst-Wessel-Lied. Erinnerungen, die sich in 20 und 30 Jahren nicht vergolden lassen. In meinem Klassenzimmer hing ein Spruch an der Wand: ›Wer leben will, der kämpfe also, und wer nicht streiten will in dieser Welt des ewigen Ringens, verdient das Leben nicht.‹ Das klingt nach Nietzsche und ist von Adolf Hitler. Eine Schule, in der eine alte Oberstudienrätin, Lehrfach Geschichte, blauäugig und ergriffen noch im Jahr 1943 von ›unserem herrlichen Führer‹ sprach.

Wenn es Zeugnisse gegeben hatte, im Herbst und zu Ostern, war Messe in Kassel, dann gingen wir auf den Friedrichsplatz, wo damals die Verkaufsbuden standen, aßen Fischbrötchen und türkischen Honig. Was für ein Platz war das! Wie geschaffen für Aufmärsche. Da verbrachte ich jeden Ersten-Mai-Feiertag. Ich weiß nicht, aus wie vielen staatspolitischen Anlässen ich dort antreten mußte. So schön wie heute war der Friedrichsplatz noch nie! Kein Exerzierplatz mehr, kein Platz für Aufmärsche. Er ist farbig und festlich, heiter und gesellig. Die jungen Linden sind schon stattliche Bäume, und wenn sie im Juli blühen, dann zieht – nein! Es ist Ostwind, Schönwetterwind, da mischt sich in Kassel die Spinnfaser in alle Blütendüfte. Wie einst. Ich erinnere mich: Ich ging mit einer Winterhilfswerk-Büchse durch die Königsstraße, die Wilhelmstraße; heute ist das ein Fußgängerzentrum, um das uns viele Städte beneiden. In dieser Stadt leistete ich das ›Pflichtjahr für deutsche Mädchen‹ ab, hier tat ich drei Jahre lang Kriegsdienst beim Generalkommando IX A. K., mit Erkennungsmarke und Gasmaskentornister ausgestattet. Eine NS-Stadt, in der ich tun mußte, was man mir befahl; eine Kriegsstadt, dunkel, kalt, in der man Panzer baute und den Fieseler-Storch. Ich bin in eine demokratische Stadt zurückgekehrt!

Im alten Staatstheater habe ich ›Katte‹ gesehen; ›Schlageter‹ von Hanns Johst und Stücke von Rehberg. Auch Unvergessenes: den ›Sommernachtstraum‹ und ›Iphigenie‹. Ich schwärmte für Luise Glau und für Stephan Skodler. Ich sehe die junge Ruth Beheim noch vor mir, singend auf einer Schaukel in Mozarts ›Cosi fan tutte‹. Im neuen Staatstheater kann ich Ionesco sehen, Beckett, Bond und Shakespeare à la Zadek. Oft begeistert und manchmal empört. Aber: ich sehe Welttheater.

Ich ging damals in die Fulda zum Schwimmen. Da reihte

sich Freibad an Freibad, lange Zeit noch nach Geschlechtern getrennt. Wenn ein Fieseler-Storch unter dem Bogen der Fuldabrücke durchflog, tauchten wir wie die Enten. Heute schwimme ich im azurblauen, wohltemperierten Wasser des Stadions am Auedamm, die Fulda gleitet lehmig vorüber, Motorboote, ab und zu ein Hubschrauber oder ein Schwanenpaar in den Lüften, am anderen Fuldaufer lagern Kühe auf den Weiden, in der Ferne die Autobahn, die Schlote der Fabriken. Der Dampfer ›Elsa‹ fährt nachmittags noch immer die Kaffeegäste zur ›Grauen Katze‹, aber an manchen Abenden verwandelt er sich in ein ›river-boat‹ mit Jazz und Beat.

Kassel liegt etwa in der Mitte zwischen dem 51. und 52. Breitengrad. Aber an manchen Sommertagen meint man, diese ehedem so steinerne dunkle Stadt mit den engen Straßenzügen, den dürftigen, mit Eisengittern wehrhaft gemachten Vorgärten sei auf dem 48. Breitengrad wieder aufgebaut; viel weiter südlich. Kommt man die Treppenstraße hinunter, an Sonnenschirmen und Caféhausstühlen und Blumenrabatten vorbei, geht der Blick weit ins Land. Ich mag diese Landschaft. Sie ist hessischharmlos, ohne Attraktionen. Der Fluß zu klein, um das Stadtbild zu bestimmen, kein Seeufer mit eleganten Promenaden, die Berge kaum zur Höhe der Mittelgebirge ansteigend, aber: eine Stadt mit mehr Grün als alle anderen Städte. Über 20 Prozent des Stadtgebietes sind Waldgebiet. Ich schätze, daß mindestens 20 weitere Prozent Gärten und Anlagen sind. Man öffnet die Straßenbahntür an den Endstationen und ist im Wald.

Und die Parks! Unserer vor allem, die Karlsaue. Da machen wir jedes Jahr eine Ente und einen Karpfen mit Brotresten fett. Wir müßten längst einen goldenen Wanderschuh bekommen haben, so oft sind wir im Winter und Frühling, im Sommer und Herbst in der Dämmerstunde um unseren See gegangen. Im neuen Kassel ist vieles ›unser‹. Wir sagen ›unser Park‹ und sagen ›unser OB‹.

Wo nur ein Stückchen Erde ist, auf dem weder eine Straßenbahn fahren noch ein Auto parken könnte, da blühen in Kassel, bevor noch die Baustelle zugeschaufelt ist, Blumen und Sträucher, und wo der Platz für ein Beet nicht ausreicht, da steht ein Zementtrog, aus dem es grün und blühend wuchert. Und die Springbrunnen! Vorm Rathaus, vorm Theater, vorm Bahnhof, es plätschert sogar im Kino. Wasserspiele vom Herkules bis zum Königsplatz, von Kaskade zu Kaskade.

Vor vier Jahren, als auch solch ein documenta-Jahr war, reiste ich einige Monate durch die Vereinigten Staaten. Ich suchte vergeblich in den Zeitungen nach Meldungen aus der Bundesrepublik. Keine Zeile Politik, keine Zeile Sport, aber mehrfach las ich von ›Kassel, a small town in Western Germany‹. Die documenta hat uns Weltruf verschafft. Wenn man mich nach dem Woher fragte und Kassel hörte, dann sagte man: Ah, documenta! Man kommt eher aus Sydney und Montreal, um die documenta zu sehen, als aus Wehlheiden und Bettenhausen. Die Stadt scheint moderner zu sein als viele ihrer Bewohner. Vieles ist gegen den Wunsch und gegen den Widerstand der Bürger geworden, wie es jetzt ist: das Fußgängerzentrum, die schwarzweiße Pflasterung der Königsstraße, die Anlagen auf dem Königsplatz. Für die Beleuchtung ihres Wahrzeichens allerdings haben die Bürger tatkräftig und spendenfreudig selbst gesorgt: der Herkules, Halbgott und Übermensch, mahnt uns nun auch des Nachts als leuchtendes Vorbild zu großen Anstrengungen.

Die alte Neue Galerie! Dorthin gingen wir sonntags nach dem Gottesdienst, geradewegs zu den Niederländern. Der ›Kasseler Apoll‹ galt damals noch als das Glanzstück der kleinen Antikensammlung, marmorn, blank und schön, das Lockenhaupt zur Wand gerichtet, er kehrte seine Blöße noch nicht ungeniert dem Beschauer entgegen.

Als Untersekundanerin schrieb ich einen Hausaufsatz über das Hugenottenviertel, die Obere Neustadt. Ich saß in der Murhardbibliothek, zeichnete Grundrisse und Balkongitter und ›Œils-de-bœuf‹. Kassels schönstes Stadtviertel ist zerstört, der Aufsatz ist verbrannt. Wenn ich heute im Lesesaal sitze, fällt mein Blick wie damals auf den goldenen Bücherwurm, aber mein Blick fällt auch im Sachkatalog auf die Rubrik ›III. Weltkrieg‹, wohlgeordnet hinter Weltkrieg I und II. Das zerstört alle Illusion. Wir sind im Jahr 1968.

In den ersten Jahren hat mich das hessische ›als‹ gestört. Bis ich dann in einem Brief Jacob Grimms las: ›Könnt ich Euch doch als mal besuchen.‹ Jetzt weiß ich, daß es damit seine Richtigkeit hat. ›Als mal‹, das heißt immer mal. Es klingt dem Ohr noch nicht angenehm, aber doch ganz vertraut. Längst weiß ich, daß man hier sagt: es ›schickt‹, wenn es genug ist. Unsere Mägen haben sich an Schmandhering und stracke Wurst gewöhnt, nur beim Speckkuchen streiken sie. Ich kenne mich in der Kasseler Art und in der Kasseler Mundart nun schon aus. Die Geschichten von ›Henner und Gußdchen‹ in der ›Hessischen Allgemeinen‹ lese ich, ohne zu stocken. Wir schreiben an unsere Freunde: ›Kassel liegt auf der halben Strecke, wenn Ihr in die Berge oder an die See oder in die DDR fahrt. Wir haben siebzehn Rembrandts! Besucht uns doch als mal!‹

Die unerwiderte Liebe zum Theater

Zu meinen vielen Berufen und Berufsausbildungen gehört auch der einer Regieassistentin. Ich wollte Komödien
schreiben! Meine Liebe zum Theater blieb einseitig, unerwidert. Ich vermutete, daß sich einiges aber auch lernen
ließe. Regieassistenz. Für zwei Spielzeiten wurde ich noch
einmal eine berufstätige Frau, die außer Hause arbeitet,
mit nahezu festen Arbeitszeiten. Ich stand pünktlich um
10 Uhr auf der Probebühne des Schauspielhauses. Otto
Kurth war mein Lehrherr, vornehmlich er, aber auch der
Intendant, der mit Besonnenheit das Staatstheater in Kassel leitete. Man konnte mich nicht in die Kantine schicken,
um frischen Kaffee zu holen oder Zigaretten aus dem
Automaten, für vieles war ich ungeeignet, eine Frau von
40 Jahren, auch schon ein wenig namhaft. Ich befürchtete
damals, daß ich Lust bekommen würde, selbst eine Rolle
zu übernehmen, ganz unerfahren war ich nicht, oder daß
ich Regie führen wollte. Ich stellte dann fest, daß ich mich
scheute, bei Leseproben, wenn ein Schauspieler erkrankt
war, über die große Bühne zu gehen, und ich stellte fest,
daß es mir nicht wichtig war, durch welche Tür, rechts
oder links, ein Auftritt erfolgte. Wichtig war mir das Stück,
der Text. Bei Übersetzungen durfte ich kleine Änderungen
vornehmen. Unvergeßlich die vielen und intensiven Pro-
ben zu ›Becket oder die Ehre Gottes‹! Am Ende der Spiel-
zeit trennte sich Otto Kurth von diesem Staatstheater. Ich
reiste nach Ischia, damals war Ischia meine Insel. Gleich
nach der Ankunft gingen wir auf die Piazza von Sant'Angelo; es war die richtige Stunde, später Nachmittag, ich
stand und zeigte der Freundin mit theatralischer Geste die
Szenerie, Schauplatz für alle menschlichen Komödien, an
denen man dort kostenlos teilhatte. Ich unterbrach mich,

ließ den Arm sinken und sagte: »Und dort sitzt Otto Kurth, der Regisseur!« Er saß dort mit seiner schönen dritten Frau und Ida Ehre, mit anderen Theaterfreunden. Wir trafen uns von nun an zufällig oder verabredet und beschlossen, eine Karte ans Theater zu schicken, besser an den Chefdramaturgen, noch besser an seine Privatadresse. Wir schrieben: ›Endlich Leben und nicht nur Literatur! Endlich zu zwein!‹ Solche Sätze, viele Ausrufungszeichen, wir hatten einiges getrunken. Wir versprachen uns einen richtigen Theaterklatsch. Sehr viel später erst erfuhr ich, daß der Chefdramaturg diskret gewesen war, weil er uns die Affäre auf Ischia geglaubt hatte. Otto Kurth und ich, wir blieben in loser Freundschaft verbunden, trafen uns manchmal in München, meine Liebe zum Theater blieb weiterhin unerwidert. Ich hatte inzwischen ein großes Drama für Könige und Heerscharen geschrieben: ›Die Bürgerinnen von Calais‹; ein Theaterverlag nahm es an, die Komödie wurde gedruckt, aber nie gespielt. Keine Komödienschreiberin! Viel später erst eroberten meine ungehaltenen Frauen die Bühnen, die kleinen Bühnen, die Tourneetheater. Jemand, der sich einbildete, Dialoge schreiben zu können, hatte mit Monologen Erfolg. Otto Kurth inszenierte die Reden für den Hörfunk des Bayerischen Rundfunks. Wir erinnerten uns an die Affäre auf Ischia, die wir nie gehabt hatten, saßen mit seiner Frau, der Sternguckerin Margot, im Restaurant des Funkhauses, und Vicky, die schöne Dackelhündin mit dem seidigen Fell, sprang über Tische und Bänke. Ich hatte die Rede der ungehaltenen Christine Brückner an die Kollegin Meysenbug im Studio gehalten, die anderen Reden wurden von berühmten Schauspielerinnen gesprochen, Maria Wimmer, unvergessen als Charlotte von Stein, sprach nun die Gegenspielerin: Christiane Vulpius. Als ich sagen sollte: ›die Vervollkommnung des Menschengeschlechts‹, eine

Formulierung der Frauenrechtlerin Malwida von Meysenbug, versprach ich mich bei dem Wort ›Vervollkommnung‹, versprach mich, als ich den Absatz wiederholen sollte, noch einmal, versprach mich beim dritten und vierten Versuch. Ich ließ den Satz dann weg, sagte, als wir endlich fertig waren, zu Otto Kurth, gut akzentuiert: »Die Vervollkommnung des Menschengeschlechts ist mir nicht gelungen!« Die Rede mit dem Titel ›Eine Oktave tiefer, Fräulein von Meysenbug!‹, die von der Autorin gesprochen wurde, ließ man bei der Sendung dann weg. Unsere freundschaftliche Beziehung geriet für kurze Zeit ins Stolpern. Auch als Sprecherin im Rundfunk hatte ich den Ansprüchen nicht genügt. – Manchmal schicken wir uns kurze Billette, telefonieren. Er teilt mir mit, welche Rollen er in den Kammerspielen spielt, ich schicke ihm die Neuerscheinungen. Eine Zeitlang sah man ihn oft auf dem Bildschirm, meist spielte er Nazis, in gehobenem Dienstgrad. Einen überzeugenderen Nazi habe ich nie gesehen, nicht auf der Bühne, nicht im Leben. Er war nicht betroffen, er hatte das ›Dritte Reich‹ beizeiten verlassen und von London aus beobachtet, BBC.

Hat der Mensch Wurzeln?

»Woher stammen Sie denn nun eigentlich?« Diese Frage kommt unweigerlich, wenn man erfährt, daß die Autorin der ›Poenichen‹-Romane nicht aus Hinterpommern stammt, nicht einmal aus dem ehemals deutschen Osten. Keine Heimatvertriebene. Ich spreche Hochdeutsch, keine Mundart verrät mich.

Wir leben nun schon seit zwei Jahrzehnten in Kassel;

wir haben uns diese Stadt zum ständigen Wohnsitz gewählt, trotzdem: mit ›Kassel‹ kann ich die Frage nicht beantworten, ich bin keine Hessin. Aber: Das Land, aus dem ich stamme, gehört heute politisch zu Nordhessen. Meine Antwort fällt umständlich aus, ich muß ›eigentlich‹ sagen und ›ursprünglich‹ und ›ehemals‹. Es handelt sich um Waldeck – mehr eine Liebhaberei als ein Herkunftsland, ein kleines Fürstentum, mit Arolsen als Residenz. Sechs Kilometer entfernt, durch die Gebietsreform vereinnahmt, liegt mein Heimatdorf.

Sofort sage ich ›mein‹, als gehörte mir dort alles. Wer mich kennt, weiß, daß ich nur selten ›mein‹ sage. Wenn es einem Waldecker warm ums Herz wird, singt er ›Mein Waldeck lebe hoch / mein teures liebes Waldeck, es lebe, lebe hoch ...‹ Selbst in Deutschlands größten und großdeutschesten Zeiten kam man nicht auf den Gedanken, ›Mein Deutschland, mein Deutschland über alles‹ zu singen. Bei einem so kleinen Land wie Waldeck artet Heimatgefühl nicht in Nationalgefühl aus. Da ist keine Gefahr.

Ich zeige mein Dorf manchmal vor: das alte Pfarrhaus, in dem ich geboren bin, den Garten mit Terrassen, Grotten und Lauben, die Kirche mit der schönbemalten Holzdecke; die Schule, einklassig, die jetzt leer steht, in der mein Großvater unterrichtet hat; auf welcher Bank habe ich gesessen? Wer neben mir? Ich erinnere mich nicht. Aber als Kind habe ich in jedem Haus jeden gekannt und jeder mich. Wenn ich heute durchs Dorf gehe, erkenne ich nur noch wenige, nur noch die ganz Alten, und mich erkennen nur wenige noch als die Tochter des Pfarrers, einige kennen mich als Schriftstellerin, jemand, den man auf dem Bildschirm zu sehen bekommt. Man spricht Hochdeutsch mit mir, als Kind sprach ich Plattdeutsch.

Alte Bauernhöfe wurden abgerissen, Aussiedlerhöfe am Dorfrand gebaut; verkehrshindernde Linden und Kastanienbäume wurden gefällt, auch der alte Nußbaum vorm Pfarrhaus. Die Straßen sind asphaltiert, über den Bach führt eine Brücke, damals gab es nur eine Furt und einen Steg. Veränderungen, aber alles ist doch noch kenntlich; die Waldwiesen, auf denen ich beim Heuen geholfen, die Felder, auf denen ich Kartoffeln gelesen habe. Ich weiß, wo früher Pfifferlinge wuchsen, wo die Steinpilze.

Wenn ich auf dem Friedhof stehe, dort, wo Eltern und Großeltern begraben sind, rundum die bewaldeten Höhen, die nur nach Osten hin den Blick auf die Berge freigeben, und wenn dann die Kirchturmuhr anschlägt, eine Cis-Glocke, die ich aus allen Glocken der Welt heraushöre bis hin nach Bethlehem, und unten im Tal Harseims Mühle, wo das Mühlrad rauschte, wo man das Wasser aus einem Ziehbrunnen holte wie im Märchenbuch. ›Im schönsten Wiesengrunde steht meiner Heimat Haus‹. Genauso ist es. Ich überlege sogar, ob ich dort begraben sein möchte, dort, wo ich doch herkomme. Ich habe Glück gehabt. Meine Heimat kann sich sehen lassen, alles stimmt hier noch, nur: Ich stimme nicht mehr, ich habe mein Dorf verwachsen, so wie ein Kind aus seinem Kinderkleid herauswächst.

Heimat, das war lange Zeit ein strapazierter Begriff aus dem Vokabular Nazi-Deutschlands, das Wort wurde getilgt, das Gefühl wurde uns ausgetrieben. Als es dann wiederauftauchte im Zusammenhang mit Heimat-Vertriebenen, war es mit Problemen belastet. Und dann sollte man mit den Heimatvertriebenen auch noch teilen: Arbeit, Wohnraum, Lebensmittel. Dieser Umverteilungsprozeß wurde Lastenausgleich genannt – der so wenig möglich ist wie Wiedergutmachung.

102

Mein Zuhause, das Haus, das meine Eltern sich für ihr Alter und für die Sicherheit ihrer noch unversorgten Töchter gebaut hatten, wurde im Krieg zerstört. Aber: mein Heimatdorf blieb mir erhalten.

Wenn ich rotbraune Rinder auf einer Weide sehe, freue ich mich, an schwarz-weiße habe ich mich nie gewöhnt, aber wenn ich dann in Umbrien die weißen Rinder mit den schöngeschwungenen Hörnern sehe, dann verrate ich meine waldeckischen Rotbunten.

Als ich bald nach Kriegsende an einem Junitag in Paris aus einem deutschen Reisebus stieg, hat mich ein Pariser nach dem Weg gefragt. Man muß es mir angesehen haben: ich fühlte mich am Montparnasse wie zu Hause. Das hat sich später wiederholt, auf der Fifth Avenue in New York.

Auf der Insel Ischia war ich lange Zeit zu Hause, an Ischia denke ich wie an ein Stück Heimat, aber ich fahre nicht hin, keine Kontrollgänge. Für ein paar Wochen im Jahr suche ich mir meine Heimat aus, einen Ort, der zu mir paßt, zu dem ich passe, wo ich sprachlos glücklich bin. Die Insel Hvar vor der dalmatinischen Küste! Und die Inseln vor den Inseln, die wir umrundet haben, von Fels zu Fels mehr springend als gehend. Diese Festmahle unter freiem Himmel: Fisch und Wein und Oliven, Gesang und Gelächter, Gespräche! Läuft es darauf hinaus: ubi bene, ibi patria? Ein Studentenlied, von Vätern und Großvätern gesungen: Wo es mir wohlgeht, bin ich zu Hause ...

Die wichtigsten Fakten im Leben haben wir uns nicht aussuchen können. Das Klima, das Land, die Eltern. Und selbst dann, wenn Zeit und Geld keine Rolle spielen, hat man nicht einmal für begrenzte Zeit die Wahl, sonst würde ich im sechsten vorchristlichen Jahrhundert auf die Insel Andros reisen und nicht im Strom der Touristen ...

In Goethes ›Unterhaltungen deutscher Ausgewanderten‹ heißt es, dort sei man zu Hause, wo man nützlich ist. Glücklich? Nützlich? Man kann sich auch eine Heimat aussuchen, die steuerlich vorteilhafter ist als die Bundesrepublik Deutschland, viele tun das, auch Schriftsteller. Liechtenstein und Monaco und auch die Schweiz sind empfehlenswerte Steueroasen. Vorteilhaft für mich? Nützlich für andere?

Wenn ich an der Westspitze der Insel Juist stehe, in diesem Niemandsland zwischen Wasser und Erde und Himmel, durchströmt mich ein starkes Gefühl, aber das ist kein Heimatgefühl, das ist ein kosmisches Gefühl: Ich bin ein Bewohner der Erde. Nach einem unruhigen Flug, nach verspäteter und dramatischer Landung, überkommt mich ein ähnliches Gefühl: ich stehe wieder, wo ich hingehöre: auf der Erde.

Nach dem Krieg war ich lange ohne festen Wohnsitz. Was ich besaß, hatte in einem einzigen Koffer Platz. Ich wechselte die Adressen rasch, lebte möbliert, auf Abruf, das entsprach meinem Lebensgefühl. Nicht zu früh seßhaft! Nicht zu früh Besitz! Es hat lange gedauert, ehe ich ein Metallschild am Haus angebracht habe, bis ich Briefpapier mit Anschrift und Telefonnummer drucken ließ. Und immer noch sage ich: Nicht so viel! Wer weiß denn, wie lange ich bleibe?

Viele Anschriften habe ich vergessen. Wie hieß die Straße in Nürnberg? Wie war die Hausnummer in Krefeld? Der Name der Wirtin in Halle? Nur selten war ein Wohnort mein Zuhause, wie in Marburg. ›Das gute alte Marburg‹, sage ich – und es überkommt mich Rührung, weil ich damals so jung war, so arm, und weil ich dort so viel gelernt und so viel getanzt habe.

Ich wollte meinen heimatvertriebenen Quints aus Poenichen etwas Gutes tun, deshalb habe ich ihnen in Marburg ein Behelfsheim gebaut; Maximiliane Quint, die Heldin, hat es nie anders als ›Behelfsheimat‹ bezeichnet; ihre Kinder sind dort aufgewachsen, ich habe ihnen Marburg als Heimat vererbt. Wo habe ich eigentlich gewohnt? Die Anschriften der Quints kenne ich …

Als Gegengabe hat mir Maximiliane Quint dann Poenichen als Heimat vermacht. Stellvertretend für sie bin ich als Heimwehtouristin nach Pommern/Pomorze gereist und habe dieses legendäre Poenichen, das heute Peniczyn heißen würde, gesucht. Ich habe mir in Hinterpommern eine Heimat erschrieben. Ich habe mich nicht fremd gefühlt. Maximiliane Quint hat Poenichen als Speisekammer benutzt, aus deren Vorräten sie sich ein Leben lang genährt hat, und es hat auch noch für ihre Kinder gereicht, so lange es nötig war.

Ich kann ihre Ansichten zum Thema ›Heimat‹ kaum noch von meinen unterscheiden. Auf einem Treffen der heimatvertriebenen Pommern hat ihr alter Rektor gesagt: ›Alle diese entwurzelten Menschen!‹ Und sie hat geantwortet, daß der Mensch Wurzeln haben würde und keine Beine, wenn er lebenslänglich an seinem Platz bleiben sollte. Hat es ihren Kindern geschadet, daß sie so oft umgetopft wurden, immer in neue Erde?

Muß Heimat schön sein, objektiv schön? Als ich einmal im Ruhrgebiet gereist bin, im November, da muß man es mir angesehen haben, daß ich dachte: Andere leben hier ständig, da wirst du es doch ein paar Tage aushalten können. Mehrmals, in Dortmund, in Castrop-Rauxel, in Velbert, hat man zu mir gesagt: Sie glauben gar nicht, wie schön es bei uns ist! Ich sah nur den Ruß, aber die, die dort leben, spüren wohl das Erz und die Kohle in der Erde; das Heimatgefühl sitzt dort tiefer.

Wenn wir heute wieder von ›Heimat‹ reden und darüber nachdenken, woher wir stammen, dann ist es auch das Verdienst jener, die ihre Heimat verloren haben und uns, die sie behalten haben, deutlich machen, was das heißt: Heimat haben, zu Hause sein.

Wichtiger aber – und schwerer zu verwirklichen – wäre: anderen eine Heimat zu bereiten.

Der Gegenbesuch

Manchmal, nicht oft genug, fahre ich dorthin, wo meine Eltern weiterleben, nach zwanzigjähriger Trennung wieder zusammen, auf dem Friedhof am Waldrand, mit dem Blick auf das Dorf, in dem sie mehr als drei Jahrzehnte gewirkt haben. Wer über den Friedhof geht und am Grab vorüberkommt, wird wohl einmal stehenbleiben und sagen oder denken: Unser alter Pastor! Die Frau Pastor! Eine Berufsbezeichnung steht nicht auf dem Kreuz, nur Namen und Daten und ein Code aus den Psalmen, wer weiß das schon: Ps. 119, 76: ›Deine Gnade müsse mein Trost sein.‹ Meine Mutter hat den Spruch für ihren Mann ausgesucht, sie wird wohl auch an sich selbst gedacht haben, für die der Spruch eines Tages ebenfalls gelten mußte.

Die beiden Rosensträucher – *rosa centifolia* –, rechts und links vom Kreuz, sind eingegangen, es ist windig und kalt auf diesem Friedhof, kein Platz für Rosen. Efeu überwuchert beide Gräber, macht sie zu einem. Sie liegen dort nicht als Vater und Mutter, sondern als Eltern, in erster Linie aber als das, was sie waren oder, vorsichtiger ausgedrückt, was sie sich vorgenommen hatten zu leben: Pfarrersleute.

Ich habe oft versucht, mich ihnen schreibend zu nähern, mich schreibend von ihnen zu entfernen. Sie sind meiner Kritik ausgesetzt, Eltern sind das immer, und immer wehr-

los, alle Fehler stammen von ihnen, vererbt oder aner-
zogen.

Und nun denke ich mir aus, sie machten ihrer Tochter
einen Gegenbesuch. Es sind doch nur 50 Kilometer. Nur
für ein paar Stunden, eine Kaffee-Einladung, sie sähen sich
bei mir um, sähen sich den Mann einmal an, den ich in
zweiter Ehe geheiratet habe, den sie nicht kennen, gingen
in unseren kleinen Garten, der ein wenig verwildert ist.

Würden sie ein Bild vermissen, ein Foto an der Wand
oder auf dem Schreibtisch? Die Fotos sind eingeklebt, ich
könnte das Album vorzeigen, zwei Seiten: die Eltern vorm
Pfarrhaus, jung verheiratet; mit den Töchtern im Pfarrgarten, ein Familienbild. Ein einziges Bild, als sie schon alt
waren, Anfang des Krieges auf dem Balkon des Hauses,
das sie sich gebaut hatten. Ich betrachte die Bilder, unkritisch, liebevoll, und fange an, mich auf den Besuch zu
freuen.

Ich würde einen ›Frankfurter Kranz‹ backen, das traue
ich mir zu, bei festlichen Anlässen gab es im Pfarrhaus
einen ›Frankfurter Kranz‹, mit Buttercreme gefüllt, mit
Krokant verziert. An eine ›Bismarckeiche‹ traue ich mich
nicht heran. Wie wurde die borkige Rinde hergestellt? Wie
das grüne Moos auf den Zweigen? Aus Pistazien – wie
kamen Pistazien ins Dorf, in den zwanziger Jahren? Würden wir über Pistazien reden? Ich habe viele Wochen
auf einer griechischen Insel gelebt, das Haus stand in
einem Garten, Pistazienbäume wuchsen dort. Meine Mutter würde sehnsüchtige Augen bekommen, sie wäre so
gern gereist; der Vater verließ sein Dorf nicht gern, und die
Zeiten waren ja auch nicht danach. Und später, als sie alt
geworden war und bei mir lebte, habe ich ihr die gemeinsame Reise verweigert. Elf Monate des Jahres, war das
nicht ausreichend? Die Ferien brauchte ich für mich. In
meiner Erinnerung geht die Rechnung nicht auf, die Rei-

sen bin ich ihr schuldig geblieben. Das Gespräch über Pistazien müssen wir vermeiden.

Worüber sollten wir reden? Gespräche über Politik wurden in Gegenwart der Töchter vermieden; im ›Dritten Reich‹ wurde mehr geschwiegen als geredet. Würden sie fragen, ob meine Zukunft gesichert sei? Darum haben sie sich gesorgt, aus diesem Grund haben sie unter Opfern ein Haus gebaut, das nach wenigen Jahren bei einem Luftangriff total zerstört worden ist. Über Geld sprach man nicht. Wir können doch bei dieser einmaligen Gelegenheit nicht über das Wetter reden, auch nicht über Krankheiten, Krankheiten werden sie nicht mehr interessieren. Ich werde sie um Auskunft bitten. Wo kommt ihr her? werde ich fragen. Und sie werden schweigen, und meine Mutter wird aussehen, als ob sie sagen möchte, was sie so oft gesagt hat, als ich ein Kind war: Darüber spricht man nicht!

Idee-Kaffee für meine Mutter, das darf ich nicht vergessen, sie hat einen empfindlichen Magen. Hat sie je vom ›Frankfurter Kranz‹ ein Stück gegessen? Hat sie nicht immer nur ein paar Biskuitkekse, selbstgebacken, zu sich genommen? Ich werde mich auf Biskuitkekse einrichten. Ob es die Zigarrenmarke noch gibt? Deli Sandblatt, unsortiert. Darf man hier rauchen? Und ich würde zu meinem Vater sagen: Du darfst!

Ich würde mich ein wenig zurechtmachen. Meine Mutter war auch im Alter noch eine schöne Frau, konkurrieren kann ich nicht, will ich auch nicht. Daß ich die Zöpfe ohne Erlaubnis hatte abschneiden lassen, hat mein Vater noch erlebt. Ganz ohne Lippenstift geht es nicht. Meine Mutter wird es wahrnehmen und sich nicht dazu äußern.

Mein Schreibtisch muß aufgeräumt werden! Meine Mutter hat mich zur Ordnung ermahnt, nicht erzogen, das ist ihr nicht gelungen. Der Schreibtisch meines Vaters war mit Schriften bedeckt, und rechts und links von seinem Sessel türmten sich Bücher, das hat sie respektiert, würde sie das bei ihrer Tochter ebenfalls respektieren?

Wie alt sind sie jetzt? 118 Jahre alt der Vater, 106 Jahre die Mutter, Hundertjährige reisen nicht, sie würden als Sechzigjährige kommen, wie ich sie gekannt habe. Wir müßten uns wie Gleichaltrige verhalten.

Ob sie gern Enkelkinder gehabt hätten? Davon war nie die Rede. Nicht bei meinem Vater, der gestorben ist, als ich siebzehn war, nicht bei meiner Mutter, die die Scheidung meiner ersten Ehe noch erlebt hat, achtzigjährig, kurz vor ihrem Tod. Hätte ich ihr das ersparen müssen? Aber sie wollte mich doch glücklich sehen. Jetzt sieht sie es.

Das Cembalo! Mein Vater würde über das schöne Instrument beglückt sein, er würde ein paar Takte anschlagen, noch vor dem Kaffeetrinken, vor Tisch setzte er sich immer gern ans Klavier, er spielte Chopin, Mendelssohn, daran erinnere ich mich. Mein Mann würde ein kleines Stück von Bach spielen, oder Mozart. Die Männer würden rasch Gefallen aneinander finden, daran zweifle ich nicht. Du hast das Klavierspiel aufgegeben? Er wird die Frage ohne Tadel stellen. Meine Mutter hatte eine schöne Singstimme, es wurde im Pfarrhaus und in der Kirche viel musiziert, warum habt ihr mir die Musikalität nicht vererbt? Keine Vorwürfe, auch von meiner Seite aus nicht.

Ein Rosenstrauß für den Kaffeetisch! Beide liebten sie Rosen, aber zu groß dürfte er nicht sein, sie haben mich zur Bescheidenheit erzogen, Bescheidenheit als Tugend. Meine Mutter wird vermutlich nicht sagen: Sitz gerade! Aber ihren Blick würde ich verstehen und mich aufrichten und mich anlehnen. Ob wir einvernehmlich lächeln würden? Mein Vater würde sehen, daß ich noch immer Sommersprossen habe, die er mir vererbt hat. Wir würden uns an die ›Südwester‹ erinnern, die er mir gekauft hat, um mich vor der Sonne zu schützen. ›Fliegenschittnäsken‹ sagte man im Dorf. Niemand kann mich vor der Sonne schützen! Im Sommer sind die Zwischenräume braun, dann sieht man die Sommersprossen weniger, werde ich sagen. Ich bin doch ganz gut durchgekommen, trotz der Sommersprossen, trotz der schlechten Haltung, trotz der Unordnung.

Mögt ihr einen Cognac? Ich habe einen Remi Martin. Oder lieber einen trockenen Sherry? Hätte ich Madeira besorgen sollen? Mein Vater im Gehrock? Oder im Stresemann? Im Sommer trug er oft eine leichte Jacke, die wir ›Lüsterjäckchen‹ nannten. Ich vermute, daß er in einem grauen Flanellanzug kommen wird. Mein Mann, in der ungewohnten Rolle eines Schwiegersohns, wird graue Flanellhosen tragen und einen grauen Kaschmirpullover, die Männer fangen an, sich ähnlich zu sehen, auch der Bartschnitt stimmt.

Meine Mutter war immer eine elegante Frau, erst kürzlich hat man mir das im Dorf bestätigt: ›So tüchtig und so elegant!‹ Sie war eine emanzipierte Frau, wahrscheinlich würde sie eine Hemdbluse mit passender Krawatte tragen, die grauen Haare kurz geschnitten.

Im Laufe des Nachmittags würden die beiden an den Buchregalen entlanggehen und ein paar Titel lesen. Sie würden die Konkordanz entdecken, die noch von meiner Mutter stammt, auch ihre Bibel steht da, mehrere Bibeln in verschiedenen Übersetzungen, der ›Kleine Schott‹ gleich daneben und auch der Koran. Schriftsteller benutzen die Heilige Schrift wie andere Schriften, darüber würde man nicht reden müssen, aber worüber sollten wir denn reden? Vielleicht werden sie fragen, was andere Besucher auch fragen: Woran schreibst du denn jetzt? Würden sie mich bitten: Laß uns doch endlich in Ruhe! Und: Das ist nicht richtig, was du da geschrieben hast. Wird meine Mutter sich rechtfertigen: Ich habe nicht verlangt, daß man mir die Spargelköpfe gab, man hat sie mir aufgenötigt.

Wenn sie mich doch ein wenig loben möchten! Wenn sie doch sagten, daß ihnen mein Mann gefällt.

Warum habe ich ihnen nie ein Buch gewidmet, das muß sie doch kränken. Wenigstens diese paar Zeilen könnte ich ihnen widmen.

In den Lebenserinnerungen, die mein Vater kurz vor seinem Tod geschrieben hat, stehen nur wenige Zeilen über mich. Das Theaterstück, das ich für eine Schulaufführung geschrieben hatte, als Fünfzehnjährige, hat er gelobt. ›Sie hat geglänzt!‹ schreibt er, ich habe es nachgelesen. Wichtiger war ihm, daß mich ein Mann eines Tages zum Altar führen möge, und nun haben sich zwei Männer gefunden, die mich zum Altar geführt haben. Würde er es über sich bringen zu lachen? Die Lust am pointierten Erzählen hat er mir vererbt. Andere über die eigenen Schwächen lachen machen. Aber bei so ernsten Dingen, beim Sakrament der Ehe? Hat er sich nicht immer gesorgt, daß es mir am nötigen Ernst fehlte? Was würde er über seine erwachsene Tochter schreiben? Wie ist das, mich als Tochter zu haben? Und was würde meine Mutter über mich sagen, die kritischer war als mein gütiger Vater?

Ich werde zu schnell sprechen, ich werde sie unterhalten wollen, sie sollen sich doch nicht langweilen. Ich werde alles aufzählen, woran ich mich noch erinnere. ›Herr Pastor, Sie müssen das Ei essen, solange es warm ist!‹ Ich habe nie gewußt, welches Gebet vor dem Essen und welches nach dem Essen dran war, ich habe Angst gehabt und mich geschämt, wißt ihr das überhaupt? Ihr wart so weit über mir, so weit weg, und ich war so klein, ihr wolltet mich immer größer machen, als ich war.

Nein, keine Vorwürfe. ›Blamier mich nicht!‹ So hat meine Mutter mich erzogen. Ich würde eine liebenswürdige Gastgeberin sein, ich würde es recht machen wollen. Wie soll ich euch denn anreden? Vati und Mutti, das ist doch unmöglich. Wenn ich über euch schreibe, ist die Anrede geklärt. Vater und Mutter, in dieser Reihenfolge, die üblich ist. Sollte ich euch beim Namen nennen, wie man das heute tut, Carl und Tilla? Und ihr? Wie wollt ihr mich denn anreden? Den Tauf- und Rufnamen, den ihr mir gegeben habt, habe ich eigenmächtig abgeändert.

Werde ich euch beim Abschied in die Arme schließen? Oder werde ich euch so flüchtig küssen, wie ich das bei anderen Besuchern tue, für einen Augenblick Wange an Wange? Und dann werdet ihr weggehen und nicht einmal sagen: Besuch uns bald einmal wieder! Ihr werdet kleiner werden, ich blicke euch nach, ich weiß, wohin ihr jetzt geht, an euren Platz am Waldrand, unter das Kreuz aus dunklem Granit, unter das Psalmwort.

Ich liebe Inseln

Nie habe ich Griechenland als Reiseziel genannt; schon der Peloponnes erschien mir als Ziel zu groß. Ich nannte Patmos und fuhr nach Patmos. Wir sagten Hvar und fuhren nach Hvar, nicht nach Jugoslawien.

Wenn das Schiff anlegt, weiß ich, hier werden wir nun eine Zeitlang bleiben, wir werden nicht beim ersten Regenschauer Fluchtgedanken hegen. Wir werden ein Boot besteigen und auf die Insel vor der Insel vor der Insel fahren; sie ist so klein, daß man sie in zwei Stunden umrunden kann, über schartige Muschelkalkfelsen, die sie wie ein Dornenkranz umgeben, an Nausikaabuchten vorbei, ab und zu ein Bad in den Felsenwannen, die uns das

112

Meer immer aufs neue mit Wasser füllt, das die Sonne uns erwärmt.

Ich scheue mich nicht, auch Ägina ›meine‹ Insel zu nennen, ich habe sie mir mit allen Sinnen zu eigen gemacht. Nie würde ich ›mein‹ Griechenland sagen, nie ›mein‹ Italien, aber Ischia ist ›meine‹ Insel; ich habe sie mir erschrieben. Auch Bornholm nenne ich ›meine‹ Insel.

Bornholm! Unser kleines Ferienhaus hieß ›Samedi‹, weil es der Besitzer an seinen freien Samstagen gebaut hatte; es stand unter hohen Föhren, dicht hinter den Dünen. Der weiße Sand von Dueodde knirschte wie gefrorener Schnee unter den Füßen; ich streute ihn über meine Briefe, wie es früher die Mönche taten: Schreibsand aus Dueodde! Nachts schwammen wir in der breiten Mondstraße, die übers Meer nach Rügen führte. Ich hatte in unserer Großfamilie die Rolle der Köchin übernommen. Kirschgrütze, frisch geräucherte Bücklinge, ›Bornholmer‹ genannt. Wir machten Ausflüge in den Norden der Insel, ein Schottland auf dänische Art. Die bunten, einstöckigen Häuser, die sich hinter Stockrosenwänden verbargen; die Gartenzäune von Wicken und wilden Levkojen überwuchert; die weißen wehrhaften Kirchen, rund wie nirgendwo sonst. Spielplätze, auf denen man sich tummelte, wenn man zwischen fünf und fünfzig alt war ...

Patmos! Zum ersten Mal unterwegs als alleinreisende Frau, die ihre ersten Schritte in eine ungewollte Freiheit tat, furchtsam, sprachlos, dankbar für die Freundlichkeit der Frauen und für die Zurückhaltung der Männer. Ich lernte, den Kopf zu schütteln, wenn ich ›ja‹ meinte, zu nicken, wenn ich verneinte. Ich saß im Schatten der hohen Eukalyptusbäume; ich stieg durch die gnadenlose Hitze zum Kloster hinauf, lehnte an den Windmühlen, blickte über die Insel hinweg, blickte übers Meer zu anderen Inseln des Dodekanes, bis hin nach Kleinasien. Man respektierte, daß ich allein sein wollte, bot mir keinen Esel an, kein Auto stoppte, um mich mitzunehmen. Man sah noch die Spuren des letzten Erdbebens, noch war nicht alles wieder weiß übertüncht. Das griechische Licht tat seine Wirkung. Es vergoldete das verdorrte Gras, tauchte die verkarsteten Berge in rosafarbenes Licht, veränderte auch mich. Eine andere fuhr ab als die, die gekommen war ...

Ischia! Wo ich beinahe der Verführung des Südens erlegen wäre. Ein Stück Land besitzen, ein Haus bauen! Ich glaubte damals noch, man könne das erreichen: ein Sommerleben im Süden, italienisch sprechend; ein Winterleben im Norden, deutsch schreibend. Ein Breitengrad als Trennungsstrich zwischen Leben und Schreiben. Was wurde daraus: kein Haus und kein Weinberg, statt dessen ein Buch, das diese schön-böse Insel zum Thema hat ...

Juist! Ein Federstrich von einer Insel, kaum Land. Alles Strand und Düne und Damm und Watt. Ich fühle mich dort wohl, aber ich bin für die Insel eine Fremde; der Wind greift nicht in langes blondes Haar; ich gehe nicht, rechts und links ein nacktes blondes Kind an der Hand, durch den Sand. Diese Insel hat sich viel Mühe um mich gegeben: 21 Sonnenuntergänge an 21 Septembertagen! Und Junitage, in denen wir draußen am Billriff in den Prielen schwimmen konnten. Ein strahlend schöner Januartag mit klirrendem Eis und frischgefallenem Schnee, in dem die Perlschnüre der Sanddornfrüchte leuchteten; auf Schlittschuhen und Fahrrädern waren die Juister unterwegs, und als am Mittag die Herrlichkeit schließlich vorüber war, setzten wir uns zu ostfriesischem Tee und heißem Grog zusammen und sprachen bedächtig über diesen schönen Tag ...

Elba! Ein Haus auf Elba für mehrere Wochen. Im Innenhof wuchs eine hochstämmige Seekiefer, unter deren Schirm wir auf dem flachen Dach saßen; wir hatten vor

114

Augen, was ich liebe: Ölbaumhaine, Weingärten, Zypressen, das Meer mit seinen Buchten. Wir besaßen einen eigenen Skorpion, der im Kamin lebte und den wir nicht zu töten wagten, weil wir uns vor der Mafia der Skorpione fürchteten. Wir waren noch unerfahren mit südlichen Inseln, und die Inseln waren noch unerfahren mit Touristen. Niemand sprach oder schrieb von Haien, verwundert betrachteten wir die Ölflecken an den Fußsohlen; auf den Fischmärkten schlürften wir unbekümmert das rohe Muschelfleisch, mit Limonensaft beträufelt. In den Restaurants servierte man uns Spaghetti mit geriebenem Käse und erwartete nicht, daß wir auch noch ein Hauptgericht äßen. Trunken von Sonne und Wein suchten wir nachts unseren Weg durch die Macchia, den uns die Glühwürmchen beleuchteten ...

Hvar! Ein Glücksfall unter den Inseln. Keine Spuren mehr aus der griechischen Kolonialzeit, nichts aus der jahrhundertelangen türkischen Besatzungszeit, allenfalls noch der türkische Kaffee; aber die Venezianer haben ihre Paläste hinterlassen, hier ein gotischer Erker, dort ein romanischer Kampanile, ein Renaissancebrunnen. Bei jeder Wiederkehr entdeckt man Neues, verschwiegene Buchten, alttestamentarische Wege übers Land; Lavendelduft, der sich mit Rosmarinduft mischt, wenn die alten schwarzen Frauen das gepreßte Öl aus großen Flaschen in kleine Flaschen umfüllen, abends, wenn sie aufgereiht auf den marmorglänzenden, mondüberstrahlten Mauern am Hafen und am Platz vor der Kirche sitzen. Als wir zum ersten Mal dort waren, tauchte eine weiße Wolke über den Seekiefern auf, wir konnten sie, bevor sie sich auflöste, gerade noch fotografieren ...

Inseln haben mir immer wieder als Fluchtpunkte gedient. Meine Romanheldinnen teilten meine Vorliebe für Inseln. Auch sie brachten sich in Sicherheit, wollten irgendwo zur Ruhe kommen und – schwimmend – prüfen, ob sich die Rückkehr aufs Festland und ins Leben lohnte. Ich habe meine Inseln oft als Schauplätze benutzt. Beschriebene Inseln wurden zu abgeschriebenen Inseln; Patmos gehört dazu, Elba, Ägina. Bornholm hat seine Unschuld noch bewahrt, aber auch Catalina Island im Pazifik, vor Los Angeles gelegen, gehört dazu. Ich ging, mit polizeilicher Genehmigung, auf ›firepads‹ ins Innere der Insel.

Ein ganz neues Lebensgefühl: Hierhin kommst du nie wieder! Nur nach Ischia bin ich noch einmal gereist, als in den Buchhandlungen schon das Ischia-Buch lag. Lesen erscheint mir auf diesen südlichen Inseln immer wie eine Krankheit, das Buch wie eine Krücke. Wer in ein Buch blickt, statt übers Meer zu schauen und das Auf- und Untertauchen Capris im Mittagslicht zu beobachten oder die großen Bugwellen der Passagierdampfer, die längst am Horizont verschwunden sind … Aber die meisten Touristen sehen ja nichts, nichts Reales, nichts Irreales. Sie schließen die Augen, lassen sich bedenkenlos von der Sonne bescheinen, wollen nicht einmal die Sonne sehen und fragen nicht danach, ob die Sonne, ihrerseits, sie sehen will …

Ich durchreise Länder, bleibe hier ein paar Tage, dort ein paar Tage, aber es sind Durchreiseländer, zum Halten komme ich erst auf einer Insel, wo die Straßen und Wege im Meer enden.

Ich liebe Verkleinerungen. Das Dorf, in dem ich aufgewachsen bin, liegt an einem Bach, nicht an einem Strom, seine Berge haben keine Gipfel; vielleicht rührt meine Vorliebe für das Kleine aus der Kindheit her, erklären läßt sich ja alles. Ich hielt das Fernglas meines Vaters umgekehrt ans Auge, holte nicht das Ferne herbei, sondern schob das Nahe von mir fort.

116

Ein geliehenes Fahrrad, ein geliehenes Boot genügen mir zur Fortbewegung, allenfalls ein Omnibus, aber meist bin ich zu Fuß unterwegs. Ich kaufe auf dem Markt ein, stehe am Fischstand, die fremde Sprache mehr handhabend als sprechend, im gleichen Maße die eigene verlernend wie die fremde erlernend; nach einiger Zeit werde ich erkannt als eine, die länger bleibt, die wiederkommt.

Kleine Entdeckungen, Abenteuer mit Flora und Fauna. Ich habe die Abendwinde kennengelernt, die mich aus der Bucht ins Meer hinaustrieben. Ich kenne die Herbststürme auf Ischia, wenn die Schiffe nicht mehr zum Festland fahren. Ich kenne die eisigen Wintertage auf der Nordseeinsel Juist, wenn die Fahrrinne zugefroren ist. Daß man mit dem Flugzeug zurück an Land gelangen könnte, berührt mich nicht. Ich brauche diese Isolation, Kühner nennt mich eine Islomanin.

Erhabene Bergwelt

Erinnerung. Wir kehrten am späten Nachmittag von einer Bergtour zurück. Die Sonne stand tief, die Luft war herbstlich klar. Wir gingen rasch, um vor Einbruch der Dunkelheit unsere Wohnung in der ›Agnes-Straub-Stiftung‹ zu erreichen. Auf einem der gegenüberliegenden Berggipfel, jenseits der Salzach, blitzte es auf. Zunächst beachteten wir das Signal nicht, dann wurden wir, als es sich mehrmals wiederholte, aufmerksam, fühlten uns alarmiert. Offensichtlich war jemand in Bergnot geraten! Wir beschleunigten unsere Schritte, kürzten den Weg ab, liefen über Weiden, um möglichst rasch das nächste Telefon zu erreichen. Die Sonne war inzwischen untergegangen, wir sahen noch einmal ein Lichtzeichen, dann nicht mehr. Wir hatten uns die Stelle des Berges genau gemerkt, an der wir die Notzeichen wahrgenommen hatten, ohne allerdings recht zu wissen, womit sie hergestellt wurden.

Als wir dem ersten Einheimischen begegneten, einem Bauern, konnten wir vor Aufregung und Atemlosigkeit kaum sprechen, wiesen auf den Berg, teilten stammelnd mit, was wir wahrgenommen hatten. Er winkte ab. Im Vorjahr hatte man ein Gipfelkreuz aus Aluminium dort aufgestellt, zu bestimmten Jahres- und Tageszeiten trafen die Sonnenstrahlen das Metall, blitzten auf und signalisierten.

Wir waren erleichtert, aber auch enttäuscht.

Unser Ziel war der Hundstein, ein Aufstieg von über tausend Metern Höhe. Wir waren früh von Gries aufgebrochen, gegen Regen und Kälte gut ausgerüstet. Nach einigen Stunden sahen wir eine Almhütte liegen, wichen vom markierten Weg ab und hielten darauf zu. Wir trafen einen alten Sennhirten, der am Gatter stand und Ausschau hielt, als warte er auf jemanden. Er schien froh über eine Abwechslung zu sein, führte uns in seine ärmliche Hütte, in der er seit Monaten allein hauste; Wohnraum-Schlafraum-Stall, eins ging ins andere über. Wenn er lachte, und er lachte mehrmals, ragte ein einziger Zahn aus seinem Oberkiefer. Wir erfuhren, auf wen er wartete: auf seinen Bauern, der ihn alle paar Tage mit dem Lebensnotwendigen versorgte. Seit zwei Tagen war der Bauer nun nicht mehr gekommen, und Zigaretten, Bier und Lebensmittel waren ausgegangen.

Wir teilten unser Vesper mit ihm und versprachen, beim Abstieg wieder bei ihm vorbeizukommen und ihm all das Fehlende mitzubringen, soweit man es im Gipfelhaus kaufen könne. Als er uns seinen Lebenslauf, der keiner nach

Ganghofer-Art war, zu Ende erzählt hatte, brachen wir auf; er winkte uns lange nach. Der Weg wurde steiler und mühsamer, ein Schneefeld mußte überquert werden. Als wir den Gipfel erreicht hatten, von dem aus man angeblich mehrere Dreitausender sehen konnte, steckte er in dichten Wolken, die uns alle Sicht nahmen. Wir aßen und tranken, wären gern, was auch möglich gewesen wäre, über Nacht geblieben, vielleicht daß die Wolken sich bis zum Morgen verziehen würden, aber da war dieser Sennhirte, da war unser Versprechen. Wir kauften Brot, Schokolade, Zigaretten, eine Flasche Schnaps und stiegen ab. Bald darauf fing es an zu regnen, es wurde windig. Wir holten die Umhänge aus dem Rucksack und zogen die Kapuzen über. Regen und Sturm nahmen zu, wurden immer heftiger. Auf einem Streckweg hätten wir schnell nach Zell am See absteigen und von dort aus mit einem Taxi nach Gries zurückfahren können, aber: Wir konnten doch den Sennhirten bei all den Enttäuschungen seines Lebens nicht ebenfalls enttäuschen! Als wir seine Hütte aus Nebel und Regen auftauchen sahen, rechneten wir damit, daß er uns freudig und dankbar auf seinen alten Beinen entgegenkäme. Aber er war nirgends zu sehen. Wir gingen um die Hütte herum, klopften an die Tür und öffneten sie. Wir holten aus dem Rucksack unsere Schätze hervor, die wir drei Stunden lang auf dem Rücken getragen hatten. Er bedankte sich höflich, wirkte aber verändert. Er machte sich hinter unserem Rücken zu schaffen. Wir wurden Biergeruch gewahr, auch Zigarettenrauch. Es wurde uns schnell klar: Inzwischen war sein Bauer dagewesen, hatte alles gebracht, was fehlte, auch Bier und Zigaretten, und als der Hirt, womit er nicht gerechnet hatte, uns kommen sah, mußte er erst alles wegräumen, um uns nicht zu enttäuschen. Wir verständigten uns leise, spielten das Spiel mit, ließen uns nichts anmerken. Er hätte uns sicher gern von

seinen Vorräten angeboten, hätte uns gern ein Bier einge-
gossen, aber damit hätte er sich verraten. Also ging er,
holte die Milchkanne und füllte zwei halbzerbrochene
schmutzige Gläser, und wir mußten daraus, was uns nicht
leichtfiel, von der kuhwarmen Milch trinken. Während-
dessen ging er immer wieder zum Fenster, um zum Schein
nach dem Bauern Ausschau zu halten, der doch längst
dagewesen war, draußen konnte man deutlich die Spuren
des Treckers im nassen Gras erkennen.

Wir mußten ihm versprechen wiederzukommen, dann
wolle er uns Kaiserschmarren backen. Es müsse aber noch
in diesem Jahr sein, fügte er hinzu, ein weiteres Mal wolle
er nicht auf die Alm, er wolle wieder unter die Menschen.
Und dann sagte er noch: ›Daran hätte ich nicht geglaubt,
daß Sie bei diesem Wetter Ihr Versprechen wahrmachen
würden!‹

Garmisch-Partenkirchen. Die Wolken hängen tief und sondern Schnee ab, dann Regen, von Stunde zu Stunde wird
es trüber. Wir sitzen bei Lampenlicht im Hotelzimmer und
schreiben Ansichtskarten, die alle Winterherrlichkeiten
der Alpen auf einmal zeigen: tiefblauer Himmel, Sonnenschein, der den Neuschnee tausendfach glitzern läßt, Alpspitz und Zugspitze, der Vordergrund noch schöner als
der schöne Hintergrund. Wir schreiben: ›Leider waren wir
nicht zugegen, als der Fotograf dieses Bild von Garmisch
gemacht hat.‹ In Gummistiefeln und unter Regenschirmen
wagen wir uns bis zum Briefkasten, sitzen eine Stunde im
›Wildschütz‹, trinken dunkles Doppelbockbier, das uns
schläfrig machen soll, und hören, wie am Nebentisch ein
Tourist sagt, daß alle Ansichtskarten von der Kurverwal-
tung zensiert würden, ungünstige Ansichten von Garmisch würden nicht durchgelassen …

Und während wir schliefen, hatten sich alle schwarzen

Wolken in weißen Schnee aufgelöst, in der Frühe stand die Sonne strahlend am tiefblauen Himmel. So blieb es drei Tage lang. Nachts zog der volle Mond vom Waxberg übers Wettersteingebirge in Richtung Alpspitz, die Sterne formierten sich überm Tal der Loisach zu den gewohnten Bildern, am schönsten die Sterne des Orion, einer vom anderen nicht wissend, dem großen Plan gehorchend.

›Erhabene Bergwelt‹, sagen wir, machen uns lustig über uns, weil uns die Berge pathetisch werden lassen. Dabei haben sie unser Lob nicht nötig, stehen ungerührt. Seit die anmutigen Gondelbahnen durch Großkabinenbahnen ersetzt werden, bin ich weniger sicher, ob die Berge auch unbeschadet bleiben. Wenn wir nach dreistündigem Steigen müde, erhitzt und befriedigt an einer Berggaststätte ankommen – der Duft von Leberknödelsuppe kündigt sie schon von weitem an – und um die Hausecke biegen, liegen dort die Gondelfahrer schweigend in Dreier-Reihen, haben, überwältigt von der Schönheit des Ausblicks, die Augen geschlossen und, ihrerseits Einblicke gewährend, die Blusen geöffnet.

Bergstationen und Masten von Liften und Kabinenbahnen anstelle von Kapellen und Marterln. Markierte schnurgerade Loipen neben den anmutigen Windungen der Bäche. Wir stellen unsere Betrachtungen darüber an, lassen uns dazu auf den Holzbänken nieder, mit dem Blick ins Tal, manche der Bänke mit schindelgedecktem Dach, für längere Pausen, Regenpausen vermutlich, gedacht.

Am Riessersee blühen die Leberblümchen. In jedem Jahr sind es andere ›Frühlingsboten‹: in Davos waren es die blassen weißen Krokusse am braunen Wiesenhang, ein anderes Mal die Luftballons auf dem Hochwasser treibenden Rhein, die Bachstelze auf dem Stausee der Möhnetalsperre, die das Eis aufhackte. Und diesmal: die Leberblümchen am Rand des Riessersees.

Rückkehr nach Kassel. Aus schweflig-gelbem Himmel fällt Hagel, Regenfluten, die wir im Taxi abwarten. Und dann bildet sich ein prächtiger Regenbogen, nimmt unser Haus in seinen flüchtigen Schutz.

Totalschaden

21. März, erster Frühlingstag, Anemonen und Primeln auf braunen Winterwiesen, Kätzchen am Waldrand, der erste Schmetterling, die ersten Butterblumen am Bach, die erste Hummel. Felswände, Brücken und Stauseen, Berghänge, die eben noch Skihänge waren, Abgründe, Tannen und Fichten, hoch und dicht wie im Schwarzwald.

Wir fahren von Süd nach Nord. Keine Bahnlinie auf dieser Strecke, keine durchgehenden Buslinien; Individualverkehr. Schwarzer Anzug, schwarzes Kostüm, Partner-Look für den gemeinsamen Auftritt im Festsaal von Königsfeld, letzte Station einer Autoren-Reise.

Schluchsee, Donaueschingen, dann B 33. Die Straße wird breiter, bleibt aber zweispurig, verläuft gerade; der Verkehr nimmt zu, die kleinen und mittleren Betriebe am Osthang des Schwarzwaldes haben Betriebsschluß, Angestellte und Arbeiter pendeln zwischen Wohn- und Arbeitsplatz, das Pendel schlägt im Tempo von 80 bis 100 Stundenkilometern hin und her. Wir halten Abstand, fahren 80. Ein Wagen will uns überholen, ein anderer kommt ihm entgegen, der überholende Wagen schneidet uns, um den Frontalzusammenstoß zu vermeiden, mein Mann reißt das Steuer nach rechts, versucht gegenzusteuern, der Wagen gerät ins Schleudern. Ich sage, was ich vor 15 Jahren in einer Erzählung eine alte sterbende Frau zu ihrem Mann sagen ließ. Letzte Worte. Dann nur noch Masse × Geschwindigkeit × Reibung, Asphalt + Eisenblech = Totalschaden.

Angewandte Mathematik. Der Wagen überschlägt sich mehrfach, bleibt links der Straße auf einem Acker liegen.

Mein Mann ruft nach mir. Ich rufe nach ihm, sehe seinen Kopf, aus dem Blut strömt. Dann müssen wir uns aus den Trümmern herausgearbeitet haben, daran erinnern wir uns später beide nicht. Das Rückfenster liegt weit vom Wrack entfernt. Ich krieche über den Acker, den Mund voll Erde, finde den Verbandkasten, versuche Mullbinden von der Hülle zu befreien, aber der Blutstrom am Kopf meines Mannes ist breiter als die Mullbinden. Ich knie, halte ihn in den Armen, er fragt: Bist du heil, ich sage: Ja. Er wird in meinen Armen verbluten, auf diesem Acker, und er sagt: Ich habe eine Schramme am Kopf. Sein Blut fließt über uns beide, fließt auf die Erde, ein Kreis von Zuschauern um uns, hilflos, mitleidig. Jemand trägt das Gepäck zusammen, das weit verstreut liegt, klopft meinen Hut ab, jemand sagt: Schade um den schönen Hut. Das Blut rinnt, die Zeit rinnt. Sekunden, vielleicht nicht einmal 200 Sekunden, dann fährt ein Streifenwagen der Polizei vorbei, zufällig. Erst das Unglück, dann eine Kette von Glücksfällen: der Streifenwagen, der über Funk ein Sanitätsauto herbeiruft. Wieder vergeht Zeit. Das erste Unfallprotokoll wird aufgenommen, die Wagenpapiere in den Trümmern gesucht, der Führerschein aus der Brieftasche geholt. Sie sind nicht verletzt? Nein, sage ich. Sie haben das Bewußtsein nicht verloren? Nein, sage ich. Mein Mann sagt: Ich muß eine Schramme am Kopf haben, ich blute. Wir schildern den Unfall; machen Angaben über den Wagen, der uns überholt hat: beige, Mittelklasse, ein Mann von etwa fünfzig am Steuer. Das Kennzeichen haben wir nicht erkannt. Die Bremsspuren werden geprüft, nach Augenzeugen wird gefragt. Personalien. Keine Blutprobe. Mein Mann wird auf eine Trage gelegt, ein Sanitäter preßt die Kopfwunde zusammen. Als ich mit leeren Armen auf dem Acker knie, werde ich gewahr, daß ich mich nicht mehr bewegen kann. Eine zweite Trage für mich. Das Gepäck wird in den Sanitätswagen geladen, wieder taucht der Hut auf. Das Autowrack bleibt zurück. Ein Schrotthändler aus Villingen holt es am Abend ab, deckt eine Plane darüber.

Zum ersten Mal in meinem Leben mit Blaulicht und Martinshorn. Die Schmerzen verschlimmern sich, in kurzen Abständen sagt der Sanitäter: Wir sind gleich da. Städtisches Krankenhaus Villingen. Unfallstation. Angaben zur Person. Krankenkasse: privat. Wenig Formalitäten, aber es ist 18 Uhr, Tag- und Nachtwechsel des Klinikpersonals. Der Chefchirurg wird telefonisch verständigt. Man wäscht uns Erde und Blut aus dem Gesicht, von Händen und Beinen, sucht nach offenen Wunden, wäscht das Blut meines Mannes von mir ab, sonst geschieht nichts. Dann der Chef: weißhaarig, rosig, zuversichtlich. Bewegung kommt in die Szene. Ein Blick auf meinen Mann: Operation vorbereiten. Dann ich. Können Sie den Kopf bewegen? Ja. Die Arme? Ja. Die Beine? Ja. Können Sie sich aufrichten? Nein. Können Sie sich drehen? Nein. Er tastet den Rücken ab. Ich stöhne. Röntgen! Pfleger kommen, taxieren meine Länge, mein Gewicht, sie heben mich von Trage zu Trage. Die Krankenhausgänge werden zu Kanälen, Fahrstuhltüren zu Schleusen, ich verliere die Orientierung, komme ans Tageslicht, tauche unter in Lampenlicht. Man hebt mich auf den Röntgentisch, sucht nach Metall an meiner Kleidung, zieht mir den BH aus, bringt den Körper in die richtige Lage. Einatmen, ausatmen, nicht mehr atmen! Ich reagiere noch auf Kommandos, was mich überrascht. Man bringt mich in Seitenlage. Einatmen, ausatmen, nicht mehr atmen! Die Pfleger kommen, ich schlinge wieder meinen Arm um einen Hals, Tragbahre, Fahrbahre, wieder die langen Kanäle, die Schleusen der Fahrstühle, von nun an alles aus der Sicht des Kleinkindes, Köpfe beugen sich über mich, jemand sagt: Unfall! Fahrerflucht! Plötzlich sehe ich meinen Mann. Die Vorgänge treiben uns auseinander und wieder zusammen. Man stellt mich in seiner Nähe ab, wir geben uns Zeichen. Während der Operation starre ich auf seine Schuhe, sie zucken bei jedem Stich. Kein Laut, nur die Anordnungen des Chirurgen, das Klappern des Bestecks, nur Einstich und Ausstich durch die dicke Kopfschwarte, 10 Zentimeter in jeder Richtung, ein Winkel. Der Druckverband wird angelegt, der Kopf wird dicker und dicker, Mund, Nase und Ohren bleiben frei. Zum Schluß wird ein grobmaschiges, elastisches Netz darübergezogen. Tetanusspritze, Impfpaß, Versorgung der offenen Wunde am Bein.

Meine Röntgenbilder werden gebracht. Der Chirurg sieht sie sich an, sieht mich an. Was haben Sie für Glück gehabt! Diagnose: Fraktur am 3. und 4. Querfortsatz der Lendenwirbel, großflächige Hämatome im gesamten Wirbelsäulenbereich. Man gibt mir die erste schmerzlindernde Spritze und ein Kreislaufmittel.

Der Veranstalter der Lesung in Königsfeld muß verständigt werden! Die Kette der Glücksfälle reißt nicht ab. Dr. H., der Veranstalter der Lesung, ist Arzt, leitet ein Sanatorium, die Ärzte kennen einander. Es wird telefoniert. Draußen dunkelt es. Ich liege auf meiner Trage, mein Mann sitzt mit seinem großen weißen Kopf neben mir. Ich sage: Achill! Alle Augen wenden sich mir besorgt zu. Ich wiederhole: Du siehst aus wie Achill aus Troja!

Es wird beschlossen, uns in das Sanatorium in Königsfeld zu bringen. Der Krankenwagen trifft ein, ich wechsle von Trage zu Trage, mein Mann schreitet mit seinem weißen Riesenkopf neben mir her. Wieder mit Blaulicht durch ein Stück Schwarzwald.

Königsfeld. Die Scheinwerfer treffen eine Litfaßsäule, ein gelbes Plakat. ›Christine Brückner und Otto Heinrich Kühner lesen aus eigenen Werken!‹ Ich sage: Lesen nicht! Er sagt: Lesen! Ich werde für uns beide lesen, hindere mich nicht, man darf den Veranstalter nicht im Stich lassen. Unfalleuphorie kommt über ihn: Wir leben! Wir sind nicht entstellt, alles wird heilen. Dr. H. legt ihm ein weißes Halstuch über das blutige Hemd. Der Autor nimmt die Mappe mit unseren Büchern, man fährt ihn zum Festsaal. Happening in Königsfeld. Wirklichkeit, Lebensnähe.

Für mich hat man ein Bett im englischen Salon gerichtet, parterre; die Krankenzimmer wären mit der Trage schwer zu erreichen. Der Unfallschock stellt sich erst nach Stunden ein. Der Körper rebelliert, er ist gekränkt, verletzt und protestiert mit allen Organen. Kreislaufkollaps, am nächsten Tag ein zweiter. Schmerzen, Tränen, Dankbarkeit, Hilflosigkeit. Schnabeltasse mit Tee, Brei, Umschläge, Salben, Spritzen. Der Veranstalter wird wieder zum Arzt, kontrolliert Herz und Blutdruck, kommt bei Tag und Nacht, bleibt, wenn es not tut. Draußen ist strahlender Vorfrühling, die Läden bleiben halb geschlossen. Ich liege in einem Zimmer, in dem Albert Schweitzer einmal gelebt hat, umgeben von jahrhundertealten englischen Möbeln, unter Bildern längst Verstorbener, ich altere, werde vergänglich, zeitlos. Spritzen, Medikamente. Geist und Seele befinden sich in hellem Aufruhr, Halbschlaf, Halbtraum und Alptraum, und immer der weiße überdimensionale Kopf meines Mannes. Wir leben! sagt er. Nebenan spielt der Sohn des Hauses Mozart und öffnet die Tür einen Spalt. Patienten kommen zu uns ins Zimmer, trinken ein Glas Sekt auf unsere Rettung. Fremde schicken Blumen, kleine Geschenke.

126

Im ›Schwarzwaldboten‹ erscheint eine Notiz, die man mir nicht zeigt. Acht Zeilen, mehr nicht. Ich sage ›danke‹, manchmal auch ›bitte‹, versuche zu lächeln, weine statt dessen, weine vor Leben. Fünf Tage vergehen, betäubt von Schmerzen und schmerzbetäubenden Mitteln. Aus dem Arzt wird ein Freund. Nichts als Freundlichkeit um uns, eine Welle der Anteilnahme hat uns erfaßt, trägt uns. Über Wochen, noch jetzt.

In der letzten Nacht tritt Dr. H. an mein Bett und sagt: Wer in diesem Haus gesund geworden ist, hat einen Baum gepflanzt. Er nimmt mich bei der Hand, geht mit mir über eine Wiese, zeigt mir einen Wald von Föhren, die in den Himmel gewachsen sind, und stellt sie mir einzeln vor. Dies ist Albert Schweitzer, sagt er, und dies Oswald von Nostitz und dies Robert Minder. Ein Wald voller gesunder Bäume ... Und dann steht er wirklich vor meinem Bett, gibt mir eine Spritze mit Langzeitwirkung, draußen wartet der Rotkreuz-Transportwagen. Ich trage immer noch mein rotes Spitzennachthemd, das inzwischen steif ist von Salben. Krankenpapiere, die Rolle mit den Röntgenbildern, Ratschläge, Notfallmedikamente, der Cellophansack mit unserer blutigen Garderobe, Blumen und Geschenke. Die Fahrer taxieren meine Länge und mein Gewicht, ich bereue beides. 170 Zentimeter, 62 Kilo, falls die Geschwülste nicht das Gewicht erhöhen.

Man schnallt mich auf meinem Vakuumbett fest. Der Wagen ist mit Sauerstoffgerät und Klimaanlage ausgestattet, die Fenster sind aus Milchglas, nur oben, in Augenhöhe, ein 20 cm breiter Streifen, durch den ich am Verkehr teilhaben kann. Umarmungen, Winken, Abschied.

Gutachtal, Kinzigtal: Schwarzwaldhöhen und -täler, Schwarzwaldhäuser, Schwarzwaldmühlen, Schwarzwaldstraßen mit weiten Kehren und engen Kehren, Ortsdurchfahrten. Ich hänge am Haltegriff, rückwärts, kopfunter.

Dann Autobahn Richtung Frankfurt. Wieder ein strahlender Frühlingstag, es ist Samstag. Tausende von Autofahrern wollen wissen, wer in diesem Rotkreuzwagen liegt. Erst wenn sie das Entsetzen in meinen Augen gesehen haben, sind sie befriedigt und überholen, machen dem nächsten Platz. Fahrbahnwechsel, schlechte Fahrstrecke, Überholverbot, Baustellen – alles wird von meiner Wirbelsäule und meinen Nerven registriert. Nach sieben Fahrstunden halten wir vor dem Diakonissenhaus in Kassel, Chirurgische Abteilung.

Zweiter Klasse, Einbettzimmer. Ich liege auf einem Brett. Wenn ich den Blick hebe, fällt er auf den Wandspruch ›Der Herr ist mein Hirte, mir wird nichts mangeln‹. Aber es mangelt mir an Zuversicht, an Geduld, an Nachsicht, manchmal auch nur an einer Wärmflasche. Der Chefarzt betrachtet die Röntgenbilder und sagt: Erstaunlich! Was haben Sie für ein Glück gehabt! Mit Hammer und Meißel könnte ich diese Querfortsätze kaum abschlagen. Mein Körper wird vorgezeigt und bestaunt. Prellungen, Schwellungen in sämtlichen Farben an sämtlichen Gliedmaßen. Ich werde gewaschen, gebettet, gefüttert, gekämmt. Ich werde mir fremd, seit mein Körper von fremden Händen gehandhabt wird, er reagiert unberechenbar, schwach oder heftig.

Sie treten als Ärzte, Schwestern, Pfleger, Putzfrauen, Besucher und Pfarrer an mein Bett und verwandeln sich sogleich in Autofahrer: Wie ist denn das passiert? Die einen sagen: Was haben Sie für Glück (in Abwandlung: Schwein oder Dusel) gehabt. Die anderen: Was haben Sie für ein Pech gehabt! Sie sagen: Vollbremsung riskiere ich nie! – Hatten Sie noch Spikes drauf? – Instinktiv reißt man das Steuer 'rum. – Drauffahren, einfach drauffahren! – Sicherheitsgurte! Alle sind sich einig: Man hat zu wenig Unfallpraxis. Man weiß nicht, wie man in der Schreckse-

128

kunde reagiert. Sie reden von Vorfahrt, Straßenverkehrsordnung und Fahrermoral. Der Pfarrer sagt: Da hat Gott seine Hand über Sie gehalten. Ich verbessere ihn: beide. Er sieht mich fragend an, ich sage es deutlicher: beide Hände.

Unsere Rettung geht zurück in die Erdgeschichte. Auffaltung des Schwarzwalds im Tertiär, Einsturz des Rheintals. Aber an der Unfallstelle keine Felswand, kein Steilhang, kein Stausee, nicht einmal eine einzige Schwarzwaldtanne, sondern ein Acker, ein Sturzacker! sage ich. Wie die Unglücksraben hockten wir in unsren schwarzen Sachen auf dem Acker –.

Denken Sie nicht mehr daran! befiehlt man mir, in einem halben Jahr haben Sie das alles vergessen, kriegen Sie nur kein Auto-Trauma, setzen Sie sich gleich wieder ins Auto! Man bringt Blumen, Mitgefühl, frische Nachthemden und berichtet von einer Cousine, die seit sechs Monaten in Gips liegt, mit Wirbelsäulenfraktur, von einem Querschnittgelähmten, der mit Hilfe eines Stöckchens, zwischen die Zähne geklemmt, Schreibmaschine schreibt.

Die Schmerzen lassen nach, die Prellungen ändern die Farbe, die Schwellungen gehen zurück, aber ich falle bei Tag und Nacht in Träume, aus denen ich schwer zurückfinde. Mein Schwager veranstaltet eine Führung durch sein Haus, ich befinde mich unter den Besuchern, er öffnet eine Tür, sagt: ... Und dies ist das Sterbezimmer meines Bruders und meiner Schwägerin.

Karwoche. Im Rundfunk scheint man Wagner für einen Karwochen-Komponisten zu halten. Ich suche im Kofferradio nach Mozart, Haydn, Brahms. Am wohltätigsten sind Flötenkonzerte. Im Gottesdienst wird für die Verkehrstoten und Verletzten gebetet. Ich weine, weil ich dazugehöre. Ich habe innere Verletzungen davongetragen, über die ich nur mit einem sprechen kann. Mein Mann nimmt die Baskenmütze nicht mehr ab, damit die Kopfwunde, deren Fäden inzwischen gezogen wurden, mich nicht erschreckt; aber ich behalte das Bild vor Augen: sein blutüberströmter Kopf in meinen Armen, und er sagt: Ich höre noch immer deine letzten Worte. Man bringt mir die Beileidsbriefe, in denen steht: ›Ein Autounfall gehört zum Erfahrungsbereich des modernen Menschen, er erweitert sein Bewußtsein.‹

Ich schlage den Schwestern und den Besuchern vor, mir zu Ostern die Füße zu waschen – die Füße werden selbst von den freundlichsten Nachtschwestern nicht gewaschen. Zum Passahfest! sage ich. Jemand reibt sie mir mit Kölnisch Wasser ab. Ich lerne es, mir die Zähne zu putzen, ohne den Körper dabei zu bewegen. Wenn man mir hilft, kann ich auf dem Bettrand sitzen und kann durch die Terrassentür sehen: Der Frühling hat sich zurückgezogen, an der Akazie rascheln die Schoten des Vorjahres. Auf meinem Tisch stehen zeitlose Treibhausblumen, Erdbeeren aus Israel, Heidehonig und Sekt. Verwöhnung. Die Schwestern sind schwesterlich, die Freunde freundlich, die Pfleger pfleglich, alle machen ihrem Namen Ehre. Manchmal denke ich an den, der so brutal in unser Leben eingegriffen hat, der mein Mörder, gewiß aber mein fahrlässiger Töter hätte werden können, der unbekümmert weitergefahren ist. Oder bekümmert –? Ich weiß es nicht. Sie Pechvogel! sagt jemand. Ich versuche zu erklären, zu missionieren, sage: Gott ist nicht für den Verbrennungsmotor zuständig! Er ist nicht für die Fahrweise der Verkehrsteilnehmer zuständig! Aber er kann das Opfer bewahren … Wenn Sie es so ansehen! Man ist nachsichtig mit mir, will mich nicht aufregen, morgens, mittags, abends gibt man mir Beruhigungsmittel. Ich döse, lese zwei Wochen lang an einer alten Rundfunkzeitung.

Jemand hat es nachgezählt: In meinen Büchern gäbe es

mindestens fünf Verkehrsunfälle mit insgesamt vier Toten, fünf Verletzten, zwei Totalschäden. ›Sie scheinen auf diesen Unfall buchstäblich zugesteuert zu sein, seit Jahren! Einmal schreiben Sie über den Verkehrstod: »Das sind rituelle Opfer, die der Technik gebracht werden müssen; wie bei den Primitiven: Tieropfer und Menschenopfer. Mit einem Computer könnte man die Zahl errechnen. Damit soundso viele Menschen sich schnell fortbewegen können, müssen soundso viele getötet werden. Von Schuld im religiösen Sinn kann nicht mehr die Rede sein …«‹

Fünf Wochen nach dem Unfall erhalten wir eine Vorladung der Verkehrsüberwachung des zuständigen Polizeipräsidiums zwecks Zeugenaussage in eigener Sache. Man gestattet mir, meine Aussage schriftlich zu machen, und empfiehlt den Schlußsatz: ›Ich behalte mir vor, Strafanzeige gegen Unbekannt zu erstatten.‹

Bald ist Pfingsten. Ich bin wieder zu Hause. Im Garten blüht der Flieder. Ich lerne zu gehen, zu sitzen, zu schreiben. Massagen, Gymnastik, Bäder, Einreibungen. Die Freunde bringen Fertig- und Halbfertiggerichte, sorgen für die Wäsche, putzen das Haus, erledigen die Korrespondenz. Freunde in der Not. Die Arztkosten haben inzwischen die 6000-Mark-Grenze überschritten, wir legen die Rechnungen auf die Briefwaage. Ich las im ›Steppenwolf‹: ›Bei jeder solchen Erschütterung meines Lebens hatte ich am Ende irgend etwas gewonnen, das war nicht zu leugnen, etwas an Freiheit, an Geist, an Tiefe, aber auch an Einsamkeit, an Unverstandensein, an Erkältung.‹ Ich zähle dieses zweite, neugeschenkte Leben nach Wochen und Tagen.

Erfahrungen einer Beifahrerin

Für das erste Honorar, das ich mit meinem ersten Roman verdient hatte, kaufte ich das erste Auto. Das wäre nicht erwähnenswert, wenn in jenem Roman nicht die Heldin bereits auf Seite 13 von einem Auto tödlich überfahren würde. Der Fahrer des Wagens erweist sich als unschuldig; nie geklärt wird, ob jene junge Frau absichtlich oder unabsichtlich vor das Auto gelaufen ist. Es bestehen also Zusammenhänge. Noch heute sind meine Romanhelden trotz erhöhter Aufmerksamkeit ihrer Erfinderin ständig in Gefahr, im Straßenverkehr umzukommen. Auch Golo Quint, von seiner Mutter Maximiliane und mir innig geliebt, hat sich, siebzehnjährig und ohne Führerschein, an einem Apfelbaum zu Tode gefahren.

Mein erstes eigenes Auto! Ein Kabriolett, außen schwarz, innen rot. Wir nannten es liebevoll ›das Handtäschchen‹, weil man es bei jedem Regenguß zu und bei jedem Sonnenstrahl aufmachen konnte und mußte. Ich wurde eine Beifahrerin, eine gute Beifahrerin. Ich konnte Autokarten lesen, sagte rechtzeitig die Abzweigungen an, beschrieb anschaulich die Landschaft, schob dem Fahrer die angezündete Zigarette zwischen die Lippen, fütterte ihn mit Weintrauben, schrie in Augenblicken der Gefahr niemals auf, sagte aber notfalls leise: Rot! Ich gab keine Kommentare zum Fahrstil ab, machte nie Vorschläge, wo eine günstigere Parkmöglichkeit bestanden hätte. Nie ist ein ›Siehst du!‹ über meine Lippen gekommen. Ich besitze eine angeborene Hochachtung gegenüber dem Fahrer eines Fahrzeugs, die ich bis heute beibehalten habe, beides habe ich mehrfach gewechselt. Ich schwieg, wenn Konzentration erforderlich war, fing ein kleines Gespräch im Plauderton an, nichts, was ablenkte, nichts, was langweilte. Hin

132

und wieder ein anerkennendes Wort. Meine Leistungen als Beifahrerin sind in Neapel erprobt, aber auch in San Francisco, in New York. An das ungeschriebene Gesetz, daß ein Beifahrer weder über Fahrstil noch Autotypen, noch Straßenverkehrsordnung mitreden kann, habe ich mich gehalten.

Mein Vater hatte sich Ende der zwanziger Jahre eine Kutsche angeschafft, ein geschlossenes Coupé aus der fürstlichen Remise, eine Krone am Wagenschlag. Pferd und Kutscher wurden von einem Bauern gestellt. Die kleinen Töchter liebten die Kutsche, sie stand in der dämmrigen Scheune, eignete sich zum Versteckspiel, und wenn sie sonntags hervorgeholt wurde, durften wir hoch auf dem schwarzen Wagen sitzen. Meine Mutter dachte fortschrittlicher, aber bei der Frage Kutsche oder Auto hatte ihre Emanzipation ein natürliches Ende. Beide, Vater und Mutter, besaßen jeweils einen reichen Bruder. Zweimal im Jahr hielt ein großer Wagen vorm Pfarrhaus unterm alten Nußbaum, ein Chauffeur mit Mütze stieg aus und öffnete dem reichen Onkel den Wagenschlag. Ob Konkurrenz zwischen einem ›Horch‹ und einem ›Maybach‹ bestand, weiß ich nicht, andere Autotypen kannte ich gar nicht. Damals entstand in mir die Vorstellung, daß eine Kutsche von einem Kutscher und ein Auto von einem Chauffeur gelenkt wird. Noch heute kommen mir oft Zweifel, ob wirklich jeder Mensch zum Autofahrer geboren ist. Ob man fahren lernen kann, wie man laufen lernt, nur später.

Es besteht zwischen einem Fußgänger und einem Autofahrer keinerlei Konkurrenz; wer der Überlegene ist, steht fest. Die meisten Menschen, das gilt für Männer und Frauen, wirken am Steuer und auch in unmittelbarer Nähe ihres Wagens überzeugender als auf ihren eigenen Beinen, was man an der Art, wie sie ungelenk über den Parkplatz gehen, beobachten kann. Beim Zuschlagen der Wagentür, beim Spiel mit dem Autoschlüssel erkennt man dann gleich: Klasse! Dieser Mensch ist Klasse. Welches andere Wort des Lobes könnte ich benutzen, ohne die Wagenklasse zu nennen? Wer je die Utopie einer klassenlosen Gesellschaft im Sinn hatte, muß erkennen, daß es eine wagenklassenlose Gesellschaft nie geben wird. Manch einer wagt sich ohne Auto gar nicht auf die Straße.

Ein neues Auto konnte ich kaufen, einen neuen Fahrer dafür zu finden erwies sich als immer schwieriger. Aus der Wagenhalterin mußte endlich eine Wagenlenkerin werden. Ich bin nicht uneinsichtig. Eines Nachts saß ich dann am Steuer meines Wagens. Durch mein falsches Fahrverhalten war der Verkehr zum Erliegen gekommen. Ich konnte weder rechts noch links abbiegen, konnte nicht nach vorn und nicht nach hinten entkommen, es wurde gehupt, Fenster wurden geöffnet, es beugten sich Köpfe heraus, Hände erhoben sich drohend gegen mich. Ich tat das einzig Mögliche: Ich stieg aus, ließ den Schlüssel stecken, schlug die Wagentür zu, nahm das Nummernschild ab und ging auf und davon. Befriedigt von meinem Verhalten wachte ich auf und fiel, wenige Stunden später, durch die Fahrprüfung. Wieder schlug ich die Wagentür zu; diesmal erkannte ich den Wink des Himmels: Laß die Hände vom Steuer!

Später hat mich dann Kühner davon überzeugt, daß eine Geschwindigkeit von fünf km/h dem Menschen angemessen sei. Wenn es schneller mit ihm vorangehen sollte, wäre er mit Rädern oder mit Flügeln ausgestattet. Das menschliche Wahrnehmungsvermögen entspricht dem seiner angeborenen Geschwindigkeit. Auch darin sind wir uns einig. Ohne gesetzliche Regelung, nur der eigenen Einsicht folgend, haben wir im Laufe der Jahre unsere Durchschnittsgeschwindigkeit von fünf auf vier km/h gesenkt; seither sind wir länger unterwegs, die Abnutzung ist entsprechend geringer. Wir legen bei unseren Wanderungen alle zwei Stunden eine Rast ein, am Waldrand, am Flußufer, auf einer Felsnase: Wir halten Picknick. Der Wein macht uns müde, die Gefahr, zuviel zu trinken, ist nicht gegeben, wenn man die Flasche im Rucksack hat tragen müssen. Eine Siesta! Wir strecken uns im Halbschatten aus, schlummern ein wenig, und dann hängen wir uns erfrischt die Rucksäcke wieder um und ziehen weiter, auf Sandwegen, auf Graswegen. Wir atmen die Waldesluft, hören Vogelstimmen, nehmen Falter und Käfer wahr. Wer da doch mitwandern könnte! Was weiß ein Autofahrer schon vom Glück des Wanderers! Dann setzt Landregen ein, dann hat man eine Blase an der Ferse, dann ist der Wanderweg asphaltiert und der Gasthof, in dem man einkehren wollte, hat Ruhetag. Ein Mißgeschick nach dem anderen, und beim erstbesten Lieferwagen, der vorüberfährt und uns mit Dreck bespritzt, sagen wir: Wer da doch mitfahren könnte! Wie gut läßt es sich mit dem Auto wandern! Auf dem Peloponnes, in der Provence, in Umbrien, in Dalarna – ein ganzes Buch haben wir darüber geschrieben, es hat unsere Reiseerfahrungen zum Thema: ›Erfahren und erwandert‹. In jener glücklichen Zeit hatten wir noch die Wahl: Mit dem Auto? Oder zu Fuß?

Bis zu dem Unfall, der beinahe tödlich verlaufen wäre, bei dem der schuldige Fahrer das Weite gesucht hat und uns schwer verletzt auf einem Sturzacker liegen ließ. Vom Schreck gelähmt, ohne Unfallerfahrungen hatte mein geliebter Wagenlenker den Fuß nicht vom Gaspedal genommen. Erst alle die beschriebenen Unfälle, dann der am eigenen Leib.

Inzwischen sind wir umweltbewußt. Damit erklären wir, warum wir keinen Wagen besitzen. Die Autofahrer, denen ich mein Leben anvertraue, sehe ich mir kritisch an.

Wenn ein Tachometer auf 160 km/h steht, fasse ich nach dem Haltegriff und verstumme, bei 180 km/h breche ich in Tränen aus. Wenn sich die Fahrgeschwindigkeit immer weiter von der Richtgeschwindigkeit entfernt, riskiere ich ein leichtes Räuspern, das ich durch krampfhaftes Lächeln abzuschwächen suche. Auf den Rausch der Geschwindigkeit muß ich verzichten. Es überrascht mich, daß niemand von meinen Beifahrererfahrungen profitieren will, sie gehen über die Erfahrungen des Autofahrers weit hinaus, der nur den eigenen Fahrstil kennt und für den besten hält, selber in der Rolle des Beifahrers unerträglich ist, mich aber trotzdem fragt: Haben Sie etwa Angst gehabt? Wenn ich zurückfrage: Sehe ich mitgenommen aus?, werde ich nicht immer verstanden.

Ich kenne viele Fahrer, viele Fahrweisen, männliche und weibliche, alte und junge, Choleriker, Sanguiniker, Phlegmatiker. In wieviel Wagentypen habe ich schon gesessen! Von der ›Ente‹ bis zum ›Jaguar‹. Landrover und Wagen, die den nächsten TÜV nicht bestehen werden. Wie viele Möglichkeiten, einen Sicherheitsgurt anzulegen, wie viele bequeme und unbequeme Arten, einen Wagensitz vor- oder zurückzuschieben. Alle diese Erfindungen, einen Wagenschlag zu öffnen! Dieser Ideenreichtum kann nur von einem Beifahrer mit langer Fahrpraxis gewürdigt werden. Über bleifreies Benzin und den Einbau eines Katalysators läßt auch ein Waldgänger mit sich reden.

Ich bin keine undankbare Beifahrerin. An Lob lasse ich es nicht fehlen. Wenn das Ziel erreicht ist, löse ich eigenhändig den Gurt, bleibe aber manchmal sitzen, lächle den Fahrer an, verstärke das Lächeln, bis er merkt: Ich sähe es gern, wenn er jetzt ebenfalls ausstiege, mir die Wagentür öffnete und die Hand reichte, um mich aus der Tiefe seines bewunderungswürdigen, jugendlichen Autos emporzuziehen. Wir könnten uns im Stehen voneinander verabschieden, eine kleine dankbare Umarmung wäre leichter anzubringen als im Sitzen. Aber das liegt natürlich an meinem Baujahr.

›Das Gebet ist des Christen Handwerk‹

Vor Jahren habe ich einmal als Schwester auf Zeit zwei Wochen lang nach den Regeln des heiligen Benedikt gelebt, die in vielen Lesebüchern stehen, weil sie von großer Weisheit und Schönheit sind. Ein reglementierter Tag. Ich trug das Programm und die Uhr ständig bei mir, ich war das nicht gewohnt, ich opponierte insgeheim, wo blieb da Raum für das Ich? Aber ich saß zu allen Stundengebeten an meinem Platz. Am Anfang glitt das am Ohr vorüber mit allem Reiz des Fremden: Psalmen und Hymnen, Antiphon und Responsorium, Schriftlesung, Fürbitten. Eine Zeile blieb haften, ein Wort, mehr nicht. Es ging Beruhigung davon aus, die auch physisch war, ich fühlte mich leichter werden, heller. Noch war ich nicht beteiligt, allenfalls ein wenig eingestimmt. Wenn ich nichts habe, was ich Gott anbieten kann, dann biete ich ihm wenigstens meine Anwesenheit.

Kaum waren ein paar Tage vergangen, da fiel mir das frühe Aufstehen nicht mehr schwer, da verließ ich mein Zimmer, sobald die Gebetsglocke anschlug. Ich wurde hungrig zur vorgesehenen Zeit und müde zur vorgesehenen Zeit. Ich wurde gewahr, daß ich in meinen Briefen aus dem Kloster nicht mehr ›ich‹ schrieb, sondern ›wir‹. Ich lernte, in der ersten Person Plural zu reden und zu denken …

Sprechen und schweigen. Arbeiten und beten. Für sich

sein und miteinander sein. Das offizielle Gebet der Kirche und das persönliche Gebet. Alles in zuträglichem Wechsel.

Wort ist immer auch und zuletzt und zuerst Gottes Wort. Man ging behutsam und nüchtern damit um, setzte jedes Wort für sich, legte Pausen ein, die nicht rhetorisch waren, sondern Bedenk-Zeiten. Jemand sagt mir zu, jemand, der mir zuhört, mir zugehört. Sprache, aus der mir gewohnten Sprach-Spielerei in einen sehr ernsten Zusammenhang gebracht. ›Beten heißt, stille sein und harren, bis der Beter Gott hört‹, steht in der Regel. Im Jakobusbrief heißt es: ›Jeder sei darum schnell bereit zum Hören, langsam zum Reden und langsam zum Zorn.‹ Paulus sagt: ›Betet ohne Unterlaß.‹ Luther: ›Das Gebet ist des Christen Handwerk.‹ Nietzsche: ›Es ist eine Schmach zu beten.‹ Kant: ›Gebet ist Zauberei, beschämend für den Mann.‹

Klöster sind nicht nur Inseln des Gebets. Sie sind auch mehr. Hier wird in einer Kommune gelebt. Das wird anderswo auch versucht, aber es mißrät in der Regel, weil das Ziel fehlt, der geistige und geistliche Zusammenhalt. Mönche und Nonnen leben wie moderne Urchristen. Alle haben alles gemeinsam. Keiner nennt etwas sein eigen. Jedem wird gegeben, was er nötig hat. Menschen verschiedener Herkunft und Altersstufen leben miteinander, jeder gibt und nimmt, jeder arbeitet gemäß seinen Fähigkeiten. Kein anderer Rang als das Datum des Eintritts ins Kloster. Keine hierarchische Ordnung! Kein ›ehrwürdige Mutter‹, keine Trennung von Chorschwestern und Laienschwestern. Demokratie wird geübt, notwendige Entscheidungen im Rat der Schwestern erörtert. Das Kloster erhält sich selbst: Landwirtschaft, Gärtnerei, Werkstätten.

Wenn wir beim Abendoffizium das ›Salve Regina‹ gesungen haben, versinkt das Kloster in Schweigen. Wir verlassen die Kirche, trennen uns schweigend, nicken uns zu; ich gehe noch ein wenig die Landstraße auf und ab, orientiere mich an den Sternen; der Große Wagen steht, wo er zu dieser Stunde stehen muß, dann suche ich mein Zimmer auf. Der Körper ist müde, der Geist ist müde, aber die Seele ist hellwach, dabei ganz leicht, schwingt sich auf, Zeilen aus Psalmen ziehen durch sie hin, sie will nichts von Schlaf wissen. Der Herbstwind rüttelt am Giebelfenster, Scheinwerfer der fernen Bundesstraße streichen in Abständen über die weißgetünchte Zimmerwand, das nahe Euratom-Kraftwerk ist noch hell erleuchtet, Käuzchenschrei von der Weser her, dann vom Wald, dann aus der Gärtnerei, in der die Treibhäuser noch erleuchtet sind. Blumen und Pflanzen entwickeln sich rascher bei elektrischem Licht. Kastanien fallen auf den Asphalt, zerplatzen. Nebenan spricht eine andere Schwester auf Zeit leise mit ihrer siamesischen Katze.

Ärzte sagen, daß man täglich den Körper bis an die Grenze seiner Leistungsfähigkeit anspannen müsse, bis zum Schweißausbruch; dasselbe gilt auch für Geist und Seele, deren Kräfte ebenso angespannt und entspannt werden müssen. Diese zwei Wochen, in denen wir innerhalb der großen Klostergemeinschaft eine kleine eigene Gemeinschaft bildeten, haben alle Kräfte beansprucht. Diese Zeit ist mir nicht leicht geworden. Nur das Schwere wiegt schwer. Wir haben in der Benediktinerinnen-Abtei zum Heiligen Kreuz in Herstelle an der Weser eine geistige und geistliche Heimat gefunden.

Ich habe mich nächtelang zurückgeträumt.

Winter 1963

Wir unterhalten uns über den kalten Winter 1963, als die Wasserleitungen einfroren, die Rohre barsten und nachts ein Tankwagen durch die Straßen fuhr. Als wir in der Kälte Schlange standen mit Eimern und Kannen. Der Wasserhahn am Tankwagen fror ständig zu und mußte immer wieder mit einem Strohfeuer aufgetaut werden. Was für ein Gelächter! Was für ein Erzählen! Das ist ja noch gar nichts! Jeder hat da noch ganz anderes erlebt. Im Krieg und auf der Flucht und nach dem Krieg. Die Vergangenheit bekommt immer größere Dimensionen. Ein Volk von Überlebenden. Eines Tages wird man uns diese abenteuerliche Vergangenheit auch noch neiden.

Der Tag, an dem W. B. gestorben ist

Der Tag, an dem W. B. gestorben ist, jährt sich. An Goethes Geburtstag haben wir geheiratet, an Goethes Todestag ist er gestorben. Gedenktage. ›Ach, er war in abgelebten Zeiten ...‹ Ich kannte ihn seit 1944; er war damals, und blieb es sein Leben lang: ein Kriegsbeschädigter. Er ist an seinem Kriegsleiden gestorben. Er hat lange im Sterben gelegen. Aus der Lebensgemeinschaft mit seiner zweiten Frau wurde eine Todesgemeinschaft.

Als wir die Nachricht erhielten, sagtest du: ›Wir haben drüben einen Freund mehr!‹ Die Michaelsbrüder, zu denen er gehörte, haben ihm eine große Totenfeier in der Universitätskirche in Marburg gehalten. Hunderte trauerten um ihn. Ein kleines Leben, in dem sich nur wenige Erwartungen und Hoffnungen erfüllen ließen, aber ein großer Tod. ›Heilig ist der Herr, heilig!‹ sangen wir.

Er muß, als er starb, etwas Schönes, Prächtiges gesehen haben, die ›himmlische Herrlichkeit‹, würde ein Theologe sagen. Es ging Glanz von ihm aus.

Ein Lebensabschnitt ist für mich zu Ende. Ich bin nun nicht mehr von meinem ersten Mann geschieden, sondern bin verwitwet. Noch immer trage ich seinen Namen. Mein erster Mann wurde zum besten Freund meines zweiten Mannes.

Der Einzelgänger

›Es ginge uns besser, wenn wir mehr gingen‹, steht im Neujahrsbrief des Dichters Seume an seinen Verleger. Diese Erkenntnis stammt aus dem 19. Jahrhundert und leuchtet jedem ein.

Ein Freund, der um unsere Gesundheit besorgt ist, hat uns ein Buch über ›Bewegungstraining‹ geschenkt; er meint demnach, wir müßten unser Tempo steigern, nicht nur spazierengehen und wandern, sondern laufen. Nach Plan und nach Punkten. Er will uns Beine machen.

›Jogging‹ heißt das Zauberwort und das Zaubermittel. Mit einiger Verspätung kommt es aus den Vereinigten Staaten von Amerika nun auch in die Bundesrepublik Deutschland. In Amerika läuft jedermann! Die Vorläufer sind schon da, sie überholen uns, wenn wir in der Karlsaue spazierengehen. Zunächst sind wir erschrocken beiseite gesprungen, wenn sich uns jemand von hinten keuchend näherte, jetzt bleiben wir nur noch stehen, blicken ihm nach und überlegen, ob das wohl für uns gut wäre: laufen, daß der Dreck spritzt, mit hochroten Köpfen, in verschwitzten Anoraks – in einem Park, der doch dazu angelegt worden ist, daß man erholsam darin schlendert, schweigend oder Beobachtungen und Gedanken tauschend, auf Bänken ausruhend …

Ich erinnere mich an eine kleine lehrreiche Kurzgeschichte, die wir im Englischunterricht vorgelesen bekamen und die wir nacherzählen mußten. Ein englischer Lord erging sich frühmorgens in seinem Park und erwischte dort einen Wilddieb, der gerade einen Hasen erlegt hatte. Er stellte ihn zur Rede. Der Wilddieb sagte, daß er sich ein Frühstück für seinen Hunger besorgt habe; daraufhin stellte der Lord fest, daß er seinerseits sich Hunger für sein Frühstück geholt habe. Er ließ den Wilddieb laufen. Nun sollen wir aber nicht etwa laufen, um Hunger zu bekommen oder um überflüssige Pfunde loszuwerden, sondern um unsere Kondition ganz allgemein zu steigern. Beim Laufen vergrößert sich das Blutvolumen, die Blutversorgung der Muskeln wird gesteigert, Fettgewebe in Muskelgewebe umgewandelt. Biologisch und medizinisch ist das richtig, unbezweifelbar. Lernbereit habe ich mich anhand einer Tabelle eingruppiert. Wenn ich in 12 Minuten weniger als 1,6 Kilometer zurücklege, gehöre ich der Gruppe I (sehr schlecht) an; wenn ich in 12 Minuten mehr als 2,8 km schaffe, gehöre ich zur Gruppe V (sehr gut). Ich schätze mich als zu Gruppe III gehörig ein: mäßig. Wenn ich nun in der ersten Trainingswoche fünf mal 1,6 km zurücklege, brauche ich in der 10. Woche bei gleichmäßigem Training nur noch zweimal wöchentlich zu laufen und verdoppele trotzdem meine Leistung und darf in die nächstbessere Gruppe aufsteigen. Ich könnte auch zu Hause laufen. Auf der Stelle, viermal wöchentlich 20 Minuten.

Die ›Gruppe‹, der ich angehöre, besteht nur auf dem Papier. Man läuft allein. Aus dem Einzelgänger wird nun ein Einzelläufer. Die Vereinzelung macht ja vor nichts halt. Schachcomputer waren die beliebtesten Nobel-Geschenke zu Weihnachten. Der Computer ersetzt einen besseren oder einen schlechteren Partner; kein unnützes, ablenkendes Gespräch, aber auch kein Spiel mehr, sondern ein Leistungsspiel. (Nachtrag: Die Schach-Computer wurden inzwischen verbessert, sie sprechen mit ihrem Gegner und stellen sich vor: ›Hier spricht Ihr elektronischer Schachfreund!‹)

Das Arbeitstempo wird gesteigert, damit die Arbeitszeit verkürzt werden kann. Immer raschere Verkehrswege und Verkehrsmittel, damit An- und Abfahrt zum Arbeitsplatz verkürzt werden. Und in dieser eingesparten Zeit sollen wir nun laufen. Wir sind zu seßhaft geworden, man muß uns wieder in Trab bringen. Schließlich handelt es sich um unseren Lebenslauf und nicht um unseren Lebensgang. Schon ein Wort wie ›Ruhesitz‹ will mir nicht gefallen, in einem Zeitalter, in dem man mit Schallgeschwindigkeit fliegen und mit Schnellkochtöpfen Schnellgerichte herstellen kann. Wir werden uns abgewöhnen müssen zu fragen: ›Wie geht's?‹ Wir sagen ja bereits nicht mehr: ›Wie gehen die Geschäfte?‹, sondern: ›Läuft der Laden?‹ In Zukunft werden wir aneinander vorbeirennen und keuchend fragen: ›Wie läuft's denn?‹ Bei der nächsten Begegnung rufen wir uns dann ›fünf mal eins Komma sechs!‹ zu.

Wer lange läuft, lebt lange. Das ist sicher! Aber soll ich denn wirklich um mein Leben rennen?

Bei weiterer Lektüre jenes Buches habe ich nun entdeckt, daß ich 30 Punkte ereichen kann, wenn ich an fünf Tagen in der Woche jeweils 10 Minuten (macht 1,6 km) zurücklege. Aber das tue ich doch immer! Wenn ich zum Einkaufen gehe, sogar unter zusätzlicher Belastung durch meinen Einkaufskorb. Wenn ich zum Briefkasten gehe.

Ich ziehe es vor, Treppen zu steigen und Fahrstühle zu meiden; manchmal zu schwimmen; an Sommerabenden ein Boot zu leihen, um auf der Fulda zu paddeln oder zu rudern; ganz ohne Punkte. Hin und wieder werden wir abends tanzen. Vermutlich werden wir noch in diesem Jahr eine Woche lang im Schwarzwald wandern, fünf Stunden zu fünf km, die Rast am Waldrand nicht inbegriffen, auch nicht der Dämmerschoppen.

Meinen Lebenslauf lasse ich mir nicht vorschreiben, den schreibe ich selbst. Das Buch über Bewegungstraining werde ich weiterschenken.

Die Kunst, nicht ›in‹ zu sein

Was ist das für ein ›in‹, das heute eine so große Rolle spielt? In meinem Wörterbuch aus dem Jahr 1929 findet es sich nicht, könnte allenfalls eine Abwandlung von ›to be in‹ (zu Hause sein) bedeuten, das an ›to be or not to be‹ des Hamlet erinnert und das wir spottend in ›Dabeisein ist alles‹ umgewandelt haben. Damit komme ich wohl dem heute gebräuchlichen In-Sein schon näher.

In dem Schwimmbad, das ich gelegentlich aufsuche, gibt es eine Gegenstromanlage. Wie Fischschwärme drängen sich die Schwimmer davor, strampeln sich ab, einige erreichen triumphierend die Düse, verstopfen sie für Sekunden mit der Hand oder dem Fuß und setzen sie außer Betrieb. Mich treibt der Gegenstrom rasch ab, oft bis an die entgegengesetzte Bassinwand. Meine Widerstandskraft ist nicht groß. Ich schwimme nicht gegen den Strom.

Beim Schreiben hat der die raschen Erfolge, der schreibt,

was gerade ›dran‹ ist, und der im rechten Augenblick politisches Engagement zeigt oder die gerade gefragte ›Arbeitswelt‹ zum Thema nimmt oder Dialektstücke schreibt, die im Augenblick gut ›ankommen‹. Aber es gibt Leser, die nicht lesen wollen, was alle lesen; ihre Zahl ist größer, als man vermutet. Als die CDU zu einer Arbeitstagung mit dem Thema ›Politik und Literatur‹ nach Berlin einlud, sagten die meisten Literaten ab, weil sie meinten, es sich nicht leisten zu können, als ›rechts‹ eingestuft zu werden. Bedeutet denn teilnehmen schon zustimmen?

Ich bewege mich im Niemandsland zwischen den Parteien, aber ich setze manchmal meinen Namen unter einen Aufruf, wenn er mir sozial oder liberal erscheint, in den meisten Fällen sage ich aber: Ich bin ein Schreiber, kein Unterschreiber.

›In‹ oder ›nicht in‹, das ist die Frage. Die Strömung und die Gegenströmung. Ich bin kein Mitmacher, ich bin kein Gegner. Ich gehöre zu jener Generation, die Uniformen tragen mußte; ich trug keine, aber ich kann mich trotzdem keiner Verdienste im Widerstand gegen den Nationalsozialismus rühmen. Damit will ich nicht mehr sagen, als daß es mich überrascht, wenn alles, was jung ist und sich jung gibt, heute Jeans trägt, eine Weltuniform. Jeans sind eine Lebensauffassung, konnte man bei Plenzdorf, dem Autor der ›Neuen Leiden des jungen W.‹, erfahren. Dann müßten alle Jeansträger unbekümmerte, draufgängerische Individualisten sein. Aber die meisten scheinen mit 18 Jahren bereits das Rentenanpassungsgesetz im Kopf zu haben. Die verwegenen Abenteuer finden auf dem Bildschirm und auf der Litfaßsäule bei der Reklame für Camel-Zigaretten statt. Eine Coca-Cola-Welt der fröhlichen Nichtstuer. Meine Generation wurde zu einem Drittel ausgerottet; von der heutigen sagt man, sie sei ›überflüssig‹. Ich wurde – nicht von den Eltern – zu kritikloser Hingabe und

145

Begeisterung für den Staat und die einzige Partei erzogen. Ich war nicht begeistert; ich stand beiseite; vielleicht habe ich meine Begeisterungsfähigkeit gerettet? Die Generation nach mir wurde zu Kritik, Skepsis, Zweifel angehalten gegenüber Eltern, Lehrern, Staat. Immer gegen etwas, nie für etwas. Skepsis statt Begeisterung; Mißtrauen statt Vertrauen; Unmut statt Mut. Und nun wehrt sich diese Generation gegen Leistungsdenken, Konsumzwang, den Bau von Atomkraftwerken. Zumeist Proteste ohne Konsequenz. Denken-Reden-Tun stehen nur selten im Zusammenhang. Jemand, der den Motor seines Autos unnötig laufen läßt, dabei die Luft verschmutzt und Energie verbraucht, aber protestierend nach Gorleben oder Brokdorf zieht, verärgert mich. Ebenso wie jemand, der eine 60-Watt-Birne stundenlang unnötig brennen läßt. Der Verbrauch sei minimal? Und wenn 60 Millionen Einwohner je eine 60-Watt-Birne stundenlang unnötig brennen lassen? Das läßt sich ausrechnen. Aber wir rechnen nicht mit dem Kopf, sondern mit Elektronenrechnern; seither können wir uns nichts mehr vorstellen. Wir machen den Fehler der zu großen Zahl. Zu den wenigen Lehrsätzen, die mir zeitlebens genutzt haben, gehört: ›Danach darf man nicht fragen, ob es sich lohnt!‹ Es ist die Umkehrung des Vielbenutzten: ›Das ist nicht drin.‹

Wenn heute die Rentabilität eines Arbeitsplatzes ausgerechnet wird, wird zugleich die Rentabilität eines Menschen ausgerechnet. Ich halte das für sachlich richtig, aber für unmenschlich. Wenn der taxierte Mensch seinerseits Ansprüche stellt, ist das eine begreifbare Reaktion. Mehr Lohn, mehr Freizeit, Weihnachtsgeld und Krankengeld ... Er will haben, wenn er so wenig Gelegenheit hat zu sein.

Ich frage mich, was ich tun würde, wenn ich noch einmal zwanzig Jahre alt wäre und Entscheidungen treffen müßte. Ich würde es nicht wissen, so wenig wie damals. Von meinem 16. bis zu meinem 24. Lebensjahr nahm mir der Staat die Entscheidungen in Form von ›Führerbefehlen‹ ab. Mit den Berichten über meine 13 Berufe kann ich eine Gesellschaft Abende lang unterhalten und erheitern; zum Lachen war es nicht. Mit 32 Jahren saß ich dann am eigenen Schreibtisch und schrieb meine eigenen Bücher. Seither hatte ich gute und weniger gute und auch schlechte Jahre. Mit Sicherheit und andauerndem Erfolg rechne ich nicht. Krankheit, Alter, Schreibunfähigkeit beziehe ich in meine Pläne ein; der Rest ist Gottvertrauen, ohne das es nicht geht. Ich zahle die Jahresprämien für Brandversicherung und Unfallversicherung, gegen die kleineren Schäden verwahre ich mich; Weihnachtsgeld und Urlaubsgeld habe ich nie kennengelernt, das Rentenanpassungsgesetz betrifft mich nicht.

Ich stelle keine Ansprüche an diesen Staat, ich bitte mir nur aus, daß er mich in Ruhe läßt. Wenn ich sage, ›ich bin unabhängig‹, meine ich damit, daß ich weitgehend unabhängig von Ansprüchen bin. Ich leiste es mir, kein Auto zu fahren, leiste es mir, in einem kleinen unscheinbaren Haus zu leben und in den Ferien – den Rucksack auf dem Rücken – zu wandern. Ich lebe ohne Tiefkühltruhe, ich trage keine Jeans, ich trage keinen Nerz. Ich bin eher kenntlich an dem, was ich nicht besitze, als an dem, was ich besitze.

Vor kurzem hat mir ein siebzigjähriger Freund geschrieben: ›Ich habe nie etwas gewagt und nie etwas gewonnen.‹ Jetzt ist er tot.

Wäre ich zwanzig Jahre alt, wäre mir, vermutlich, das Rentenanpassungsgesetz unbekannt. Ich hoffe, daß ich keine Aufstiegschancen im Sinn hätte, aber mich für eine wichtige und große Idee begeistern ließe. Daß jemand mich liebte, der nicht in den Krieg ziehen müßte, sondern auf Zeit oder Ewigkeit, gebunden oder ungebunden, mit mir leben und durch die Welt reisen möchte. Ich würde weniger Angst haben wollen als damals.

Rosenmontag am Rhein

Düsseldorf: Zwei Luftballons schwammen auf dem Rhein; die eine Welle holte sie vom Ufer weg, die nächste warf sie zurück. Wer würde da siegen? Die Erde? Das Wasser? Aber sie wollten doch in die Luft steigen!

Bekannte hatten mir einen Fensterplatz in ihrem Erkerzimmer reserviert, am Markt. Als ich die Treppe zur Wohnung hinaufgehe, kommt mir ein ›Jeck‹ entgegen, hält mich an beiden Armen fest. ›Du kommst nicht durch, wenn du nicht lachst!‹ Lächeln genügte ihm nicht, lachen mußte ich.

Immer neue, immer andere Gäste kamen, aßen Bohnensuppe, tranken Altbier, es gab saure Gurken, Landbrot. Die Bierkästen leerten sich, Schnaps trank keiner, auch auf der Straße nicht. Man aß und trank, was man mitgebracht hatte. Die Geschäfte geschlossen, die Schaufenster mit Brettern vernagelt.

›Der Zoch kütt!‹ In Düsseldorf bin ich lange Jahre zu Hause gewesen. Wie viele Karnevalsfeste! Diesmal dient die Ölkrise als Motto für den Karnevalszug. Fahrräder, Karren, Tandems, Pferdekutschen. Immer neue Musikkapellen, immer andere Uniformen, Mädchenbeine in weißen Stiefeln. Es wird auf der Straße getanzt, die Polizisten bekommen ihr ›Bützchen‹. Kamellen werden hochgeworfen, auch zu unserm Erker, zwei davon fange ich auf, stecke sie in die Tasche, entdecke sie nach Wochen. Ich habe ein Alibi: Ich war zum Karneval am Rhein.

Unmittelbar hinter dem Zug fahren die Sprengwagen und die Kehrmaschinen her. Konfetti, Luftschlangen, Bierdosen, Pappteller, alles schwimmt im Kehricht. Was eben noch bunt und festlich war, wirkt nach Minuten wie Abfall.

Nachts gehen wir unbehelligt auf der Rheinpromenade spazieren. Die Brücken sind angestrahlt, die Mondsichel und die Venus stehen in schöner Konstellation zueinander. Die vertraute Silhouette der Stadt, die sich im Fluß spiegelt.

Am Dienstag morgen, als ich zum Bahnhof fuhr, war es still in den Straßen, war alles vorbei. Damals hatten wir noch gesungen: Am Aschermittwoch ist alles vorbei.

Niemand schwimmt zweimal im selben Fluß.

Ich habe erfahren, was ich doch hätte wissen müssen: Ich bin kein Zuschauer, bin ungeeignet für Erkerplätze. Im Theater, im Museum, beim Karneval – immer möchte ich mitmachen, möchte die Bilder selber gemalt haben, möchte die Theaterstücke geschrieben haben, möchte mit im Karnevalszug gehen. ›Zuschau'n mag i net.‹ Operette.

Einfaches Leben

Vor einigen Wochen waren wir morgens wegen eines Wasserrohrbruchs unvorbereitet ohne Wasser. Wir putzten uns die Zähne mit Mineralwasser, kochten auch den Tee mit Mineralwasser, gingen dann mit Eimern zum Hydranten, der sich zweihundert Meter von unserem Haus entfernt befindet, trugen das Wasser nach Hause, telefonierten schließlich mit Freunden, bei denen das Wasser ungehindert aus den Hähnen lief, und fuhren zu ihnen.

Schlimmer ist es, wenn der Strom ausfällt. Durch Absperrung wird uns das ab und zu spürbar gemacht. Die Heizkörper kühlen ab, der Kühlschrank taut auf, nicht einmal Tee-Kochen ist möglich. An der Haustür bringt man ein Schild an: ›Bitte klopfen!‹ Ich hole die alte Schreibmaschine aus dem Keller, weil die elektrische ausfällt. Kein Rundfunk. Kein Fernsehen. Die Aufzählung ließe sich leicht verlängern. Wir werden immer abhängiger vom Funktionieren unserer technischen Errungenschaften. Bequemlichkeit hat ihren Preis. Man spricht von ›Anfälligkeit einer hochzivilisierten Gesellschaft‹. Die Vorstellung, in einem Fahrstuhl oder einer U-Bahn bei Stromausfall gefangen zu sein, ängstigt mich.

Bisweilen befreien wir uns von unserer zivilisatorischen Abhängigkeit, um eine Weile ein einfaches Leben zu führen. Manchmal in Schweden, in einer ehemaligen Mühle, ohne Strom, ohne Wasser, ohne Telefon, aber mit einem großen, aus Lehm gebauten Herd, Brunnen, Petroleumlampe, einer Gitarre an der Wand, Fahrräder. Dort gehen wir nicht spazieren, um an die frische Luft zu kommen, sondern um Beeren, Pilze und Kienäpfel zu suchen. Wir fahren nicht Rad, um uns Bewegung zu verschaffen, sondern um Eier und Milch beim Bauern zu holen. Kein Kaminfeuer der Stimmung wegen, sondern Herdfeuer zum Kochen. Wir waschen uns im Mühlenteich. Wir hacken Holz und fegen Stube und Küche. Wir fühlen uns frei und unabhängig von allen unnötigen Bedürfnissen. Zum Schreiben bleibt wenig Zeit.

Ein anderes Mal fahren wir auf eine südliche Insel, wo wir das Wasser aus der Zisterne schöpfen oder darauf warten, daß Pavlos, der Wassermann, uns die Amphoren füllt. Ein zweiflammiger Propangaskocher, zwei Töpfe, ein Sieb und eine Pfanne. Die Fische kaufen wir beim Fischer, das Brot beim Bäcker, wo wir nicht unter vierunddreißig

Brotsorten wählen, sondern nur diese eine einzige Sorte, am Morgen gebacken. Wir sammeln Gewürze, wenn wir durch die Macchia gehen, Rosmarin, Oregano, Lorbeer. Wir kaufen auf dem kleinen Markt Obst und Gemüse, je nach der Jahreszeit. In dem einzigen Restaurant essen wir nicht à la carte, sondern ›was gibt‹. Fisch oder Fleisch. Eine Gemüsesuppe. Gefüllte Paprikaschoten. Wir wählen nicht unter mehreren Weinsorten, sondern zwischen weiß und rot. Der Wein schmeckt uns gut, wir sind durstig, der weiße könnte bisweilen etwas kühler sein.

Was für eine bekömmliche Vereinfachung des Lebens! Abends singen am Hafen ein paar Mädchen slawische oder romanische Lieder. Den Text verstehen wir nicht, das Programm ist klein und wiederholt sich. Wir summen auf dem Heimweg die Melodien. Der Sonnenuntergang ist unser einziges, immer wechselndes, immer bewundertes Abendprogramm; dazu Mond und Sterne, die Lichter der Fischerboote auf dem Meer.

Haben sie es nicht gut, diese einfachen Leute? Sie fahren aufs Meer zum Fischen, ein wenig Feldarbeit, ein wenig Hausarbeit, ein paar Touristen. Abends rücken die Frauen einen Stuhl vors Haus und schwätzen miteinander; die Männer schwätzen auf der Piazza miteinander. Wenn der Wind kalt weht, schlagen die Männer den Rockkragen hoch, und die Frauen wickeln sich in Plaids. Wir reden lange über die Abhängigkeit der Reichen und die Unabhängigkeit der Armen, eines meiner Lieblingsthemen. Zum Schreiben genügen mir in diesen Wochen ein Bleistift und ein Notizblock, viel fällt mir sowieso nicht ein; die Lebensführung kostet viel Zeit, auch viel Energie. Und eines Tages entdecken wir schwarze eklige Tierchen im Wasser. Vom Fahrrad springt die Kette ab. Ich bekomme das Herdfeuer nicht zum Brennen. Essen, ›was gibt‹, sind wir leid. Wir verlangen nach einer frischen Morgenzeitung. Frischer Toast und Graubrot und Schwarzbrot und Pumpernickel! Ein Hornkonzert aus dem Radio!

Wenn es so weit mit uns gekommen ist, dann wird es Zeit abzureisen.

Und wenn wir dann – ein Jahr später – wiederkommen, in diese Mühle in Småland oder das Sommerhäuschen in Dalarna oder zu Tonći auf der Insel Sveti Klement, dann finden wir eine Dusche vor, im nächsten Jahr einen Kühlschrank, und ein Jahr später –.

Bei Gewitter fällt das dann alles aus: der Kühlschrank, der Elektroherd, das Radio, es ist dann fast wie zu Hause, und wir müssen uns nach einer anderen Insel umsehen. Noch haben wir sie für dieses Jahr nicht gefunden, noch genießen wir die Vorzüge einer Erdgasheizung, des Kühlschranks, des Toasters, der elektrischen Schreibmaschine. Aber es ist ja auch noch nicht Sommer …

›… und mein Leben ein Ziel hat‹

Alles wiederholt sich, diesmal liegst du C 3; das erste Zimmer rechts, wenn man aus dem Fahrstuhl kommt.

Jemand sagt: ›Er liegt in Nummer 257. Zwei und fünf sind sieben. Zweimal die Sieben!‹ Als wir deine Utensilien in die Nachttischschubladen räumten, saß auf deinem Kopfkissen ein Marienkäfer. Im Dezember! Er flog uns als Glückskäfer davon. Eine Freundin schickte dir vierblättrigen Klee, er wuchs, trieb immer neue Blätter; ich weiß, wie leicht er welkt und eingeht. Ich hätte es nicht riskiert, dir Glücksklee mitzubringen, diesmal nicht. Ich bin nicht abergläubisch. Aber jedes dieser kleinen Zeichen freute mich.

Man hat ihn mir enteignet; für nichts mehr zuständig, nicht für die glattgezogenen Laken, die Bekömmlichkeit des Essens, das gelüftete Zimmer, die Wäsche. Ein Teil des Darms muß entfernt werden. Man hat dich vor der Operation fünf Tage und fünf Nächte lang gereinigt; erst noch Astronautenkost, dann künstliche Ernährung, bis du ganz ›rein‹ warst. Reinen Herzens! Reinen Gewissens! Wir lachten noch manchmal. Du wurdest immer durchscheinender, vergeistigter. Was zu sagen war, war gesagt: Ich bin nicht mit einundzwanzig Jahren im Krieg gefallen. Ich habe nahezu sechzig Jahre lang gelebt, und oft habe ich gern gelebt. Wir hatten fünfzehn gute Jahre miteinander.

Die Todesfurcht wird geringer, je näher man dem Tod ist.

Wenn es dämmrig wurde, zündete ich Kerzen an. Bevor ich ging, stellte ich die Blumen auf den Gang. Und ich strickte, strickte um dein Leben, daß der Faden nicht riß, wie eine Norne saß ich stumm neben deinem Bett. Manchmal suchte mich dein Blick, fand mich, ruhte auf mir. Erst Tage nach der Operation konntest du ein wenig lächeln.

Wir haben ein neues Datum: vorher – nachher.

In der Heiligen Nacht blies ein Mann auf dem Flur Posaune. Daß er falsch spielte, rührte ans Herz. ›... zwei Engel sind hereingetreten, kein Auge hat sie kommen seh'n ...‹ Alles stand mir wieder vor Augen: das Pfarrhaus, die Kirche, meine Mutter, die das Krippenspiel einstudiert hatte, die Engelsflügel, die in den alten Futterkästen auf dem Dachboden aufbewahrt wurden. Ich sang Choräle für dich und für mich. Oft wußte ich nicht, ob du schliefst oder wach warst. Dein Körper war mir an keiner Stelle zugänglich, Kanüle, Schläuche, Behälter, die anzurühren ich mich fürchtete. Ich legte meine Hand auf deinen linken Fuß, die Gummistrümpfe (drohender Thrombose wegen) ließen die Zehen frei. Alles war technisch und künstlich geregelt. Einmal bist du nachts, von Schmerzmitteln betäubt, aufgestanden, hast dich von all den Schläuchen losgerissen, aber dann doch die rettende Klingel gefunden. Von da an zeichnete ein Monitor deinen Herzschlag auf.

Oft bin ich den weiten Weg nach Hause zu Fuß gegangen, aus Furcht, jemand könnte mich in der Straßenbahn anreden. Ich sang vor mich hin, das tue ich oft, aber noch nie hatte ich jene Stelle aus dem ›Deutschen Requiem‹ von Brahms gesungen, die du damals, als wir uns noch wenig kannten, oft gesungen hast: ›Herr, lehre doch mich, daß es ein Ende mit mir haben muß, und mein Leben ein Ziel hat, und ich davon muß.‹

Zu Hause blieb die Weihnachtspost und die Neujahrspost ungeöffnet liegen, manchmal riß ich Briefumschläge auf, las dann doch nicht, wußte schließlich nicht mehr, wer mir was geschickt hatte, dieses Psalm-Wort zum Beispiel: ›Du tust kund den Weg zum Leben: vor dir ist Freude die Fülle und liebliches Wesen zu deiner Rechten ewiglich.‹ Wie hätte ich das nicht als ein weiteres Zeichen nehmen sollen!

Ich habe in diesen Wochen eine neue Erfahrung gemacht. Es ist besser, wenn man zwei Lasten zu tragen hat als nur eine, die mich zu Boden gezogen hätte. Ich trug an zwei Lasten. Ich stamme vom Lande, immer hängen zwei Eimer am Joch, und je ruhiger man geht, desto weniger Wasser schwappt über. Ich schrieb einer Verwandten, deren Mann ebenfalls krank lag: ›Jede ernste Krankheit ist eine Lektion im Sterben, auch für den, der am Bettrand liegt.‹ ›Liegt‹, ich hatte liegt geschrieben und nicht sitzt, sie sagte es mir am Telefon. Ich war sterbensmüde, schlief wenig.

Ich trat auf die Minute pünktlich in sein Zimmer, ich ging pünktlich wieder. Er brauchte dieses ruhige Gleichmaß. Sein Zimmer füllte sich mit Blumen. Wenn ich kam, standen alle Sträuße nebeneinander auf einem einzigen Tisch, und es sah nach Aufbahrung aus; dann verteilte ich die Sträuße in dem großen Raum, in dem sonst zwei Betten stehen; dem alten Quindt ist es zu danken, daß du allein liegen konntest, er übernimmt die Kosten. Q. z. a.

Eine Leserin hat mir als Weihnachtsgabe ein Heft geschickt, in das sie die Quindt-Essenzen des alten Quindt und die Maximen der Maximiliane Quint eingetragen hat. Ich lese dir daraus vor, und wir kehren zusammen nach Poenichen zurück, in eine uns beiden vertraute Welt, in der nichts Unvorhergesehenes mehr passieren kann.

Wir haben nie darüber gesprochen, nur damit du es weißt: Kein Zinksarg! Keine Eiche, nichts Stabiles. Etwas, das rasch zerfällt. ›Vom Fleisch fallen‹, sagt man in meinem Dorf. Leicht werden, dann könnte man mich in einen Sarg legen, aus Reisstroh geflochten wie die leichten Koffer, mit denen meine Eltern gereist sind.

Dreimal am Tag, auch an den Weihnachtstagen, Silvester, Neujahr, kam der Chefarzt, der dich operiert hat; dann verließ ich das Zimmer wie ein Besucher. Ein fester Händedruck und ein fester Satz für die Ehefrau. In der Heiligen Nacht hat er dir die Magensonde, die durch die Nase führte und die dich am meisten quälte, eigenhändig entfernt. Ich habe weder aus meiner Bewunderung noch aus meiner Dankbarkeit ein Hehl gemacht; die Freunde, denen ich von der Kunst des Arztes berichtete, vermuten, daß ich nun den Roman eines Chirurgen schreiben werde. An einem der Weihnachtstage wurde im Radio die ›Walküre‹ übertragen, Freunde hatten dir das mitgeteilt. Du sagst: ›Lieber lasse ich mich noch einmal operieren!‹ Zwei Tage später sagst du: ›Entschuldige mich bei ihnen und bei Wagner!‹ Plötzlich, als ich noch nicht damit gerechnet hatte, läßt man dich aufstehen, löst die Kanüle, stöpselt sie ab. Du stehst auf eigenen Beinen! Dann gehen wir eines Tages auf dem Klinikflur hin und zurück, dann zweimal, dann empfängst du mich im Sessel sitzend und sagst: ›Ich bin nun nicht mehr mit dem »Roten Kreuz« verbunden!‹ Keine Zuleitungen mehr, keine Ableitungen mehr. Du bekommst zu trinken; dann ein Hafersüppchen. Das Lob gilt von nun an nicht mehr dem Arzt, sondern dem Patienten. Die langen Wollstrümpfe, für unsere Wanderungen vorgesehen, sind fertig, sie sind ungleich geraten, aber durch kleine rote Kreuze, die ich an den Rand gestickt habe, als zusammengehörig kenntlich.

Du erzählst mir vom Schicksal des Krankenpflegers, der aus Rumänien stammt, ›Siebenbürgen‹, wie er noch immer sagt, aus Hermannstadt, das ich als Sibiu kenne. Vor sieben Jahren ist er nach Deutschland gekommen; in ›der alten Heimat‹ hatten seine Eltern eine eigene Molkerei, die enteignet worden ist. Zuerst hat er als Aushilfskraft in einem Krankenhaus gearbeitet, dann hat er sich zum Krankenpfleger ausbilden lassen. Er ist froh über seinen Beruf, und die, die er pflegt, können auch froh sein. Eine der Frauen, die das Zimmer saubermachen, stammt aus der Ukraine, sie hat einen Letten geheiratet und ist vor kurzem als Spätaussiedlerin mit ihren beiden Kindern nach Deutschland gekommen, er, der Lette, ist dort geblieben. Einer der Ärzte ist Syrer. Ganz andere Menschen stehen dir jetzt nahe. Ein Stockwerk höher befindet sich der Landeplatz des Hubschraubers, der die Verletzten abliefert, das Geräusch, das du zunächst nur als Störung empfunden hast, erschreckt dich jetzt, du denkst wieder an andere, die eingeliefert und in den Operationssaal gebracht werden.

Dann hole ich dich nach Hause. Alles zum ersten Mal. Zum ersten Mal wieder Schuhe an den Füßen! Zum ersten Mal wieder feste Nahrung. Zum ersten Mal bis an den

Briefkasten. Der erste Schluck Wein. Du hörst Musik, du liest, du telefonierst, und du schreibst.

›Schonen‹ heißt die neue Lebensform. Kontrolluntersuchungen unser Zeitmaß.

Wir werden beide auf neue Weise lebendig, angefüllt mit Leben, jetzt, wo es bedroht ist, rücken wir näher zusammen, einer gibt dem anderen Kraft.

Jo Hebsaker, der Jugendbuchverleger, empfiehlt Tucholsky als Bettlektüre. »›Der Zerstreute«. Kennen Sie das?‹ fragt er. ›Ein mehrfach Operierter erzählt, wo seine Organteile in den verschiedensten Kliniken geblieben seien. Gott fragt ihn: »Und wo ist dein Humor geblieben?« Ich vermute, daß man den Herrn Pummerer nicht danach wird fragen müssen. Mit anderen Worten: Das Lachen wird ihm doch nicht vergangen sein?‹

Das Haus lebt wieder, ich lebe wieder. Vorhin konnte man uns durchs Viertel gehen sehen, wir kamen vom Weinhändler, jeder eine Flasche Rotwein unterm Arm.

Ein Sonntagsberuf

Mein Vater stand am Sonntagmorgen um halb acht vor den Betten seiner Töchter und sagte: ›Ihr werdet euch noch um euren ganzen Verstand schlafen!‹ Diese Besorgnis wirkt bis heute: Es wäre mir leid um jeden Morgen, den ich verschlafe.

Hohe Anforderungen an das Wetter darf man hierzulande nicht stellen, aber wenn ein Morgen im Mai gerät, dann kann er sich sehen lassen. Im Gärtchen blüht der Flieder, blüht der Goldregen hoch überm Dach. Wir stellen den Frühstückstisch unter den blühenden Kirschbaum.

Die Nachbarn sind bereits am Samstag dorthin gefahren, wo es ihrer Meinung nach schöner ist; sie nutzen das arbeitsfreie Wochenende. Vogelgesang, Glockengeläut und durchs offene Fenster ein Hornkonzert. Keine Morgenzeitung und darum auch keine Flugzeugkatastrophe zu Toast und weichem Ei. Keine Bilder von hungernden Kindern in Kambodscha, wenn wir den Honig auf die Butter träufeln. Was man nicht vor Augen hat, vergißt und verdrängt sich leichter. ›Sieh an, die Bienen! So früh schon bei der Arbeit!‹

Wann Sonntag ist, bestimmen wir. Unsere Freiheit auskostend, setzen wir uns an die Schreibtische und begeben uns für einige Stunden auf die Schauplätze unserer Bücher. Kein Briefträger. Kein Paketbote. Kein Telefon. Niemand klingelt an der Haustür und will die Messer des Rasenmähers schleifen. Erst nach dem Mittagessen kommen die Anrufe: ›Wollen wir ein Boot mieten und auf der Fulda rudern?‹ – ›Was haltet ihr von einem Picknick auf dem Dörnberg?‹ – ›Im Park Wilhelmshöhe blüht der Rhododendron!‹ – ›Schloß Wilhelmsthal?‹ – ›Schlößchen Schönfeld?‹ – ›Kommt ihr mit in die Oper? Don Carlos!‹

Es fehlt uns nicht an Natur und nicht an Kultur, auch nicht an Freunden, die beides mit uns teilen möchten. Für diesmal entscheiden wir uns für eine Wanderung im Kaufunger Wald. Wir sind Beifahrer, eine aussterbende Menschenart, gehegt und verwöhnt, zur Mitfahrt eingeladen.

Unter den maigrünen Buchen blüht der Waldmeister! Ein Specht! Niemand begegnet uns. Keine anstrengenden Steigungen. Berg und Tal gehen sanft ineinander über. Die Landschaft ist hessisch-harmlos.

Angenehm ermüdet, kehren wir rechtzeitig zum Sonnenuntergang zurück: das dauert Stunden! In wärmende Plaids gehüllt, sitzen wir auf der Terrasse der Freunde, essen trockene nordhessische Wurst, trinken trockenen südhessischen Wein. Die Sonne verschwindet hinterm Ha-

bichtswald; der Herkules, Kassels Wahrzeichen, erstrahlt
im rötlichen Licht; wenig später erstrahlt er in grünem
künstlichen Licht. Nebel steigen auf, Dunkelheit senkt sich
herab, nur über der Stadt schimmert der Himmel hell.

Unser Freund blickt auf die Uhr. Er muß am nächsten
Morgen früh aufstehen, um in seinen Betrieb zu fahren.
›Ihr habt es gut!‹ sagt er.

Er hat recht! Wir haben einen Sonntagsberuf. Wir tun
alltags, was andere Leute sonntags tun: lesen, schreiben.
Der Theaterbesuch und das Stück im Fernsehen gehört
zum Alltag, und wenn wir durch den Maienwald wandern,
schreiben wir anschließend darüber ...

Innere und äußere Werte

Nachts. Ich werde wach und habe Schluckbeschwerden,
suche nach Pastillen, wickle einen Schal um den Hals und
sehe voraus, was unweigerlich kommen wird: eine Hals-
entzündung, fiebrig vermutlich. Noch hat der Bazillus –
oder ein Virus – sich nicht entschieden, welchen Weg er
nehmen wird – in die Bronchien, in die Stirnhöhle? Von
wem stammt er überhaupt? Am Tag zuvor hat unser Arzt
in meinen Hals geguckt, sich die ganze Person von Kopf
bis Fuß angesehen und gesagt: »Ihre Werte sind gut.« Ihre
›inneren Werte‹ sagt er. »Körperlich sind Sie in Ordnung.
Wie es geistig steht, kann ich nicht beurteilen.« Unser
Umgangston ist locker, er hat von der Stirnhöhlenvereite-
rung seiner Frau gesprochen, er kam gerade erst von zu
Hause, daher also, auf dem Umweg über den Arzt! Ich
werde inhalieren, mit Rotlicht bestrahlen, werde einen
entstellenden Schnupfen bekommen, ich werde diesen

Orden nicht persönlich in Empfang nehmen, was mir gar nicht so unlieb wäre. Und dann der Husten! Wieder werde ich wochenlang husten, mir ständig die Hände waschen, die Türklinke desinfizieren, Kühner nicht anrühren, trotzdem werde ich ihn anstecken, und dann verdoppelt sich alles, seine Lunge ist angegriffen. Emboliegefahr ... Gegen Morgen liefere ich ihn bereits in der Klinik ein ... Dann wird es hell. Ich koche Tee, trinke den ersten Schluck, die Schluckbeschwerden hören auf, ich erzähle diese lange imaginäre Krankengeschichte am Frühstückstisch.

Bäume haben immer recht

Die Glyzinie des Nachbarn geht in diesem Mai ein zärtliches Verhältnis zu unserer Schwarzwaldfichte ein; blaßlila schaukeln sich die Blütentrauben hoch oben in den Zweigen. Als wir vor langer Zeit einmal im Schwarzwald wanderten, hast du dich an jene Tannen erinnert, unter denen dein Bettkasten stand, und hast vom Rauschen der Schwarzwaldtannen erzählt, das tief in deine Kinderseele eingedrungen sei. »Ein Tag zum Bäumeausreißen«, sagtest du, bücktest dich, zogst einen handspannengroßen Schößling aus der moosigen Erde, was nicht beabsichtigt war. »Nun nimm ihn auch mit«, verlangte ich, und wir hüllten feuchtes Moos um die Wurzeln, pflanzten ihn Tage später irgendwo in unser Gärtchen, etwas achtlos, viel Platz beanspruchte er nicht, er wuchs langsam, aber jährlich um das Doppelte. Natürlich paßte er nicht in den Garten, hier paßt ja nichts, lauter Liebhabereien, Zufälligkeiten. Am Ende ist daraus aber ein Paradiesgärtlein geworden. In unseren Augen. Diese Fichte, die wir jahrelang mit ›Tanne‹

anredeten, fühlt sich wohl in Hessen, macht sich breit, will zeigen, was eine Schwarzwaldtanne ist, drängt links den Feuerdorn und rechts die japanische Kirsche beiseite, im Frühling und Sommer sitzt unsere Amsel auf den höchsten Zweigen und schmettert Morgen- und Abendlieder. Sie wirft Schatten auf die Rosen, die wir doch auch lieben, und deshalb nehme ich ihr im Herbst ein paar der unteren Zweige weg, mit denen sie im Winter die Rosen schützt, denen sie im Sommer schadet. Inzwischen ist sie zwanzigjährig und in Lebensgefahr, sie verdunkelt unsere Arbeitszimmer zu allen Jahreszeiten, man kann sie nicht lichten wie einen Laubbaum. Nach dem letzten heißen Sommer wird sie von unten her trocken. Wie Reisig. Wir stellen Mängel an ihr fest, um die Trennung vorzubereiten. Wir meinten, daß sie für eine Baumlänge bei uns bleiben würde, an Fällen hatten wir nie gedacht. Noch ist das letzte Wort nicht gesprochen. Vielleicht erweist sie sich als die stärkere? Bäume haben immer recht! Der alte Quindt hat mir seine Ansichten über Bäume vererbt.

Nachtrag: An einem frostklaren Dezembertag wurde der Baum sachkundig gefällt. Das obere Drittel stand als Lichterbaum, mit vielen Tannenzapfen behangen, auf der Terrasse. Wochenlang erleuchtete er die Gärten, leuchtete in unser Haus, ein Rotkehlchen hat den Umzug mitgemacht. Was für ein festliches Ende!

Die Schlafmaschine

Lange Sitzungen bei einem namhaften Göttinger Neurologen. Institut für Psychosomatik. Ein weiterer Versuch, die Ursache meiner Schlafstörungen zu finden. Er fragt:

›Wovor haben Sie Angst?‹ Ich zähle rasch auf: ›Vor Hunden, Gewittern, Krieg, völliger Dunkelheit.‹ Er fragt: ›Haben Sie vielleicht Angst vorm Schlaf?‹ Ich verfolge seine unausgesprochenen Vermutungen. Schlaf, der kleine Bruder des Todes. Urangst und Urvertrauen liegen nahe beieinander.

Er macht Assoziationsspiele. ›Stellen Sie sich vor!‹ Und ich berichte, was ich mir vorstelle: ›Die Waldwiese mit dem Bach, den Sumpfdotterblumen …‹ Zwischendurch sage ich: ›Das tue ich doch immer, mir etwas vorstellen, das ist mein Geschäft, und wo der Bach als Rinnsal im Wald verschwindet, beginnt das Dickicht.‹ Ich sehe ihn an, ich lache.

Er hat ein ›feed-back-Gerät‹ entwickelt, das ich ›die Schlafmaschine‹ nenne. Eine Art Maske, die über das Gesicht gestülpt wird. Mein Atem bewirkt Lichtreflexe und Töne. Das ist überraschend und entzückt mich; daß die Töne, die ich erzeuge, eintönig sind, kränkt mich. Je schwächer ich atme, desto leiser werden die Töne, desto schwächer auch das Licht. Die Wirkung bleibt bei mir aus. Das Gerät erinnert mich zu sehr an die Gasmaske, die ich zu Übungszwecken tragen mußte, als ich während des Krieges Angehörige der deutschen Wehrmacht im Zivildienst war. Ich bleibe schlafgestört mein Leben lang. Ich empfinde es als eine Form höherer Strafe. Aber wofür?

Frühstück am Sonntagmorgen

Wieder ein Sommer vorbei! Wer nicht am Mittelmeer ein paar Wochen Urlaub vom deutschen Sommer nehmen konnte, fühlt sich betrogen. Es fehlt uns an Sonnenenergie.

So wenige warme Abende, die man auf dem Balkon oder im Garten verbringen konnte; wie viele sorgfältig geplante Ausflüge verregnet. Nur die Immerzufriedenen sagen: Aber der Grundwasserspiegel ist gestiegen! Den Wäldern wird der Regen gutgetan haben! Der Herbst kann ja noch schön werden!

Mit der Landwirtschaft oder dem Weinbau hat man nichts zu tun; wird das Korn in der Bundesrepublik knapp, wird man es aus Kanada beziehen.

Von der Bahn aus habe ich viel Lagerfrucht gesehen. Roggen, der auf dem Halm schwarz geworden ist, verdorbenes Heu, das noch auf den Reitern hing. Ich stamme vom Lande, ich weiß, daß ein Landwirt nicht an Subventionen, sondern an die schlechte Ernte denkt, an die Kartoffeln, die bei Regenwetter geerntet werden mußten, die sich nicht lagern lassen. Aber wir Verbraucher werden ausreichend Kartoffeln aus anderen Ländern zu essen bekommen, wir können ganz beruhigt sein.

Es ist Sonntagmorgen, wir sitzen beim Frühstück, der Tisch sieht aus wie ein Weltmarkt im kleinen. Der Käse aus der Schweiz, der Fruchtsaft vermutlich aus Kalifornien, das Knäckebrot aus Schweden, der Tee aus Ceylon, der Honig aus Polen. Wir erinnern uns an den Marktplatz von Dramburg, heute Drawsko, von dort haben wir uns einmal Honig mitgebracht: Honig von pommerschen Rapsfeldern, die damals in Blüte standen. Die Salami stammt aus Jugoslawien; seit wir wissen, daß sich dort nur wenige Salami leisten können – sie muß in reiche westliche Länder exportiert werden –, essen wir sie mit schlechtem Gewissen. Aber die Marmelade habe ich selbst gekocht! Sauerkirschen aus dem eigenen Garten, ein Schuß Jamaika-Rum hat der Konfitüre gutgetan, wir erinnern uns, wie schön der Baum im Mai geblüht hat, ein großer Blütenstrauß unmittelbar vor dem Fenster. Frische Landeier unmittelbar vom Erzeuger, die Bauersfrau backt Hefekuchen, den uns ihr Mann dann verkauft. Aber der Gedanke, wem wir das alles wegessen, was auf unserem Tisch steht, verdunkelt den ohnehin trüben Morgen. Trotz unseres selbstverordneten Energiesparprogramms haben wir die Heizung eingeschaltet. Nun läuten auch noch die Glocken! In der Karlsaue beginnt gleich der Gottesdienst; aber es ist zu naß, es ist zu kalt ...

Haben wir nicht selber lange genug gefroren und gehungert? Erinnere dich, wie wir Ähren stoppeln mußten! Wie wir Bucheckern gesammelt haben, an eiskalten Oktobertagen! Sirup aufs trockene Brot! Du warst in russischen Gefangenenlagern! Aber was zählt der Hunger, den man vor dreißig und mehr Jahren gelitten hat? Heute sind wir satt und übersättigt, wünschen uns oft so einen richtigen Hunger von damals.

Dieser letzte Augustsonntagmorgen vor dem reichgedeckten Tisch öffnet die Augen und macht das Herz weit.

Unwetterschäden und Mißernten, Bevölkerungsüberschuß. Anderswo bedeutet das noch Entbehrungen und Hunger. Stand nicht gestern erst wieder eine Kontonummer für ein Hilfsprogramm in der Zeitung? Flüchtlingselend hier und dort. Mein Überschwang schrumpft zu einem Überweisungsauftrag an die Bank zusammen; ich muß darauf achten, daß ich eine Spendenquittung fürs Finanzamt bekomme. In der DDR sollen Lebensmittel wieder knapp sein, ich werde ein paar Pakete schicken, um mein schlechtes Gewissen zu besänftigen, das tue ich seit Jahrzehnten, gewohnheitsgemäß, und gewohnheitsmäßig dankt man mir. Geber und Nehmer sind ein wenig müde geworden.

›Gedenke der Quelle, wenn du trinkst!‹ sagen die Chinesen. Unser Wasser kommt aus dem Niestetal, vermuten wir, wir wandern oft im Kaufunger Wald. Dort wird es bald nach Kartoffelfeuern riechen, Kinder werden auf den abgeernteten Feldern ihre Drachen steigen lassen. Ein Sommer ist vorbei. Wie viele noch? ›Gedenke der Quelle‹ – sagen die Chinesen und ermahnen zur Dankbarkeit. Aber: Wohin fließt das Wasser? Zu welchem Ende hin gehen wir?

Das Wunder von Bethlehem, hessisch

Ein Adventsonntag. Wir fuhren zum Ludwigstein, einer Burg im Tal der Werra; unsere Ausflugsziele liegen oft nahe der deutsch-deutschen Grenze. Der Tag war trübe, Rauhreif hing auch am Nachmittag noch an den Dornen der Hecken. Glasbläser, Töpfer, Buchbinder bei der Arbeit, man konnte betrachten, man konnte aber auch einkaufen: schönes Kunsthandwerk. Es duftete nach Glühwein und Stolle und Kaffee; weihnachtliche Flötenmusik. Eltern und Kinder drängten sich in jenem Teil der Burg, in dem Weihnachtskrippen ausgestellt waren. Im Burghof konnte man das Wunder von Bethlehem live sehen. Man hatte einen Stall aufgebaut, Ballen von Heu und Stroh gestapelt, es fehlte nicht der Esel und nicht das Wollschaf. Maria und Joseph in altdeutscher Tracht, sie jung und hübsch, und auch er jung, aber gebeugt vom Alter, mit Bart und mit Stecken. Nur das Christuskind, das in einer Krippe auf Heu und auf Stroh lag, das war aus Celluloid, aber lebensgroß und nackt. Nach einiger Zeit wurde es Maria und Joseph zu kalt, vielleicht auch zu langweilig, sie verließen den Stall und den Esel und das Schaf und ihr neugeborenes Celluloidkind, um sich aufzuwärmen und Glühwein zu trinken. Ersatzeltern gab es nicht. Und jetzt belebte sich der Stall! Kinder streichelten zaghaft den Esel und beherzter das Schaf, und dann fütterten sie die Tiere. Sie zerrten Büschel von Heu und Stroh aus der Krippe und steckten sie den Tieren zu. Das Schaf blökte, es war wirklich alles ganz wie im Leben, live. Wir hatten ein paar Weihnachtseinkäufe gemacht und kehrten über den Burghof zurück, Maria und Joseph fehlten noch immer, aber auch die Kinder hatten sich entfernt, die Tiere waren satt, und das Celluloidkind hatte keinen Halm Stroh mehr unter sich liegen.

Es war dunkel geworden, der Abendstern stand am Himmel, eine klare Frostnacht, wir blickten zurück auf die schön erleuchtete Burg.

Manchmal werde ich eingeladen, bei einer Weihnachtsfeier zu lesen. Die wenigen Weihnachtsgeschichten, die ich geschrieben habe, spielen im Krieg und nach dem Krieg. Diese kleine Geschichte habe ich in mein Repertoire aufgenommen, eine Geschichte aus guten Zeiten. Inzwischen liegt der Ludwigstein nicht mehr in Grenznähe, sondern mitten in Deutschland, zur Krippenausstellung kommt man aus Hessen und auch aus Thüringen, diesen Zusatz füge ich nun an.

Gespräche

Wir saßen mit Freunden zusammen. Das Gespräch wurde, wie so oft, politisch, ging zurück in die NS-Vergangenheit; alle waren in den zwanziger Jahren geboren, ins ›Dritte Reich‹ hineingewachsen oder hineinerzogen worden. Jemand fragte: »Kennt ihr noch dieses Marschlied: ›Als die goldne Abendsonne / sandte ihren letzten Schein, letzten Schein ...‹?« Wir kannten es alle, Text und Melodie. Einige hatten es als HJ-Jungen oder BDM-Mädels gesungen, ich hatte das nicht getan und fragte mich nun, auf welchen Kanälen alle diese NS-Lieder in mein Gedächtnis geraten sind. Wieso haben sie die Gedichte, die ich mit Freude und freiwillig auswendig lernte, verdrängt? Nach wenigen Zeilen des ›Prometheus‹ stolpere ich bereits, wenn ich Goethes ›Füllest wieder Busch und Tal ...‹ deklamiere, gerate ich ins Durcheinander, kann aber Zeile für Zeile des Horst-Wessel-Liedes aufsagen. An jenem Abend diskutierten wir darüber, lachten auch, jetzt wird man doch über die Zeile ›Kameraden, die Rotfront und Reaktion erschossen‹ lachen dürfen, wo doch ungeklärt bleibt, ob im Nominativ oder Akkusativ, aktiv oder passiv erschossen wurde. Erinnere dich! Vergiß mich! Beides verlangen wir und müssen doch fürchten, daß wir in fremden Gesprächen, Gedanken und vor allem in fremden Träumen auftauchen. Träum nicht von mir! Das Gedächtnis bedient sich mit Vorliebe des Traumes.

Die Winterreise im Mai

Ein Frühsommerabend. Wir fahren am Fluß entlang, suchen nach dem Schild, das uns den Weg zum Veranstaltungsort weisen soll, biegen am Rande der kleinen hessischen Stadt in ein Tal ein, finden das Schild, erreichen das Tor, das zu einem großen pharmazeutischen Gelände führen soll, fahren durch einen Maienwald weiter und sehen dann endlich den Gebäudekomplex. Eine Vermutung bestätigt sich: Dies war einmal eine Lungenheilstätte, man erkennt es an den Balkonen, auf denen die Tuberkulosekranken ihre Liegekuren gemacht haben. Ich habe Erfahrungen mit Heilstätten. Auf den Parkplätzen stehen viele Wagen der gehobenen Mittelklasse: ein gesellschaftliches Ereignis. Der Saal von angenehmer Größe und Eleganz, für Kammermusik geeignet, jeder Platz ist besetzt. Wir werden ›Die Winterreise‹ zu hören bekommen.

Die Sonne steht noch hoch, die Luft ist milde, nach der Veranstaltung wird es einen kleinen Imbiß im Freien geben. Noch sind wir heiter, verwundern uns über eine Winterreise im Mai, aber unvorbereitet sind wir nicht. Wir wissen, daß der Sänger, dessen Name in den letzten Jahren oft mit Respekt und Bewunderung genannt wird, ein Contergan-Kind ist. Wir haben noch keinen Namen für jene gefunden, die vor dreißig Jahren mit Mißbildungen geboren wurden, man sieht sie nur selten.

Neben dem Flügel steht ein Podium, zu dem eine Stufe hinaufführt, obenauf eine Art von Stuhl. Schöner Blumenschmuck. Und dann tritt der Sänger auf. Er ist blond, hat einen schönen Kopf, sehr männlich. Alles andere muß man jetzt übersehen, und das fällt auch nicht schwer. Der Pianist ist ein vorzüglicher Schubert-Interpret, die beiden sind aufeinander eingespielt. Keine Pause. Kein Beifall zwischen den Liedern, das hat man erbeten. Wir sind alle sehr bewegt. Schubert tut seine Wirkung, auch der Text dieses Wilhelm Müller. Der letzte Ton. Noch ein tiefes Atemholen, dann setzt der Applaus ein. Der Sänger kann sich nicht einmal den Schweiß von der Stirn wischen, er hat Hände, Arme hat er nicht, wir sehen das alle, übersehen es. Er löst sich vom Stuhl, klettert die Stufen herunter, geht rasch und qualvoll zur Tür, kommt zurück, nimmt den Beifall entgegen. Eine schöne junge Frau reicht den Musikern große Sträuße, der Pianist nimmt beide entgegen, peinliche Situationen entstehen nicht. Noch eine Zugabe! Er singt ›Der Tod und das Mädchen‹. Und als die Anspannung mit dem letzten Ton nachläßt, verläßt mich die Fassung, ich zittere, weine.

Was für ein Sommerabend, was für eine Winterreise! Wir bleiben nicht zum gesellschaftlich-geselligen Teil, wir wollen fort. Der Freund, der den Wagen fährt, sagt: »Durch ein Arzneimittel ist das passiert! Und jetzt singt er in einem Saal, der zu einem pharmazeutischen Betrieb gehört, der ein solches Konzert veranstaltet!« Es ist eine andere Firma, hier wurde kein Contergan hergestellt, hier nicht. Aber so unmittelbar treffen Schicksale nur selten zusammen: Die Verursacher und die Opfer. Hat man das bedacht? In diesem Saal finden oft künstlerische Darbietungen statt; in den Gebäuden der ehemaligen Klinik sind heute Labors und Versuchsräume untergebracht, sie reichen nicht einmal aus, das hat der Direktor dem Publikum vor der Veranstaltung bereits mitgeteilt.

Wir fahren schweigend zurück, der Mond steigt aus den Wiesen. Was ist mit jenen, die nicht eine solche Stimme als Ausgleich bekommen haben? Es scheint ein bewältigtes Schicksal zu sein, wir meinten das zu hören. Ein Bariton, dem kein Ton zu hoch, keiner zu tief war. Wie viele öffentliche Auftritte wird es für ihn geben? Er wird im Rundfunk singen. Er wird vermutlich eine Professur bekommen, Lehrer an einer Musikakademie?

›Ich träumte von bunten Blumen/So wie sie wohl blühen im Mai …/Wann grünt ihr Blätter am Fenster?/Wann halt ich mein Liebchen im Arm?‹

Behinderungen

Vor kurzem gingen Bilder durch die Zeitungen, die etwas bis dahin nie Gesehenes festhielten: 50 Körperbehinderte demonstrierten und blockierten mit ihren Rollstühlen die Fahrstühle im Münchner Justizgebäude. Anlaß gab eine 68jährige Münchnerin, die sich auf einer griechischen Insel erholen und nicht im selben Hotel wohnen wollte, in dem zur selben Zeit auch 25 Schwerbehinderte Ferien machten. Die Frau fühlte sich durch diesen Anblick um ihre Erholung betrogen. Sie konnte nicht ahnen, daß der Stein, den sie warf, eine solche Lawine der Entrüstung auslösen würde. ›Urlaub im Getto‹ hieß es und: ›Behinderte, nein danke!‹ Das schreibt und sagt sich sehr leicht. Aber wie hätte ich reagiert? Wie ein unbeteiligter Zuschauer? Oder wie ein Wegschauer? Wäre ich rasch die Hoteltreppe hinaufgestiegen, unbekümmert ins Meer hinausgeschwommen? Oder hätte ich diesen Behinderten zu etwas mehr Lebensfreude verholfen? Vermutlich hätte ich sie durch hilflose Hilfsversuche nur noch mehr behindert.

In der Nähe meines Dorfes gab es ein ›Krüppelheim‹; meine Eltern schickten mich mit kleinen Aufträgen oft dorthin. Ich sah entstellte und seltsam lallende Menschenwesen und fürchtete mich. Im Dorf gab es Schwachsinnige, die zu Hause verwahrt wurden. Ich habe als Kind nie, und auch später noch lange nicht, darüber nachgedacht, daß diese Immer-Kranken andere Ansprüche stellen könnten als die an ›Verwahrung‹, daß man sie fütterte, zu Bett brachte, sauberhielt. Krüppelheim. Siechenhaus. Klapsmühle. Man hatte früher unerschrockenere Bezeichnungen, heute benutzen wir freundliche Wörter, sprechen von ›Behinderung‹: geistig behindert, sehbehindert, hörbehindert.

170

Seit ich in einer Rehabilitationsklinik lange mit ›Contergan-Kindern‹, die längst keine Kinder mehr waren, mit Spastikern und Querschnittgelähmten zusammen behandelt wurde, weiß ich etwas besser Bescheid. Aber ich erschrecke noch immer, werde hilflos und benehme mich falsch. Ich lernte in jener Klinik wieder zu stehen, zu sitzen, zu gehen. Ich machte rasche Fortschritte, die anderen machten kleine, für mich kaum wahrnehmbare.

Als ich in Kassel eine Wohnung suchte, lag eine, die mir zusagte, unmittelbar am Schulhof einer ›Sonderschule‹; auch dies ein sehr freundlich verschleierndes Wort für einen schlimmen Tatbestand. Ich hätte mich an den Anblick von Hilflosigkeit und Leid nicht gewöhnt und nicht gewöhnen wollen, sondern hilflos gelitten und mir selbst geschadet; ich mietete jene Wohnung nicht.

Ich gestehe freimütig, daß mir der Gedanke, auch Behinderte brauchten so etwas wie Ferien, nie gekommen ist. Auch ich habe immer an ›Bewahrung‹ gedacht und nicht an einen Anspruch auf Glück oder gar an sexuelles Glück! Inzwischen kenne ich die ›Behinderten-Werkstätten‹ und kenne den ›Club der Behinderten‹, in dem sie sich so frei, wie es ihre geminderten Fähigkeiten zulassen, bewegen können: Cola-Bar und Flipper und Musik-Box. Aber auch das sind ja immer noch Gettos! Erst allmählich kommen die körperlich und geistig Behinderten aus ihren Verstecken hervor. Sie demonstrieren, aber nicht etwa gegen ihr Schicksal, sondern nur aus kleinen, geringfügigen Anlässen.

Unterführungen auch für Rollstuhlfahrer; Telefonzellen, die man vom Rollstuhl aus benutzen kann; Eisenbahnabteile, in denen ihnen Reisen ermöglicht werden. Im Theater und im Konzertsaal sieht man jetzt häufiger Behinderte in ihren Rollstühlen in den Gängen sitzen. Wir anderen schauen hin, oder wir schauen weg. Unsere Ohren und

171

Augen sind gegenüber Krankheit und Leiden und Tod abgehärtet, weil wir sie ständig auf dem Bildschirm vorgeführt bekommen. Der Kommissar als ›Chef‹ im Rollstuhl! Nur sitzen im wirklichen Leben die Kommissare nicht in Rollstühlen.

Unser Instinkt drängt uns, einen Bogen um jenes Elend zu machen, das uns jederzeit selbst widerfahren könnte. Von Sekunde zu Sekunde könnte man durch Arbeits- und Verkehrsunfälle ins andere Lager geraten. Wir haben keine Gewähr, daß nicht in unserer eigenen Familie ein Kind geboren wird, das sich ›nicht normal‹ entwickelt. Wie soll ich mich verhalten? Mitleid, heißt es, sei unerwünscht. Aber Mitleiden ist eine unserer menschlichsten Eigenschaften! ›Ganz selbstverständlich‹ sollen wir mit den anderen umgehen, aber es ist nicht selbstverständlich, daß ich gesund bin, und sie sind es nicht. Warum er? Warum nicht ich? Das frage ich mich jedesmal. Wie soll ich erkennen, wann Hilfe erwünscht und wann sie unerwünscht ist? Man wird auch mit den Gesunden Geduld haben müssen. Auch wir müssen lernen zu erkennen, wo wir mit Geldspenden helfen könnten und wo mit einem Zeitgeschenk. Mit schönen neuen Worthülsen ist es jedenfalls nicht getan.

Sauna-Gespräche

Einmal wöchentlich gehen wir in die kleine Sauna, die wir vor Jahren im Kellergeschoß haben einbauen lassen. Der Saunabesuch gehört zu unseren verläßlichen und wohltuenden Vergnügungen. Der schweigsame Kühner taut bei einer Temperatur von 80° auf und wird gesprächig. Ich

172

erzählte ihm eine Geschichte, die ich kurz zuvor gelesen hatte: In Düsseldorf hat sich dieser Vorfall zugetragen. Eine Frau wollte ihre Freundin abholen, die in einem Bankhaus an der Königsallee arbeitet. Ein Autofahrer parkte ungeschickt und rammte den Wagen der wartenden Frau, sie konnte nicht aussteigen, weil die Tür verklemmt war. Passanten wollten ihr helfen, auch der schuldige Autofahrer: Es geriet nicht, die Tür zu öffnen. Eine Polizeistreife kam zufällig vorbei, auch dem Polizisten geriet es nicht, er ging zu seinem Motorrad, um über Funk Hilfe zu rufen. In dem Augenblick, in dem er sich abwandte, um ins Funkgerät zu sprechen, zog ihm der schuldige Fahrer die Dienstpistole aus dem Futteral. Passanten warnten den Polizisten: Vorsicht, er schießt! Aber da hatte der Fahrer die Pistole bereits an der eigenen Schläfe; er drückte ab, durchschoß sich den Kopf, war sofort tot, hatte aber den Polizisten ebenfalls getroffen, die Kugel ging von einem Kopf in den anderen, blieb dort stecken. In einer Stunden währenden Operation haben Ärzte die Kugel entfernt, der Polizist schwebt noch in Todesgefahr; falls er mit dem Leben davonkommt, wird er schwere Schäden zurückbehalten.

Soweit meine Geschichte, die sich Kühner, ohne mich zu unterbrechen, anhörte, dann sagte er: »Vor Moskau. Wir lagen fünfzig Kilometer vor Moskau, hörten und sahen die Abschüsse der russischen Flak gegen die deutschen Flugzeuge, die Moskau bombardierten. Die gefangenen russischen Soldaten lagen auf dem Boden einer Kirche, deren Mauern noch standen, ein Dach gab es nicht mehr, die Mauern boten aber etwas Schutz. Kein Stroh. Von diesen elenden Gestalten sollte ich zwei Männer aussuchen, die noch arbeitsfähig wären. Ich ging durch die Reihen, stieg über die Körper hinweg, spürte plötzlich eine Hand, die nach mir griff, drehte mich ruckartig um: Ein russischer Soldat hatte mir das Seitengewehr weggerissen, hielt es in der Hand, für Gegenwehr war es zu spät. Der Russe jagte sich das Seitengewehr in die eigene Brust.« – »Wer hat es ihm herausgezogen?« fragte ich. »Ach –«, sagte Kühner und verstummte wieder. Ich erinnere mich nicht, ob er darüber in seinem Rußlandtagebuch geschrieben hat.

Das Familienbad

Friedhelm W., mit dem ich auf unübersichtliche Weise verwandt bin, erzählt vom Sterben seines Großvaters, an den ich mich noch erinnere, ein Vetter meines Vaters, wie ich vermute. Er war Schreinermeister und sprach Platt; es klang aber anders als das Platt in meinem Dorf, obwohl beide Dörfer in Waldeck liegen. Dieser Großvater mit den stechend blauen Augen – ›grell‹ sagen wir Waldecker – ließ eines Tages seine Kinder und deren Frauen und alle Enkel zu sich rufen. Er saß im Lehnstuhl, rief sie einzeln, dem Alter nach, beim Namen, legte jedem die Hand auf und segnete ihn. Der Arzt erklärte: ›Es kann noch lange dauern.‹ Aber er sagte: ›Ich sterbe‹ und starb.

Friedhelm erzählt von seinem Vater, ebenfalls Schreinermeister im selben Dorf, im selben Haus. Von ihm stammt der Satz: ›Meine Werkstatt und meine Söhne sind meine Lebensversicherung.‹ Auch er sprach noch Platt. Inzwischen besaß er außer der Schreinerei auch noch ein Lebensmittel- und Haushaltwarengeschäft. Er hatte drei Kinder, das jüngste davon dieser Friedhelm. Während des Zweiten Weltkrieges, als er und seine Schwester noch klein waren, wurde kurz vor Weihnachten auf einen Abschnitt der Lebensmittelkarten ein Riegel Schokolade auf-

174

gerufen. Die beiden Kinder schlichen sich in den Lagerraum des Lebensmittelgeschäftes, nahmen sich einen Riegel Schokolade und teilten ihn untereinander; sie wollten ihn später, wenn sie regulär ihre Schokolade zugeteilt bekämen, ersetzen. Beim Abendbrot, als alle mit gefalteten Händen am Tisch saßen, sagte der Vater: ›Wir können heute nicht beten, wir haben Diebe am Tisch sitzen.‹

Als der Vater einen Schlaganfall erlitt und linksseitig gelähmt im Bett lag, zu Hause und nicht etwa im nahe gelegenen Krankenhaus, hob er mit dem gesunden rechten Arm den gelähmten linken Arm hoch und sagte: ›So kann mich unser Herrgott doch nicht liegen lassen! Er muß mich gesund machen oder holen!‹ Er starb dann nach fünf Tagen.

Seine drei Kinder haben längst eigene große Familien; sie verehren den Vater noch heute, allerdings mischt sich auch Furcht in ihre Liebe. Aus der Schreinerwerkstatt ist eine holzverarbeitende Fabrik geworden; einer der Brüder leitet den technischen, der andere den kaufmännischen Betrieb, in Eintracht. Ihre Frauen führen ebenso einträchtig das Lebensmittelgeschäft weiter; sie wechseln sich wöchentlich ab. Ihre geräumigen, modernen Häuser stehen am Rand des Fabrikgeländes in Rufweite. Bei Friedhelm liegt die Familienbibel aufgeschlagen auf dem Tisch in der Diele. Jeden Morgen liest er darin. Er entschuldigt sich: Im Laufe des Tages komme er nicht zum Lesen, und abends sei er zu müde.

Als seine Tochter, fünfzehnjährig, nach einem Autounfall lange in der Klinik liegen mußte, fuhr er täglich 50 Kilometer, um sein Kind zu besuchen. In dem Acht-Betten-Zimmer lag auch ein türkisches Mädchen, das oft weinte und sich weigerte zu essen. Er brachte den ›Struwwelpeter‹ mit, zeigte der kleinen Türkin die Bilder vom Suppenkaspar, las ihr die Geschichte vor und erklärte sie ihr. Von da an las er jeden Tag dem türkischen Kind und den deutschen Kindern eine Geschichte vor. Und als er seine Tochter abholte, schenkte er jedem Kind den ›Struwwelpeter‹. Waldeckische Kalendergeschichten aus der Gegenwart.

Einmal im Jahr besuchen wir diese waldeckischen Verwandten. Ich sage dann: ›Wir nehmen ein Familienbad.‹

›Zieht euch alte Sachen an!‹ ruft Friedhelm mit lauter Stimme durchs Telefon. ›Meine Frau backt Ofenkuchen!‹ Und dann sitzen wir alle um einen langen Tisch, streichen gesalzene Butter auf die dünnen, heißen Kartoffelfladen, rollen sie auf, essen sie aus der Hand, und die geschmolzene Butter rinnt uns bis zu den Ellenbogen. Wir trinken Kaffee und Schnaps dazu, und ich sage: ›Und jetzt mußt du erzählen, wie ihr im Krieg die Schokolade –‹

Später gehen wir zum Schwimmen. Das Schwimmbad ist nur durch eine Hecke vom Obstgarten getrennt, in der Hecke befindet sich ein Schlupfloch. Wir zahlen keinen Eintritt. Das Schwimmbad wird kostenlos mit Sägemehl, einem Abfallprodukt der Firma, geheizt.

Kein Haus in der Toskana

Ein Landhaus in der Toskana – warum denn nicht? Andere bauen sich doch auch zerfallene Landsitze aus, nur für ein paar Ferienwochen. Wir könnten Monate dort verbringen, könnten dort leben und schreiben, wo ich besser hinpasse, unter südlicher Sonne, in einer hügeligen Landschaft, wo sich das Laub der Reben in Girlanden über üppige Weizenfelder schwingt, wo es Ölbaumhaine gibt und keine Rapsfelder, der Klee kniehoch wächst und tiefrot blüht. Vom

Aufgang der Sonne bis zu ihrem Untergang: Toskana! Im Osten die Adria, im Westen das Tyrrhenische Meer, beide erreichbar.

Keine Villa, nichts, was Neid erwecken könnte. Ein Bauernhaus, ein Quadrat aus Mauern, ein Dach überm Kopf, aber ein Ziegeldach. Zwischen drinnen und draußen weder Zaun noch Mauer, noch Hecke, kein Park und kein Garten, nur Landschaft. Der Abstand der Fenster zueinander muß stimmen, ebenso der Abstand zum Nachbarhaus, zur Straße, zur Kirche, damit ich das Läuten der Glocke hören könnte. Ein Postamt, ein Restaurant.

Sommer im Süden, Winter im Norden. Das Jahr geteilt in Stadtleben und Landleben. Ich habe keinen Versuch unternommen, diesen Traum zu verwirklichen, was ja möglich gewesen wäre; aber überm Schreiben vergesse ich leicht die eigenen Pläne, ich neige dazu, meinen Romanfiguren meine eigenen Wünsche zu erfüllen. Maximiliane von Quindt zum Beispiel, eine Vertriebene aus dem Osten, Mutter von fünf vaterlosen Kindern, was für ein deutsches Schicksal! Sobald es nur anging, habe ich sie nach Paris geschickt; dort hat sie einen Maler kennengelernt, der wohl eher zu mir als zu ihr gepaßt hätte. Sie durfte in Paris leben! Dann habe ich die beiden auf Reisen geschickt, sie haben längere Zeit in der Toskana verbracht, wo alles meinen eigenen Wünschen entsprach. Der Maler brauchte neue Motive, aber in Wahrheit wollte ich meiner Heldin ein paar Plätze der Welt zeigen, die ich liebe. Rechtzeitig habe ich für sie einen Ort gesucht und auch gefunden, wo sie alt werden und wo sie sterben kann. Für mich habe ich ihn nicht gefunden, aber ich habe mir vorgestellt: ein Haus in der Toskana, in der Ferne eine Reihe von Zypressen, die darauf hinweisen: dort ist der Friedhof, dort möchte ich dann begraben werden.

›Ich liebe es, ein Haus zu haben, eine Küche, einen

Tisch, der für ein paar Wochen mein Tisch ist: mein Herd, mein Dach, mein Feigenbaum und mein Boot und mein Stern.‹ Mit diesem Satz beginnen meine ›Griechischen Kardiogramme‹, die ich schrieb, als aus dem ›mein‹ das ›unser‹ geworden war. Unser Haus im Saronischen Golf. In späteren Jahren haben wir einen Sommer lang eine alte Mühle in Schweden bewohnt, eine Ferienwohnung auf der Insel Juist, ein Sommerhaus auf Bornholm. Immer stand das Datum der Rückreise fest; was ich ›mein‹ nannte, war nicht mein, und was wir ›unser‹ nannten, war nicht unser.

Das Haus im Tessin, am Ostufer des Sees, das ich beinahe gekauft hätte; das Haus in Sant'Angelo auf Ischia, das ich beinahe gebaut hätte, und alle die Häuser, die ich in den Sand gezeichnet habe. Ein Tourist wollte ich nie sein, ich wollte die Welt nicht konsumieren, ich wollte mich umsehen und dann dort, wo alles stimmte, wo auch ich stimmen würde, dort wollte ich mich niederlassen, für immer. Wir sind oft durch die Toskana gereist – auf dem Weg nach Rom, auf der Rückfahrt von Griechenland, auf der Reise zu Ehren des Piero della Francesca, auf dem Weg nach Ischia, immer durch die Toskana, ein Durchreiseland, zwei Tage Florenz, zwei Tage Siena, ein Tag für Lucca. Die Strada del Sole und die Via Aurelia; Straßen und Schienen und manchmal auch nur der Blick aus dem Flugzeug. Frühling und Herbst und heiße Sommertage.

Als ich die ›Poenichen‹-Romane abgeschlossen hatte, als auch ›Die Quints‹ druckfertig waren, da sind wir wieder nach Italien gereist, und diesmal war die Toskana das Ziel. Vielleicht würden wir ein solches passendes Haus finden, zufällig. Ich glaube an Zufälle.

Wir wußten nicht, daß der Frost die Ölbäume im zurückliegenden Winter vernichtet hatte, wir waren unvorbereitet. Jahrhundertealte Baumgerippe auf braunem umgepflügtem Feld; der blühende, duftende Ginster, der uns sonst die Straßenränder festlich geschmückt hat: erfroren. Reiserbesen! Nirgendwo blühte der wilde Mohn. Keine weißen Rinder mit schöngeschwungenen Hörnern, die Zypressen krank und bräunlich. Nordwind wehte, die Regenschauer trieben uns in etruskische Museen, in denen Schulklassen bereits Unterschlupf gesucht hatten, das Gedränge und Geplapper der Achtjährigen verscheuchte uns in ungeheizte Restaurants. Der Motor des geliehenen Wagens sprang nicht an, verweigerte uns immer wieder seine Dienste. Die Landhäuser hatten die Fensterläden geschlossen. Warum sang denn keiner? So lange ist das doch nicht her, daß die italienischen Männer sangen und trällerten, wenn sie eine Kiste abluden, einen Marktstand aufbauten; nicht einmal Musik aus Transistorgeräten, dafür viel Straßen- und Baulärm. Alle und alles wehrte uns ab.

Mußte das sein? War das nötig, um mich abzuschrekken? Ich reagierte mit Fieber, wir reisten überstürzt ab, es sah nach Ungeduld aus, nach Flucht.

Wir waren rechtzeitig wieder zu Hause, als die große Krankheit über dich kam. Darum also. Zufall also. Fügung. Die Toskana hat mir meine anhaltende Liebe vergolten, indem sie uns nach Hause schickte. Kein Haus in der Toskana, das habe ich jetzt verstanden.

Du hast ein Bild für mich gemalt, ich habe nun ein paar Häuser zur Auswahl, im Tal gelegen oder auf einem Hügel. Das silberne Laub der Ölbäume, im Hintergrund die Berge des Apennin, der immerblaue Himmel. Du hast an alles gedacht, auch an die Reihe der dunklen Zypressen.

Ein Tisch und zwei Stühle

Ein Blick genügt, und ich bin wieder – wir beide sind wieder – in der Provence. ›Halbschatten und Halbtrauer‹ steht über dem Bericht, den ich über jene Reise geschrieben habe. ›Die Trauer ist vergänglich wie die Freude‹, und von den Farben habe ich gesagt, daß die Sonne das Land in Silber tauche, in lange nicht geputztes Silber, und jetzt, im nachhinein, diese Matisse-Farben bei dir! Woher nimmst du sie? Natürlich fallen mir Bilder von Matisse ein, diese Sonnenfarben in seinen ›intimen Interieurs‹.

Manchmal, wenn du dir achtlos einen Pullover überziehst und noch eine Jacke darüber und einen Schal um den Hals, und die Socken passen nicht zu den Hosen, dann sage ich warnend: Du bist nicht Matisse! Wir kennen eine Fotografie, die Gisèle Freund von ihm gemacht hat: Matisse im Atelier. Sein eigenes Aussehen scheint ihm nicht wichtig gewesen zu sein, wichtig waren für ihn nur seine Bilder. Ich erinnere mich, daß Hans Weigel mir, der damals jungen Autorin, deren Entdecker er gewesen war, von einer Frau erzählte, die wie eine Bildhauerin lebe; ich sah ihn fragend an, und er fügte rasch hinzu: Sie war keine. Einer der Lehrsätze, die man mir beizeiten erteilt hat. ›Jede echte schöpferische Anstrengung spielt sich im Inneren ab‹, hat Matisse einmal geäußert. Du siehst nicht aus wie ein Maler, aber wie sonst? Der Sohn eines deiner Freunde hat, als er dich zum ersten Mal sah, begeistert gerufen: »Jetzt weiß ich, wie Homer aussah!« Für ihn sah Homer wohl aus wie der Held seiner Epen: Odysseus. Der Junge war zehn Jahre alt.

Zunächst stand auf deinem Bild nur ein Tisch, ein runder Blechtisch, wie wir sie aus der Provence kannten, wir haben oft an solchen Tischen einen Aperitif getrunken. Ich

180

sagte, auf deinem Bild fehlt noch ein Stuhl, nein, zwei Stühle! Es ist immer nur von Tisch und Bett die Rede, wenn es um Zweisamkeit geht, hast du geantwortet. Ich mische mich selten ein, wenn du malst, allenfalls sage ich einmal, daß eine Laterne etwas weiter nach links ins Bild gerückt sein sollte; unter den vielen Wasserfällen, die du gemalt hast, durfte ich mir den aussuchen, der mir gefiel. Unser Zusammenleben ist leicht, weil wir uns Freiräume lassen, Zwischenräume, die wir rasch mit Worten über-brücken können. Ein Zuruf genügt. Worte wie Bälle. Ich weiß, was du mit deinen Bildern meinst, du weißt, worauf ich beim Schreiben hinauswill. Einer kennt die Absichten des anderen, kennt seine Schwierigkeiten, seine Grenzen, beurteilt ihn nach seinen Absichten. In meinen ›ungehalte-nen Reden ungehaltener Frauen‹ sagt Christiane von Goe-the, geborene Vulpius: ›Zu Haus will einer nicht kritisiert werden, da will er geliebt und bewundert sein.‹ Ich bin keine Christiane Vulpius! Bei uns wird auch kritisiert, aber einen liebevolleren Kritiker als mich hast du nicht, habe ich nicht. Wir leben in Eintracht.

Diese schönen Worte, die mit ›ein‹ beginnen: Einver-ständnis, Einsicht, Einmütigkeit! Aber natürlich auch: Ein-silbigkeit und Einsamkeit, das läßt sich nicht ausschließen. Ich habe nach ebenso schönen Worten gesucht, die mit ›zwei‹ anfangen, und es ist mir neben Zweisamkeit auch Zwietracht und Zweikampf eingefallen, entzweien, zwei-gleisig, zweischneidig. Aber beim Prediger Salomo ist zu lesen: ›So ist’s ja besser zwei als eins; denn sie genießen doch ihrer Arbeit wohl.‹ Und: ›Weh dem, der allein ist! Wenn er fällt, so ist kein anderer da, der ihm aufhelfe.‹ Im Zeitalter der Singles stellen wir zwei einen Anachronismus dar. Bis in die siebziger Jahre unseres Jahrhunderts war das Allein-leben zumeist unfreiwillig, eine Sonderheit, war tra-gisch: jemand war allein zurückgeblieben, meist waren es

181

Frauen, deren Ehemänner, Verlobte, Freunde nicht aus dem Krieg zurückgekehrt waren. Haben die Frauen in der Zeit des unfreiwilligen Alleinseins die Vorzüge der Unabhängigkeit erkannt? Die alten Jungfern verschwanden ebenso wie die alten Hagestolze, denen immer etwas Tragikomisches anhaftete, zumindest etwas Unnatürliches; als verschrobene Exemplare noch auf den Bühnen der Boulevard-Theater auftauchend. Die unverheirateten Frauen nannten sich dann nicht mehr Fräulein, ein Junggeselle war nicht länger ein Mann, der die richtige Frau nicht gefunden hatte, die wilde Ehe verlor ihre Verruchtheit, das Zusammenleben auf Widerruf wurde üblich, durch Gewohnheit legitimiert. Nicht mehr die Endgültigkeit, die volle Verantwortung füreinander, kein Gelübde. Man legt die Einkünfte zusammen, macht ein paar gemeinsame Anschaffungen, spart in eine gemeinsame Reisekasse. Zwei Namen auf dem Türschild, der Ring als Geschenk, nicht als Sinnbild. Vor zwanzig Jahren hast du einmal gesagt: Schade, daß die Ehe bereits erfunden ist!

Als ich wieder einmal in deine ›Residenz‹ kam – ich komme nicht oft –, sah ich, daß inzwischen der Tisch in einem Innenraum stand und daß du zwei Stühle dazugestellt hattest. Ich fragte: Und wo sind die Gläser? Keine Aperitifs mehr? Keine vorbereitenden Getränke, die Hauptmahlzeit vorbei? Das Leben als Mahlzeit! Wir sind beim abschließenden Kaffee. Oder beim Digestivum, am besten ein Underberg! Wir lachen, lachen über die Abgründe hinweg. Sollten Wassergläser auf dem Tisch stehen? Wir sind wieder heiter, unser Leben hat sich noch einmal aufgehellt, neue Farben, neue Töne, auch andere Worte, neue Vorhaben. Pläne zum Schreiben, Pläne zum Leben.

Laß uns ein Fest feiern, wenn unser Buch fertig ist!

Malend und schreibend sind wir ins Leben zurückgekehrt. Deine Bilder gäbe es ohne meine Worte nur in deinem Atelier, niemand bekäme sie zu sehen; meine kurzen Betrachtungen wären ohne deine Bilder nie geschrieben worden.

Wir werden uns nun wieder vereinzeln nach der Fertigstellung unseres Buches. Du wirst deine Bücher schreiben, ich die meinen, aber auf der Titelseite dieses einen Buches werden unsere Namen untereinander stehen; wir werden miteinander unter einem Buchdeckel leben.

Das Unheil

Eine Freundin hatte mir zum Geburtstag einen Kalender geschickt, groß wie ein Buch, in helles Leder gebunden, Goldschnitt, das ›c. b.‹ ebenfalls in Gold eingeprägt. Für meine flüchtigen Notizen benutze ich aber eine schwarze Kladde, noch lieber die Rückseiten eines Manuskriptes. Recycling. Das konnte die Freundin nicht wissen. Am Ende jenes unheilvollen Jahres habe ich dieses c. b.-Buch durchgeblättert, nur an wenigen Tagen steht eine kurze Eintragung. Unter dem 15. Januar steht: ›Die letzte Strophe‹. Demnach hatte ich an jenem Tag den Titel für den neuen Roman gefunden. Wenig später: ›Morgens singen wir wie immer einen Choral, Kühner am Cembalo. Mit Heiterkeit singen wir die Strophe »Gutes denken, tun und dichten wollst du selbst in uns verrichten –«, und dann trennen wir uns für die Dauer des Vormittags und DICHTEN.‹ So steht es da, in Großbuchstaben. An einem anderen Tag: ›Ich brauche nur hinzuhören, aufzufangen, aufmerksam zu sein, alles spielt sich mir zu.‹ – ›Tagessätze. Könnte ein späteres Buch mit Aufzeichnungen vielleicht »Tagessätze« heißen?‹ – ›Ich sehne mich nicht mehr. Was für eine Alterserscheinung: der Verlust an Sehnsucht.‹ – Unter dem 19. April steht: ›Ich sehe so gern das Blühen der wilden Quitten! Wie bald schon werde ich wieder eine duftende Frucht in der Manteltasche bei mir tragen. Warum denke ich im Herbst denn nie: Bald werde ich wieder die wilden Quitten blühen sehen?‹ – ›Seit wann diese Vorliebe für welkende Sträuße? Ich lasse die Blumen altern, pflege sie nicht, erneuere das Wasser nicht, schneide die Stiele nicht mehr ab, lasse sie in Ruhe, bis sie sich entblättern.‹ – ›Während ich über die Möglichkeit schreibe, mit Vernunft und heiterer Überlegenheit alt zu werden, nehme ich mein eigenes Alter vorweg.‹ Zweimal steht in dem Buch die Eintragung: ›ohk in der Klinik.‹ Beim ersten Mal, im Frühjahr, der Zusatz: ›Er bekommt etwas in den falschen Hals.‹ Die Tablette, die ihn vor einer Angina-Ansteckung schützen sollte, geriet in die Lunge, eine Entzündung durch den Fremdkörper war unabänderlich. Beim zweiten Mal, im Herbst, steht der Nachsatz: ›Ich bin ermattet an Krankenbetten und Krankenhäusern, meine Kräfte reichen nicht für zwei und für ein Buch.‹ – Und dann: ›Anruf des Verlegers: »Die letzte Strophe« steht auf der Bestsellerliste. Freude, Verwunderung? Dankbarkeit? Eher eine Art von Schuldlosigkeit.‹ – ›Mit-sich-selbst-auskommen! Gewöhnt man sich denn nie an sich selbst?‹ – ›Das Leben geht weiter – weiter – weiter. Wie lange denn noch?‹ – ›Das Bedürfnis abzusagen. Alles abzusagen. Ohne Zutrauen in mich, in dich, in die Welt, in Gott.‹ – ›Und laß, solang ein Leben währen kann, die Liebe währen.‹ Diese letzte Eintragung ist ein Zitat und stammt nicht von mir.

Die Eintragungen hören dann völlig auf. Das Unheil, das sich seit Monaten über uns angesammelt hatte, entlud sich in der Diagnose des Arztes. Nach Monaten der Sprachlosigkeit versuche ich, auch darüber zu schreiben. Das nun folgende habe ich unter großer Anstrengung zu

Papier gebracht. Man kann es lesen, man muß es nicht lesen. Es gibt für den Leser die Möglichkeit, über etwas hinwegblättern, hinweggehen zu können. Das Leben bietet uns diese Möglichkeit nicht, auch das Schreiben nicht.

Krankenblätter. Wenn wir, du und ich, über diese langen Monate sprechen, was wir nur selten tun, sagen wir: das Unheil.

Alle lobten den Sommer, er war sonnig, lang war er auch, mich hatte er nicht beeindruckt, ich habe wenig Erinnerungen. Noch bevor er zu Ende ging, zog sich Gewölk über uns zusammen, Unruhe, Angst, unter der ich mich duckte. ›Duck dig, las övergan.‹ Melancholie, im August bin ich oft anfällig. Vermutlich war meine physische und psychische Kraft in dieses ›Projekt Pertes‹ gegangen. Man darf ein Buch nicht ›Die letzte Strophe‹ nennen, sagte ich, diese letzte Strophe, die vom Altern handelt, zum Tod hinführt. Allem gab ich das Adjektiv ›letzte‹, letzte Buchmesse, letzte Autorenreise. Vieles ging mir unter den Händen kaputt. Die Waschmaschine überschwemmte die untere Etage des Hauses, Elektroplatten glühten, Reißverschlüsse ließen sich nicht öffnen, ich verlegte die Hausschlüssel, schrieb meine eigene Adresse auf Umschläge, erhielt die Briefe zurück. Kühner war verändert, es schienen Folgen der schweren Lungenentzündung im Frühjahr zu sein, er war eigentümlich verlangsamt, unkontrolliert – von ›Antriebsschwäche‹ sprach der Arzt –, er war unverständlich in seinem Verhalten zu anderen, zu mir. Hatte ich nicht schon einmal, allerdings in anderem Zusammenhang, geschrieben: ›Die Ehe hat ihre Gezeiten‹?

Spät im Jahr entschlossen wir uns, den Sommer um zwei Wochen zu verlängern. Der Name der Insel bürgte für glückliche Ferienwochen, wir würden Freunde treffen, wir würden auf die Inseln vor den Inseln mit Booten fahren.

Der Nachtzug traf frühmorgens in der Hafenstadt ein, unser Schiff fuhr erst am Abend. Wie bei früheren Reisen gaben wir das Gepäck auf, nahmen unsere Badesachen und fuhren mit einem Bus zu dem berühmten Badeort an der Küste. Eine großartige Bergkette als Kulisse, im Vordergrund alter österreichischer Glanz der Hotels aus k. u. k. Zeiten. Wir gingen zum Strand, standen nach zweijähriger Abstinenz endlich wieder am Meer. Die Wellen schlugen an den Betonmauern hoch, es waren wenig Menschen am Strand, im Wasser war niemand. Ich erklärte, daß ich mich in die Sonne legen und nicht schwimmen würde, es sei zu riskant. Du gingst ohne Entgegnung auf die Treppen zu, sahst dich nicht um, und ich warnte dich nicht. Als ich mich aufrichtete, sah ich dich nicht mehr; es vergingen Minuten, dann stand ich auf, sah weit draußen deine Bademütze – seit der Kopfoperation trägt er eine Bademütze – du schienst an einer anderen Stelle aus dem Wasser steigen zu wollen, weiter rechts, ich beobachtete dich, begriff erst später, daß du abgetrieben wurdest, sah die Betonwände, an denen die Wellen hochschlugen – sein Kopf ist seit der Operation mit einer Kunststoffplatte geschlossen – ich winkte. Es dauerte lange, bis ich endlich zu einer Getränkebude lief und versuchte, mich verständlich zu machen, ich sprach deutsch, sprach englisch, man verstand mich nicht, ich gestikulierte, zeigte zum Meer hinaus. Dann wurde ein Mann aufmerksam, fragte, ob etwas nicht in Ordnung sei, fragte auf deutsch. »Warum schreien Sie nicht um Hilfe?« Er fuhr mich barsch an, winkte einem anderen Mann zu, beide liefen zur Kaimauer, sprangen über die Klippen hinweg ins Meer, kraulten auf dich zu, packten dich, und ich zeigte auf meinen Kopf, seinen Kopf, man mußte vorsichtig sein, der Kopf durfte nicht an die Betonwand schlagen. Sie hoben dich an Land, fragten, ob du viel Wasser geschluckt hättest, du vernein-

186

test, schienst dir der Gefahr nicht bewußt zu sein, bebtest vor Kälte, die Zähne schlugen hörbar aufeinander, du legtest den Arm über meine Schultern, ich führte dich zu den Badelaken, wir saßen eine Weile nebeneinander, zogen uns dann an. Wir schwiegen über den Vorfall. Ich habe nichts anderes gedacht, nichts anderes denken können als: Ich kann ihn nicht retten.

Später saßen wir auf einer Terrasse, zwischen Reisegesellschaften, aßen gegrillte Tintenfische, tranken den gewohnten Wein, waren rechtzeitig auf dem Schiff. Zum ersten Mal gab es auf dieser Reise Auseinandersetzungen zwischen uns, die in Schweigen endeten. Ich lag auf dem Hotelbett, hörte den Wind in den Palmen, hörte die Vögel, das Tuten der Schiffe; es gab noch ein paar heitere, vertraute Stunden an Plätzen, die wir lieben. Sobald du ins Wasser gingst, wandte ich mich ab. Ich wußte: Ich war zum letzten Mal hier, hier, wo ich so oft so glücklich gewesen bin. Wir waren nicht gewohnt zu streiten. Streit auch mit den vertrauten und geliebten Freunden. Ich wurde dann krank. Sehr viel später erst hast du gesagt: Warum hast du mich nicht untergehen lassen? Und ich habe gesagt: Unsere Ehe ist baden gegangen.

Du erklärtest dich bereit, vorzeitig zurückzufliegen, buchtest die Flugplätze. Am Hafen kippte der Karren des Gepäckträgers um, unser gesamtes Gepäck fiel beinah ins ölige Wasser, aber doch nur beinah. Stundenlange Verspätungen. Wir kehrten zurück, alles war verändert. Diesen Kühner kannte ich nicht, er mußte bald darauf in die Klinik, nichts Ernstes, eher war diese Erkrankung ablenkend und irreführend, kein Grund, daß ich die Autorenreise nicht allein zu Ende brachte. Ich fuhr nach Paris, zwei Nachtfahrten, ich war nicht lange fort. In einer Pause zwischen zwei Besprechungen ging ich in die Kirche St.-Sulpice, sie lag am Weg; schön ist sie nicht. Ein Regentag.

In der Kirche war es bereits dunkel. Das mächtige Tonnengewölbe wirkte bedrohlich, alles schien mir zu groß, abweisend; so allein wie dort war ich nicht oft. In den Nischen brannten vor den Altären Lichter, ich wollte ebenfalls eine der großen weißen Kerzen anzünden, hielt den Docht meiner Kerze an einen anderen brennenden Docht, mein Kerzenlicht entzündete sich nicht. Ich ging zu einer zweiten, einer dritten, dann gab ich es auf, legte die Kerze hin – verließ die Kirche, ging zu meiner Verabredung und vergaß den Zwischenfall. Ich fuhr mit dem Nachtzug zurück. Der Schaffner verstand Deutsch, er kam aus der ČSSR, wir sprachen über die Demonstrationen in Prag, ein zweiter Prager Frühling, diesmal im Herbst? Er brachte mir Mineralwasser, würde mir am Morgen einen Kaffee bringen, vor Frankfurt. Ich lag ruhig, nachdenklich, es war soviel in Paris geschehen, was noch unbedacht war. Dann ein Eilzug nach Hause, und auf dem Bahnsteig erfuhr ich: Kühner ist auf der Straße zusammengebrochen, am Tag zuvor, Verletzungen, er liegt nicht in der Klinik, liegt zu Hause. Platzwunde am Kopf, das Auge blutunterlaufen, die Hand geschient, und er war doch schon vorher krank, leidend. Nie wieder werde ich wegfahren, wenn er krank ist. ›Letzte Strophe‹, sagte ich. Letzte Tournee, letzte Eitelkeiten. Kann ich einer Einladung nach Paris nicht widerstehen, auch im November nicht? Es vergehen Tage, Hilfestellung ist nötig, Pflege, zwischendurch an beiden Schreibtischen. Ein Besucher kommt, zum ersten Mal erfahre ich Näheres über den Unfall. Wann war das, frage ich, wann genau? Es war dämmrig, es wurde schon Abend. Es muß jener Augenblick gewesen sein, als ich in St.-Sulpice eine Kerze anzünden wollte.

Ich versuchte, gegen deine Lethargie anzugehen, forderte dich zu Spaziergängen auf, wollte dich mit allen Mitteln beleben, du schobst mich beim Gehen beiseite, immer weiter nach links, vom Bürgersteig hinunter. Links von dir, das ist meine Seite, so gehen wir immer, so kennt man uns, im Gehen und Liegen immer links von dir. Du läßt dich nicht lenken! Manchmal lachten wir noch, gaben die Spaziergänge dann auf. Ich fühlte mich beiseite geschoben, dein Verhalten veränderte sich immer mehr. Inzwischen war Advent. Wir wollten das Weihnachtsoratorium noch einmal hören, du legtest das Band auf, unsere Freundin Rose singt die großen Arien ›Bereite dich, Zion…‹, nie habe ich dieses Oratorium bewußter und ergreifender gehört als damals in der alten Pfarrkirche von Bad Wildungen, wo der vertraute Flügelaltar des Konrad von Soest steht. Das Band spulte sich nicht ab, kräuselte sich, ballte sich im Tonkopf zusammen. Niemand würde das Gerät vor Weihnachten reparieren, wer benutzt noch Bandgeräte? Die Bänder tragen Namen, dieses heißt ›Rose‹, du hast die Bänder sachkundig und liebevoll bespielt und beschnitten und die Rezitative aus den Opern getilgt, Zweistundenbänder. Das zerstörte Bandgerät beunruhigte dich, auch du spürtest, daß etwas nicht in Ordnung war.

Der Arzt kam, unser Arzt, er sah dich an, sagte: »Es muß ein CT gemacht werden, sofort.« Computertomographie. Hatte man denn nicht damals in Gießen, vor fast fünf Jahren, gesagt: ›Mit dem Kopf ist alles in Ordnung, für immer‹? Darauf hatte ich mich verlassen. Hieß der letzte Satz im Krankenbericht denn nicht: ›Am 21. 2. konnten wir Herrn K. in Wohlbefinden entlassen‹? Keines der vielen Anzeichen habe ich verstanden. Kühner hat mir nicht gesagt, daß er bereits vor Monaten hätte untersucht werden müssen. Nach wenigen Tagen lag das Ergebnis vor. Ich habe gefragt: Gibt es eine Alternative? Es gab keine, ein Wort wurde gesagt, das ich nicht schreiben kann.

Das Schlimmste am Schlimmen ist, daß es sich wiederholt. Ich korrigierte dich nicht mehr, du bliebst liegen, ordnetest noch einiges. Der Operationstermin wurde festgelegt, die nötigsten Anrufe. Ich packte den Klinikkoffer und den Koffer fürs Hotel. Dann fuhren wir nach Gießen. Vor der Abreise habe ich gefragt: Gibt es etwas, worauf du dich freust? Du sahst die erleuchtete Weihnachtskrippe an, die du noch selbst aufgebaut hattest, wie in allen Jahren, Joseph fehlte, ersatzweise stand ein Engel der Maria zur Seite. Joseph befand sich bei einem Holzschnitzer im Allgäu, wir hatten ihn vergessen, er sollte dort Modell stehen, damit die Heiligen Drei Könige, die in der Krippe noch fehlten, weder zu groß noch zu klein gerieten. Du sagtest: Ich freue mich auf die Heiligen Drei Könige, die nun bald eintreffen werden. Ich möchte sie selbst auspacken und aufstellen. Die einzige Äußerung, aus der Hoffnung sprach.

Wenn ich im Aktenschrank etwas suche, was ich oft tun muß, taucht immer wieder eine Mappe auf, ›Gießen‹ steht darauf, jedesmal durchfährt mich ein Schrecken, geöffnet habe ich diese Mappe erst jetzt. Ich halte mich an die Notizen von damals. In jenem Mai waren wir durch die Toskana gereist, es war kalt dort, ich wurde krank, fieberte, wir fuhren überstürzt zurück. Ich wurde mit einer Nesselsucht in die Hautklinik eingewiesen. Dort, vor meiner Zimmertür, brach Kühner zusammen, zufällig stand ein Bett auf dem Flur, Ärzte kamen, man lieferte ihn in der neurologischen Station ein. Damit war mein Kranksein beendet. Untersuchungen, Gespräche, Diagnose: Gehirntumor. Was, wenn er diesen Anfall in Florenz bekommen hätte, wo wir zu diesem Zeitpunkt hätten sein wollen?

Der Neurologe nannte die Namen von einigen Städten, wo es namhafte Neurochirurgen geben sollte, keiner war uns bekannt, einer prägte sich uns ein: Pia, der große Pia in Gießen. Aber den Ausschlag gab meine junge Maler-

Freundin Heide, die in der Nähe von Gießen lebt, sie
würde uns beistehen, ihr Mann würde uns beistehen. Was
für eine Freundin! An jedem Abend kam sie zu mir ins
Hotel, manchmal ein Kind, manchmal mehrere Kinder im
Gefolge. Oft saßen wir bis spät in der Nacht in meinem
kleinen Zimmer. Ich drehte den Papierkorb um, legte ein
Seidentuch darüber, die Freundin entkorkte die Rotwein-
flasche, packte Butterbrote für mich aus und Bilder und
Skizzen, die sie mir zeigen wollte. Sie hat mich vor Jahren
mit ihrer Zuneigung erobert. Mit mir konnte sie auch über
den Tod des geliebten Vaters sprechen, sie ist sonst eher
scheu in ihren Mitteilungen. Sie hat gesagt: Wenn du
einmal krank wirst und wenn du alt wirst, dann werde ich
dich pflegen, das verspreche ich dir. Aber du wirst überhaupt nicht krank und nicht alt, du nicht. Und ich habe
gefragt: Versprichst du mir das auch? Ihr habe ich das Buch
von den ›Quints‹ gewidmet. Die Kräfte, die ich in Gießen
brauchte und verbrauchte, stammen zu einem Teil von
dieser Frau.

Ich habe unter den Notizen kein Wort über die festlichen Tage gefunden, bevor wir nach Gießen fuhren.
Damals haben wir auf eine ungekannte, inbrünstige Art
gelebt. Es war Ende Mai, an jedem Abend saßen wir mit
anderen Freunden zusammen und tafelten, und am letzten
Abend saßen wir alle ›beim Griechen‹, an der Kasseler
Seenplatte, wo es ist wie verreist. Der Wirt deckte uns
einen langen Tisch auf der Terrasse überm Wasser. Wie
hieß diese junge schöne Griechin, die dir zulächelte, dich
liebevoll bediente, die doch nichts ahnen konnte? Der
letzte Abend. Wir haben mehr getrunken als sonst, wir
lachten viel. Du mußtest ein Medikament gegen ›Anfälle‹
nehmen, wir sagten: Er ist anfällig! Lachen, um nicht zu
weinen. Du hattest keinerlei Beschwerden. Aus heiterem
Himmel. Auch ein Lachen der Dankbarkeit für alle die

Sommer, die wir schon gelebt hatten. Dankbarkeit gegenüber den Freunden, die uns beistehen würden.

›Klinikum Gießen‹ steht auf dem Hinweisschild an der Autobahn. Die Diagnose wurde verfeinert, das dauerte eine Woche, zunächst in Gießen, dann auch in Frankfurt. Ich machte das alles mit, später hieß es dann: Was müssen Sie mitgemacht haben. Ich fragte: Sehe ich aus wie eine Frau, die viel mitgemacht hat? Worte sind meine Waffen, sie sind nicht scharf geschliffen, viele haben sich abgenutzt. Pia schloß uns ins Herz, uns beide. Derselbe Jahrgang, beide waret ihr Reiter, beide liebtet ihr Rußland, er kannte Poenichen.

Am Morgen nach der Operation nahm Pia mich mit auf die Intensivstation, hielt mich fest am Arm. »Sie können zu ihm kommen, sooft Sie wollen, wenn Sie es können.«

Dann täglich der grüne Kittel, der Mundschutz, die Haube, die das Haar verdeckte, Desinfektion der Hände. Der erste angstvolle Blick in das Gesicht eines Arztes, eines Pflegers. Schulterzucken. Es stand bedenklich, so habe ich die Gesten gedeutet. Ich war nie zuvor auf einer Intensivstation, kannte Geräusche und Gerüche nicht, hatte noch nie so viele Monitore und Computer gesehen, Verbände, Schläuche.

Wann hast du mich zum ersten Mal erkannt? Meine erste Erinnerung: Er liegt, den Blick zur Decke gerichtet, die Augen voller Tränen, Tränen der absoluten Hilflosigkeit. Er kann sie nicht abwischen, er kann nichts mehr aus eigener Kraft. Ich verbesserte meine Gedanken: noch nichts wieder. Ich füttere ihn, lobe ihn, die Mahlzeit dauert länger als eine Stunde, zu diesem Zeitpunkt wurde er demnach nicht mehr künstlich ernährt. Wir waren anschließend beide erschöpft. Ein neuer Krankenpfleger sagt: »Sie dürfen sich aber nicht verschlucken, sonst bekommen Sie auch noch eine Lungenentzündung!« Sekunden später verschluckt er sich an dem dünnen Brei, den er aus einer Schnabeltasse zu sich nehmen sollte. Er wird dann wieder durch eine Nasensonde ernährt. Auf einem der alten Briefumschläge, die ich für meine Notizen benutzte, steht: ›So soll er nicht leben müssen, so nicht. Vater im Himmel, verbünde dich mit uns.‹ Vermutlich in einer dieser ersten Nächte geschrieben.

Irgendwann muß er gesagt haben: Ich habe an Erkenntnis gewonnen. Welche? Ich habe nicht gefragt. Nach einer langen Zeit angestrengten Nachdenkens sagt er: Wo ist Gott in einer Bewußtlosigkeit? Er leidet unter furchterregenden Träumen. Ärzte und Pfleger sehen Fortschritte. Alle überfordern wir ihn. Antriebsschwäche, heißt es. Zu mir sagt man, daß ich ihn mobilisieren solle – oder sagt man motivieren? Er soll den Arm heben und kann es nicht, er soll das Bein anwinkeln und kann es nicht. Er leidet. Auch der rechte Arm liegt jetzt leblos auf der Decke. Er sagt: Ich nehme das alles nur deinetwegen auf mich. Nach Tagen erst sagt er: Ich will gesund werden. Dieser Wunsch bezog sich nicht mehr auf mich, erleichterte mich.

Als eine Krankenschwester, die aus dem Urlaub kam, an sein Bett tritt, fragt er: Mit wem habe ich die Ehre? Sie nennt ihren Namen. Sonst hat er an diesem Tag kein Wort gesagt.

Der jüngere seiner Brüder, der Chirurg, telefoniert mit den Ärzten, ruft mich abends im Hotel an, erklärt mir Zusammenhänge, hält Symptome für typisch und richtig. Während er redet, leuchtet mir ein, was er sagt, sobald ich den Hörer auflege, ist alles wie vorher. Auf andere wirke ich bewundernswert ruhig. Der Schwager sagt am Ende jedes Satzes: ›Weischt?‹ Er lebt im Schwarzwald, spricht schwäbisch. ›Weischt?‹

Er liegt jetzt allein, immer noch Intensivstation. Wenn ich ihn abends verlasse, sage ich: Morgen komme ich wieder, und er sagt: Morgen kommst du wieder. Wir benutzen vertraute Formulierungen. Ich meine, ein Lächeln zu sehen, nehme es mit, verschicke sein ›Lächel-Gedicht‹. Pummerer, diese Kunstfigur, dein Ander-Ich, lächelt wieder!

Viermal am Tag muß ich beim Pförtner vorbei. Wenn ich die Klinik verlasse, muß ich ein Taxi bestellen. Ich fürchte mich vor den unfreundlichen Bemerkungen des Pförtners; wie viele verängstigte Angehörige werden dort in zusätzliche Ängste versetzt?

Eine Stunde lang habe ich versucht, ihm eine zerquetschte Banane einzuverleiben, einen anderen Ausdruck gibt es für diese Mühe nicht. Abends, als ich im Restaurant des Hotels esse, das tue ich nur selten, unterhält man sich von einem Tisch zum anderen über Reduktionskost. Wer mich im Hotel anruft, spricht mit gedämpfter Stimme. Ich bekomme Beileidsbriefe zu Lebzeiten; was wird man schreiben, wenn –. Der ältere Kühner-Bruder, ebenfalls Arzt, kommt zu Besuch, fährt vom Bahnhof zur Klinik, klopft spät abends noch an meine Hotelzimmertür. Ich sitze und korrigiere ›Die Quints‹, was ich in allen Stunden tue, in denen ich nicht in der Klinik bin. Er bringt mir ein Stück Schwarzbrot und eine Tomate und ein Tütchen Salz mit. Du schickst mir das, weil du nicht schreiben und nicht telefonieren und nur wenig sprechen kannst. Um Mitternacht sitze ich auf dem Bettrand und nehme deine Grüße zu mir.

Du erkundigst dich nach dem Datum, der Uhrzeit, ich sage: Es ist der 17. Juni! Sage: 16 Uhr. Meine Mitteilung findet kein Interesse. Ich sage: Es ist kühl draußen, es ist ein schlechter Sommer, aber ich habe ein hübsches kleines Zimmer im Hotel. Dann schweige ich wieder. Nach längerer Zeit sage ich: Ich wohne im Hotel! Er sagt, unwillig: Ich weiß, wo du wohnst.

194

Visite. Pia sieht mich, bevor er das Zimmer verläßt, aufmerksam an, sagt dann: Ich mache Ihnen einen Vorschlag. Wir fahren nachher zum Kloster Arnsburg, machen einen Spaziergang und essen dort etwas Gutes zu Mittag. Ich sehe ihn ungläubig an, begreife erst nach Sekunden, daß es sich um das ärztliche ›Wir‹ handelt. Er veranlaßt mich, einen Internisten der Universitäts-Klinik aufzusuchen, wieder habe ich Glück, ich bin ihm nicht unbekannt, er ist besorgt, diagnostiziert: Schilddrüsenüberfunktion, die ich in jungen Jahren oft hatte. Er sagt: Wir fahren jetzt zur Apotheke, und dann fahren wir ins Hotel. Ich lache ein wenig über die Wiederholung, aber diesmal war es ein menschliches Wir: Er bringt mich zur Apotheke, er fährt mich zum Hotel. Später werden wir einmal zusammen Tee trinken. Später. Ich lerne die Wirs zu unterscheiden.

Gespräch mit Pia in seinem Arbeitszimmer. Auf dem runden Tisch, an dem er mit den Angehörigen zu sitzen pflegt, steht eine Vase mit einem großen Levkojenstrauß, weiße und lilafarbene Levkojen, die fleischigen grünen Blätter hängen schlaff herunter, Geruch von Verwesung, Jauche.

Verschlechterung aller Reaktionen. Pia sagt, daß er keinen Zugang mehr habe, der Patient reagiere nicht mehr auf ihn. Wir führen ein langes Gespräch, er sucht nach Ursachen. Sein medizinisches Interesse ist jetzt größer als sein menschliches. Er will eine Anamnese, will sie von mir. Wie war er vorher? Wie hat er sich unter dem Einfluß des wachsenden Tumors verändert? Er muß verändert gewesen sein, bei einem solchen Befund bleibt das nicht aus! Ich war freimütig. Aber ich kann den, den ich liebe, nicht sezieren. Ich liebe ihn als Ganzes, nicht so, wie er in Körper, Geist, Seele auseinandergebrochen ist. Ich sage, daß er in dem vergangenen Jahr ausgeglichener war, ruhiger, gelassener, sonst kann ich auch nach langem Nachdenken nichts sagen, nur: Er hat mehr gemalt, mehr geschrieben. Ernste Lyrik. Wie dieses Sommer-Gedicht, das Sie kennen. Wir blicken uns an. Die letzte Zeile des Gedichtes heißt: ›Der Sommer wird dich opfern.‹

Meine eigene Diagnose: Etwas Böses (der Tumor) hat Gutes bewirkt. Der Druck hat die Angst aus dir herausgepreßt, diese Angst, unter der du ein Leben lang zu leiden hattest: begründete, oft auch – wie mir schien – unbegründete Angst. Saß dort, wo der Tumor sich breitgemacht hatte, diese übersteigerte Angst?

In einem Fernsehvortrag hat Pia dann später über die Kopfoperation an einem Künstler berichtet, darüber, wie ein Körper zur Anpassung an einen Fremdkörper fähig ist. Wir haben diesen Vortrag in einer Videoaufzeichnung gesehen und gehört, als Pia schon tot war. Er liegt auf dem kleinen Friedhof bei jenem Kloster Arnsburg, wo er mich hinschicken wollte –.

Eines Tages sagte Pia: Fahren Sie nach Hause! Es ist besser, wenn Sie jetzt nicht mehr kommen. An Widerspruch war er nicht gewöhnt, alle gehorchten ihm, auch ich. Jeder Kilometer Bahnfahrt bedeutete Trennung. Ich weiß seither, wie das ist, wenn man nach Hause kommt, und das Haus ist leer. Unsere Servietten lagen noch auf dem Eßtisch, der helle Ring für dich, der dunkle für mich. Ich ging zweimal um unseren See. In Abständen sagte ich vor mich hin: Ich bin am Rande meiner Existenz. Du hattest das gesagt, ohne die Augen zu öffnen.

Am nächsten Morgen fuhr ich zurück nach Gießen. Ich ließ einen Zettel auf Pias Schreibtisch legen: ›Tun Sie das nie wieder! Trennen Sie uns nicht!‹

Von einer Verlegung in die neurochirurgische Abteilung, wo dein Zimmer noch leer steht, ist nicht mehr die Rede. Künstliche Beatmung, künstliche Ernährung, Blutzufuhr. Man sagt zu ihm: Sie müssen doch Schmerzen haben! Er sagt: Warum, warum muß ich Schmerzen haben? Zu mir sagst du: Die Temperaturen nehmen mich mit. Und ich sage: Wohin? Seine Äußerungen sind mir verständlich, den anderen nicht. Später sagt er: Ich bin müde vom Tage, vom lange gewesenen Tage. Er weiß nicht, wann Tag ist, wann Nacht, ich halte seine Hand, immer die, die mir zugänglich ist, zwischen all den Zuleitungen und Ableitungen. Wir halten zusammen, halten uns aneinander fest. Und dann sagst du ein zweites Mal: Ich nehme das alles auf mich für dich. Du sollst nicht allein zurückbleiben. Der Preis ist zu hoch, ich schwanke unter der Belastung. Wirst du je wieder sagen, was du doch oft sagst: Ich lebe gern. Oder auch: Ich lebe gern mit dir. Oder: Es ist schön, auf der Welt zu sein.

Der Verleger schreibt: ›Lassen Sie uns wissen, wann es an der Zeit ist, ihm Blumen zu schicken.‹ Vorerst schickt man mir die Blumen ins Hotel. Die Freunde verlassen sich nicht mehr auf die Kraft ihrer eigenen Worte, sie machen Anleihen. Die Freundin Caterine, meine erste Leser-Freundin aus dem Jahr, als die ›Spuren‹ erschienen, zitiert Epikur, der doch wenig zu ihr paßt. ›Zur Freundschaft führt weniger der Wunsch nach dem, was wir von Freunden verlangen, als viel mehr das Bedürfnis nach der Zuversicht, daß wir es verlangen dürfen.‹ Ein anderer schreibt und zitiert André Gide: ›Ich glaube, daß die Krankheiten Schlüssel sind, die uns gewisse Tore öffnen können. Ich glaube, es gibt gewisse Tore, die einzig die Krankheit öffnen kann. Es gibt jedenfalls einen Gesundheitszustand, der es uns nicht erlaubt, alles zu verstehen.‹ Auf diesen Briefumschlag habe ich notiert: ›Ich finde mich in der Welt der Gesunden nicht mehr zurecht. Das Alltägliche, Banale stößt mich ab. Aber diesen Grat, auf dem ich jetzt gehe, diesen Grat muß ich bald verlassen, wenn ich nicht vorher schon abstürze.‹

197

Die einen hoffen, die anderen glauben ganz fest, sie wünschen, sie drücken die Daumen, flehen zu den Göttern. Es sind gar nicht so wenige, die schreiben: ›Ich bete für Sie beide, immer wieder. Man muß auch Gott gegenüber hartnäckig sein.‹ Keiner schreibt mir den Satz eines Arztes ab, eines Naturwissenschaftlers, man verläßt sich auf die Dichter, auf deren Erfahrungen, auf ihre Versuche, in Worte zu fassen, was unfaßbar scheint. Der Freund Johannes schreibt aus München: ›Das ist dann der Teil der Gesunden, ungeduldiger zu sein als der Patient; ein Wort, das sich ja bei uns außer dem Leid auch noch der Geduld angenommen hat. Ich möchte, ungeduldig von Haus aus, ja nicht nur, daß es meinem Freund wieder bessergeht, sondern auch Ihnen, daß Sie wieder in die Normalität des Alltags zurückfinden. In diesem Falle ja schon viel, wo der Alltag des Künstlers, gemessen am Alltag ganz allgemein, doch immer etwas Festtägliches hat.‹

Ich nähre mich an den Worten, die man mir schickt, ich selbst bin wortlos, meine Kräfte gehen unmittelbar zu ihm, strömen durch unsere Körper, brauchen keine Worte mehr, ich halte seine Hand, halte ihn mit meiner Hand, spüre den Strom, der aus meinem Körper abfließt.

In meinem Fach an der Hotelrezeption liegen Botschaften. N. N. ruft wieder an. N. N. erbittet Ihren Rückruf. Aus Lektoren und Verlegern werden Freunde. ›Seien Sie versichert, daß die Gedanken aller Ihrer Freunde zu Ihnen und zu Kühner strömen. Wir alle telefonieren untereinander und miteinander und verbünden uns.‹ Kühners Lektorin schreibt: ›Immer und immer wieder lese ich mit anderen Augen als vor zwei Jahren Ihr Sommer-Gedicht, stelle mir die atemlosen Rosen und die Kamillen am Feldrain vor … Werden Sie wieder der Dichter, der den Flieder neugierig findet, werden Sie wieder gesund, halten Sie durch. Es ist noch so vieles unbeschrieben. Die letzte Zeile …‹

Eine Leserin schreibt mir: ›In meinem Leben wurde so viel Unmögliches wieder möglich – natürlich ohne jegliche Gewähr, daß es so bleibt. Aber es gibt ja für niemanden und nichts eine Garantie. Hätten wir einen Garantieschein in die Wiege gelegt bekommen – wie lebte sich's dann?‹

Schwester Doris. Sie ist mit ihren Eltern aus Thüringen gekommen, lebt noch nicht lange in der Bundesrepublik; sie klopft ihm auf die Wange, ruft ihn an, ruft ihm ins Ohr: »Immer am Ball bleiben, Herr Kühner! Immer am Ball bleiben!« Wenn ich komme, sagt sie, und dann strahlt ihr spitzes kleines Gesicht: »Er schwätzt, er hat heute morgen schon geschwätzt«, und dann sieht sie an meinem Gesicht, daß sie wieder kein passendes Wort gefunden hat, und dann lachen wir beide ein wenig. Nachmittags, als ich wiederkomme, bleibt sie im Gang bei mir stehen und sagt: »Er hat mich gefragt, ob ich ihn auch pflegen würde, wenn ich kein Geld dafür bekäme.« Und dann schluckt sie an ihren Tränen und sagt: »Wir kommen doch von drüben, und im Herbst will ich heiraten, wir brauchen doch das Geld!« Kühner versucht kleine Konversationen, er fragt einen Pfleger: »Woher kommen Sie?« Und der sagt: »Ich bin aus Wetzlar weg.« Kühner denkt nach, fragt dann: »Warum –?« Eine Frage, die der Pfleger nicht versteht. Im Hessischen sagt man so.

Pfleger und Schwester heben ihn in einen Rollstuhl, fahren ihn ans Gangfenster, rollen den Ständer mit den Transfusionen hinterher. Ich gieße Rotwein in ein Glas, reiche ihm den Strohhalm, schneide ein paar Brocken Weißbrot, ein wenig französischen Camembert. Du kannst den linken Arm jetzt anheben und winkeln, ißt ein paar Bissen, schiebst das Glas beiseite. Unten fährt das Auto der Freundin vor, alle vier Kinder steigen aus, zeigen auf die Fenster im zweiten Stock, können dich aber nicht sehen; eines der Kinder schlägt ein Rad, um dich zu erfreuen. Sie stehen und warten, sie wollen mich abholen; ich nenne dir ihre Namen. Du hast Tränen in den Augen. »Nicht, weil du weggehst«, sagst du, »weil alle so gut zu mir sind.« Ich lehne meinen Kopf an deinen Kopf, spüre nichts als Mullbinden. Alle sagen es, ich sehe es jetzt auch: Deine Augen sind sehr blau, blauer als je zuvor, das mag an dem weißen Kopfverband liegen. Szenen wie aus einem Stück von Thomas Bernhard. Nicht Minetti, sondern Kühner in der Hauptrolle. Ich werde lange Zeit keine Rollstühle mehr auf der Bühne sehen können, es ist das meistgenutzte Requisit der modernen Bühnenbildner. Später erzähle ich der kleinen Viola, die Rad geschlagen hat, daß früher die Kinder auf der Königsallee in Düsseldorf Rad schlugen und riefen: ›Giw mi e Peng!‹ – heute würden sie wohl: ›Giw mi ne Mark!‹ rufen –, und will ihr eine Mark geben, aber Viola sagt: »Gib mir einen Pfennig, es ist ein Glückspfennig, nimm ihn mit in die Klinik!« Die Kinder haben Kühner nur einmal auf dem Bildschirm gesehen, du spielst jetzt eine große Rolle in ihrem Leben, sie beten jeden Abend für dich. Manchmal bringen mich diese Kinder aus der Fassung.

Die Befunde bessern sich, etwas später dann auch dein Befinden, man befördert dich in die Neurochirurgie, in das Zimmer, das wir kennen. Die Krankengymnastin hat dir angeraten, die Gefühle zu deiner Frau umzusetzen in Reaktion. Du erzählst mir das, winkelst das Knie, hebst einen Arm. »Das ist jetzt Liebe«, sagst du, »siehst du das? Siehst du, wie schwer mir das fällt?« Pia verkündet sein Programm: Ein halbes Jahr keinerlei geistige Tätigkeit! Ich blicke ihn fragend an. Geht das? Nicht denken – wie macht man das? Er erwidert meinen Blick. Es geht eben nicht, nicht bei allen. Er veranlaßt dich, ohne Hilfe den Gang entlangzugehen, sagt zu den Ärzten und Schwestern, die ihn bei der großen Visite begleiten: »Sehen Sie genau hin! Es vollzieht sich hier ein Wunder.« So steht es bereits in unserem gemeinsamen Buch ›Deine Bilder – Meine Worte‹, das wir Pia gewidmet haben, der mit uns zusammen ein Buch schreiben wollte: der Arzt, der Patient, die Angehörige. Ich schrieb damals eine Kurzfassung der Ereignisse: ›Um eine weitere Haaresbreite‹.

Wieviel Kraft ging von diesem Mann aus! Die Nachrichten und Berichte und Anzeigen über seinen Tod hatte ich in die Mappe ›Gießen‹ geschoben. Professor Dr. med. Dr. h. c., Direktor der neurochirurgischen Klinik …

Krankentransport nach Kassel, dort wird Kühner noch einige Zeit auf der neurochirurgischen Station bleiben müssen, ich werde zu Hause wohnen können, ihn täglich besuchen. Den Kopfverband wird man verkleinern können, später wird er eine Perücke tragen, man hat den Kopf bei der Operation nicht schließen können, das hätte die Operation lebensgefährlich verlängert. Das Loch wird bleiben, man zeigt es mir beim Verbandwechsel, läßt mich in den Krater blicken, auf dessen Grund das Gehirn pulsiert. Ähnliches sieht man in Filmen bei Neugeborenen. Man überfordert mich, will mich abhärten. Ich will mich nicht abhärten lassen.

Mein Hotelgepäck, sein Klinikgepäck. Wir reisten zusammen. Seit dem Autounfall bin ich nicht mehr in einem Krankentransport befördert worden.

Am selben Nachmittag, als Kühner ein paar Schritte auf dem Gang der Kasseler Klinik tat, sah ihn der Stationsarzt und fragte: »Warum hat man Sie nicht nach Hause gebracht? Sie sind doch o. k.«

In der Biographie, jener Fassung, die im ›Schwarzen Sofa‹ steht, heißt es: ›Meine Sätze sollten nicht mit »Ach« beginnen. Niemals: Warum denn ich? Warum nicht ich?‹ Jetzt sage ich manchmal laut auf der Straße: Ach. Warum denn er? Auch diese Frage versuche ich zu unterdrücken, weil sie auch mich betrifft. Wozu, wozu, das fragen wir beide. Wir sollten etwas lernen. Eine Lektion, leben lernen, sterben lernen. ›Leben heißt, leidenschaftlich nicht tot zu sein.‹ Freunde haben mir Viktor von Weizsäckers ›Pathosophie‹ ausgeliehen, ich lasse mir beim Nachdenken helfen. Auf einem der herumliegenden Zettel steht in großen Buchstaben geschrieben: ›Unglück ist eine Art von Lust.‹ Damals muß ich diesen Satz verstanden haben. Auf einem anderen Zettel steht der Satz, er muß ebenfalls von Weizsäcker stammen: ›Mangel an Sicherheit ist Mangel an Vertrauen.‹ Das ist ein Satz, den ich jederzeit verstehe, nicht immer nutzt er mir.

Wovor man in Gießen immer wieder gewarnt hat, tritt nach dem Transport ein, wird nicht rechtzeitig erkannt. Da nutzt es nichts, bereits in einer großen städtischen Klinik zu liegen, da nutzt es nichts, ein Privatpatient zu sein, da sind die richtigen Ärzte nicht zur rechten Zeit zur Stelle. Lungenentzündung, Lungenembolie, erhöhte Lebensgefahr. Das Ausmaß der iatrogenen Schäden ist weithin unbekannt, in Harvard beschäftigen sich Wissenschaftler mit dem ›Krankenhaus als Krankheitsursache‹, Grundlagenforschung.

Transport von der Neurologie zur Inneren. Gänge, Aufzüge, Gänge. Das Gepäck liegt auf seinem Bett, ich gehe hinter der Trage her, den Arm voller Blumensträuße. Wir kommen ein Stück durchs Freie, an einer begrünten Mauer entlang, er sagt: Ich rieche Erde. Das hat er seit langem nicht getan. Ein Pfleger mit Bärenkräften, der nur für Transporte zuständig ist, hebt ihn von der Trage auf den Röntgentisch, fährt ihn hin und her, mehrmals täglich. Du legst ihm die Arme um den Hals, du bist schwach, elend, hast jetzt große Schmerzen.

In der Neurologie hatte er ein Zimmer ohne Bad mit Chefarzt. Eine Angabe, die für die Krankenversicherung wichtig ist. Von nun an hat er einen anderen Chefarzt und ein Bad und einen Balkon dazu; weder Bad noch Balkon wird er je betreten können, aber diesen Chefarzt, den braucht er. Auch er wurde vor Jahren von Pia operiert, ebenfalls ein Gehirntumor, Arzt und Patient sind gleich alt, auch er malt, seine Bilder hängen im Flur der Klinik. Ich tausche hin und wieder das Bild, das im Krankenzimmer hängt, gegen ein anderes vom Flur aus. Mehrmals täglich Blutentnahme, jedesmal sagt eine andere Schwester: Es gibt jetzt einen kleinen Pieks. Du versuchst ein Lächeln, sagst: Dank können Sie von mir nicht verlangen, Schwester. Von nun an interessiert sich keiner mehr für die Kopfoperation. Aus diesen Wochen liegen keine Notizzettel vor. Ich saß morgens einige Stunden an seinem Bett, nachmittags wieder. Wenn ich immer zur gleichen Stunde in sein Zimmer kam, blickte ich ihn zuversichtlich an, einmal hat er gesagt: Euer Postkartenoptimismus.

Der Sommer bleibt kühl, regnerisch, windig. Die Pappeln, die bis zum 5. Stockwerk reichen, biegen sich, verschwinden aus deinem Blickfeld, tauchen wieder auf, beunruhigen dich. Ich ziehe die Vorhänge auch bei Tage zu. Der Sommer wird dich opfern. Wir machen den Chefarzt auf diese Bäume aufmerksam, er erkennt die Unruhe, die von ihnen ausgeht.

Baustellen, auch in dieser Klinik. Ich kann die Geräusche nicht verhindern, das meiste, was dich plagt, kann ich nicht verhindern. Die Medikamente verursachen Appetitlosigkeit und Übelkeit, du verweigerst die Klinikkost. Ich bringe mit, was du sonst gern gegessen hast: Parmaschinken, Melone. Du entschuldigst dich, auch das kannst du nicht essen. Bananen standen mehrere Stunden hoch im Kurs, Bananen mit Joghurt, dann keine Bananen. Dann Pfirsiche, keine Pfirsiche. Dann Krabben, dann … Thermoskannen mit kräftiger Fleischbrühe. Durchgerührte Kartoffelsuppe. Lange und behutsame Gespräche und Überredungsversuche über Speisen mit jemandem, der sich nie recht dafür interessiert hat, der sagt: Wenn ich jetzt loben würde, hieße das doch, gestern habe es mir weniger geschmeckt. Ich berichte, daß Thomas Mann, als er nach einer Lungenoperation in Los Angeles die gleichen Eßschwierigkeiten hatte, plötzlich Coca-Cola zu trinken wünschte und dann tagelang Coca-Cola trank, zu seiner eigenen Verwunderung und Beschämung. Ja, sagst du, hol Coca-Cola! Ich kaufe an der Bude gegenüber der Klinikpforte mehrere Dosen. Du trinkst einen Schluck. Beim dritten Schluck erklärst du, keinerlei Ähnlichkeiten mit Thomas Mann zu haben.

Ich versuche, dir etwas vorzulesen, aber du kannst dich nicht konzentrieren. Ich bringe einen Bildband mit, schöne, vertraute Landschaften, von Horst Janssen gemalt, den du vor allen anderen modernen Malern schätzt. Du blickst uninteressiert auf die Seiten, die Bücher rutschen von der Bettdecke. Ich schneide Rosen im Gärtchen, ordne sie in Vasen, sage: Damit du siehst, was dir zu Hause blüht … Ich berichte von dem Amselpaar, das ungestört seine Jungen aufziehen kann, zwei Meter über dem Platz, an dem du sonst im Sommer bei den Mahlzeiten sitzt, mir gegenüber. Auch ich sitze nicht dort. Zum ersten Mal gerät ihnen die Aufzucht der Jungen dort, wo sie zweimal im Jahr ein Nest bauen und es dann aufgeben, weil sie sich gestört fühlen durch uns.

Es kommen Besucher, meist winkst du ab, nein, bitte nicht! Du schließt die Augen, als wären es Türen in dein Inneres. Die Freundin Rose macht eine Ausnahme, sie legt eine Rose auf deine Bettdecke, und jedesmal bringt sie eine kleine Geschichte mit, die sie dir leise, beschwörend, erzählt. »Mäuseborn«, flüstert sie dir ins Ohr, bevor sie geht. »Wir werden wieder zusammen zum Mäuseborn gehen!« Ein kleines Lokal am Ende eines Waldwiesentals, unendlich weit von diesem Krankenzimmer entfernt. »Gestern«, berichtet sie, »gestern waren wir auf Schloß Escheberg zum Musizieren.« Du kennst dieses hübsche kleine Schloß, in weiten Buchenwäldern gelegen, dort schrieb Emanuel Geibel ›Der Mai ist gekommen …‹. Sie weiß, daß du nun das Schloß, den Park, den Teich vor Augen hast, und erzählt: »Während aus den offenstehenden Fenstern der Poetenstube die Klänge eines Schubert-Quintetts in den Park wehten und sich dort aufs freundlichste mit dem Plätschern des Springbrunnens mischten, unternahm ich einen kleinen Abendspaziergang, der mich durch die Eschenallee zu dem verschwiegenen Teich führte. Und dort sah ich einen Schwan! Er war unruhig, störte das stille Bild, zog eilig über das dunkle Wasser, hin und her, leuchtete hell in der rasch hereinfallenden Dunkelheit. Später habe ich den Schloßherrn gefragt: ›Ja‹, hat er gesagt, ›unser Schwan! Er macht uns Sorgen. Nachdem er bereits einmal Witwer geworden war, hatten wir ihm unter allerlei Mühen eine junge Schwänin aus dem Bergpark Wilhelmshöhe verschafft. Aber denken Sie, diese Treulose! Sie flog mit dem erstbesten jungen Schwan, der auf unserem Teich nur eine kurze Gastrolle gab, auf und davon. Nun trauert der Betrogene, ist unruhig und zeigt erste Anzeichen von Bösartigkeit. Vielleicht sollten wir versuchen, ihn mit einer neuen Schwanenfrau zu trösten? Wir fühlen uns für sein Wohlergehen verantwortlich!‹ Was für ein idyllisches Bild: zwei Schwäne auf dem Teich im Abendlicht, aber einer –?«

Bevor sie geht, fragt sie dich: »Was tust du –?«

»Ich gesunde«, sagst du, zum ersten Mal sagst du das. Ein Tätigkeitswort: gesunden.

In einem Brief steht: ›Wie dünn ist Ihre Haut inzwischen?‹ Ich kenne die Handschrift nicht. ›Was für eine Anstrengung, oben zu bleiben und nicht abzustürzen und sich nicht fallen zu lassen!‹ Auf dem Umschlag steht, in meiner eigenen Handschrift, ein Satz. Von Ingeborg Bachmann? Aber das kann nicht sein, von wem stammt der Satz? ›Keiner fällt tiefer als in die Hand Gottes.‹ Als wäre Sterben einfach nur ein Fallenlassen. Bei Ingeborg Bachmann heißt es: ›Jeder, der fällt, hat Flügel.‹ Ich habe nachgesehen, meine Schwester hat mir den Satz in einen Gedichtband geschrieben, ich muß wohl auch damals verzagt gewesen sein und weiß heute nicht mehr, warum.

Die Untersuchungsergebnisse werden besser. Erste Schritte. Eine Krankengymnastin kommt, ein Bandagist kommt, eine Perückenmacherin kommt. Der Kopfverband wird entfernt, Fäden werden gezogen. Kühner trägt nun die Seidenmützchen, die ich derweil nach Maß gehäkelt habe, unter denen sich die Kalotte verbirgt, die den Kopf schützt. Die Zeit danach wird vorbereitet. Ich fürchte mich: Wie soll ich den Chefarzt, die Nachtschwester, die Pfleger, die Schwestern, die Diätköchin, die Putzfrau ersetzen? Wird man dich und mich rehabilitieren? Und wo?

Du erholst dich rasch, viel rascher, als zu vermuten war. Wir gehen zum Gottesdienst, in die größte – seit langem zu große – Kirche der Stadt, nur der Chor wird noch als Kirchenraum genutzt, das Kirchenschiff und die Emporen dienen als Konzertsaal, für Oratorien und Messen; nur am Heiligen Abend füllt sie sich mit Weihnachtschristen.

Die Gemeinde stimmt den ersten Choral an: ›Mir ist Erbarmung widerfahren ...‹ Wir fassen uns bei den Händen, blicken uns nicht an, jeder bekämpft die eigenen Tränen, die des anderen könnte man nicht ertragen. Wir nehmen am Abendmahl teil, der Pfarrer kennt uns, wir kennen auch sein Schicksal, er hat seinen einzigen Sohn bei einem Sportunfall verloren, er hat sich den Verlust zu Herzen genommen, hat eine schwere Herzoperation überstanden, das liegt noch nicht lange zurück. Viele der Kirchgänger kennen uns. Am Altar verlieren wir noch einmal die Fassung. Es hat nicht viel gefehlt, dann wäre ein Schluchzen durch die Kirche gegangen, zu weinen hat jeder etwas.

Seit Jahren fällt mein Blick von der Straßenbahn, auch vom Auto, manchmal vom Fußgängerweg aus, auf ein Plakat. Vier Szenen sind darauf zu sehen. Als erstes ein spielendes Kind, darüber steht: ›Zu jung‹; daneben ein junges Paar, der Text dazu heißt: ›Zu verliebt‹. Das dritte Bild zeigt einen tätigen Menschen, darüber: ›Zu beschäftigt‹. Das letzte Bild zeigt dann einen Sarg: ›Zu spät‹. Die Stationen eines Menschenlebens; vier Gründe, weshalb der Weg nicht zu Jesus führen konnte. Ich betrachte das Plakat aufmerksamer als früher, ich weiß, daß es so nicht bleiben wird: Der Choral am Morgen, das Tischgebet, das Losungswort, die Bibellektüre vor dem Schlafengehen, das wird nachlassen. Keiner der vier Gründe trifft auf uns zu. Trägheit heißt der fünfte, der für alle zutrifft, die Zujungen, die Zuverliebten, Zubeschäftigten –.

Am Ende jenes Sommers haben wir mit den Freunden noch einmal ›beim Griechen‹ gesessen; er hat uns wieder den Tisch auf der Terrasse über dem Wasser gedeckt, hat uns ein Festmahl bereitet. Wir aßen und tranken, waren von Freundschaft umgeben. Die Sonne ging prächtig hinter dem Habichtswald unter, zehn Kilometer weiter links als im Frühsommer. Und wieder war es: wie verreist. Enten flogen vom See auf, ordneten sich zu glückverheißenden Zeichen, und der volle Mond ging auf. Wir standen mit unseren Gläsern auf der Holzbrücke, tranken den Ouzo, den der Wirt spendiert hatte, warfen die geleerten Gläser über die Schulter hinweg ins Wasser. Was für ein Leichtsinn. Wir waren leichten Sinnes, umarmten einander, und die schöne junge Griechin sagte dir, nur dir, Lebewohl. Du sagtest: Chairete!

Am nächsten Tag war das Lokal geschlossen, für immer, der Wirt kehrte nach Griechenland zurück. Auch für ihn war es ein Fest.

Eine Frau, die ich zweimal, und jedesmal nur flüchtig, gesehen habe, schreibt mir hin und wieder einen Brief, in ihrem letzten Brief steht: ›Ich denke an das ungeschriebene Buch. Zu dritt mit Professor Pia, ein Buch, das nicht geschrieben werden kann.‹ Sie weiß von uns nicht mehr als das, was in dem Band ›Deine Bilder – Meine Worte‹ steht. Sie schreibt in Stichworten, schreibt: ›Leiden. Alleinsein.‹ Und fügt dann aus ihrem eigenen Leben ein paar Sätze hinzu: ›Meine Hand vermochte es nicht, ihn hierzuhalten. Zu spät. Aber in sechs Wochen Uniklinikum haben wir die traurigste und auch die glücklichste Zeit erlebt, wir waren uns nahe, Tag und Nacht, in vollem Bewußtsein dessen, was mit uns geschah. Das Wunder trat nicht ein – aber doch etwas, das mich getrost sein läßt über uns beide. Manchmal gibt er mir Zeichen, weht mir ein Blatt vor die Füße –.‹

Rehabilitation, für beide. Hat man euch endlich rehabilitiert? fragten die Freunde. Alle verwöhnten uns, Leben war etwas Besonderes, Festliches.

Nach einer langen Pause schrieben wir wieder, dann fing Kühner wieder an zu malen, wir reisten auch wieder. Alltag. Und manchmal sagtest du: Leben ist etwas Schönes. In einer zweiten Operation hatte Pia den Kopf mit einer Kunststoffplatte geschlossen. Du kämmtest das Haar über die Narben, die Kopfform war verändert, darüber ließ sich hinwegsehen, alle taten das.

Es vergingen einige Jahre, gute Jahre. Aber dann …

Die Freundin Heide erwartete uns auf dem Bahnhof in Gießen, keines der Kinder war mitgekommen. Sie verteilte uns und das Gepäck auf Klinikum und Hotel. Wir waren angemeldet, wir waren dort bekannt, das war erleichternd, das war erschwerend. Das Schlimmste am Schlimmen ist, daß es sich wiederholt. Oder auch Kierkegaard: ›Die Wiederholung ist der Ernst des Lebens.‹ Ein anderer würde operieren. Professor R. ist berühmt wie sein großer Vorgänger Pia. Eine neue Generation der Neurochirurgen macht sich ans Werk. Die Untersuchungen ziehen sich hin. Man hätte vor Monaten bereits operieren müssen, der Befund ist größer, als man dem CT nach annehmen konnte. Man fragt nach den Ausfallerscheinungen. Zwischen den Untersuchungen sitzen wir auf den engen Fluren der alten Klinik, schweigend, weil alles gesagt ist. Ich mache Bekanntschaften. Eine Patientin kommt im Rollstuhl angefahren, sie gehört zu einer anderen Station, hat bei den Neurochirurgen nichts zu suchen, aber sie braucht Kontakte, jemanden, der ihre Leidensgeschichte noch nicht kennt, und stößt auf mich. Seit Jahren geht das so, die Beine bleiben gelähmt, man versucht immer neue Methoden, operiert immer wieder; sie erklärt mir alles, bis in die Details, führt mir vor, was sie kann, was nicht. Ein Autounfall. Ich umarme sie, ich bin erschrocken, sie ist noch so jung, jünger, als ich bei unserem Autounfall war. Dann rollt sie davon, bis sie wieder jemanden trifft. Hausieren nennt man das, aber etwas anderes hat sie nicht anzubieten als ihre Leidensgeschichte.

Du hast kein Einzelzimmer, diesmal nicht, es mußte alles so schnell gehen, alles noch vor Weihnachten. Du teilst das kleine Zimmer mit einem Bettnachbarn. Wir betreiben heiteres Beruferaten, du taxierst ihn, den Jüngeren, der einen akuten Bandscheibenvorfall hat, schlägst Studienrat vor, der randlosen Brille wegen, vermutlich.

Und er sagt: »Stimmt, aber ich habe zu Hause eine Baumschule.« Wenn die Schmerzmittel bei ihm wirken, sind die Herren heiter, auch die sorgenvollen Ehefrauen wollen nicht nachstehen. Operieren – nicht operieren – doch operieren? Alle paar Stunden ändern sich die Vorhaben, dann bekommt ihr den gleichen Termin zur Operation. Zwei Lebenswege führen im OP zusammen. Später, nach Weihnachten, traf ich ihn auf einem Gang der Chirurgie, er ging mühsam an zwei Stöcken, aber er stand wieder auf seinen Beinen; wir freuten uns wie alte Bekannte, werden uns nie wiedersehen, waren uns aber für kurze Zeit nahe.

Am Tag vor der Operation traf der Schutzumschlag für die Neuausgabe der einbändigen Ausgabe der ›Poenichen‹-Romane ein. Ich nahm ihn mit in die Klinik. Der Verlag hatte ein Bild ausgewählt, das du bald nach unseren Wanderungen in der Mark Brandenburg gemalt hast. Ein See, von Kiefern umstanden; du hattest Gefallen an den Bildern von Leistikow im Berlin-Museum gefunden, aber bei dir sind die Kiefernstämme nicht dunkel, sondern rot, du veränderst die Farben, hältst dich weniger an die Natur. Das Bild hat Fernwirkung, es gefällt uns beiden. Deine Bilder beschützen meine Bücher! Schutzumschläge – kam dieser Gedanke von dir oder von mir? Seit Jahren schon wählt man aus deinen Bildern geeignete für meine Buchumschläge. Zusammengehörigkeit. Nähe, etwas wie Glück.

In der Nacht vor der Operation hast du einiges auf einen Notizblock geschrieben, die Worte wirr durcheinander, im Dunkeln vermutlich, unter dem Einfluß von Beruhigungsmitteln. ›Verzeih mir‹, das kann man entziffern, und: ›Gott, hilf mir‹. – Was gebe ich preis, ich werde dich fragen müssen, ob du das zuläßt. Sind unsere Lehrstunden für andere von Nutzen? Werden meine Leser verstehen, warum ich mich der schriftlichen Wiederholung aussetze?

Dienstag, also Dienstag. Früher bist du dienstags in

deine ›Residenz‹ gegangen, um zu malen. Die Vorbereitungen haben eine Woche gedauert.

Ab acht Uhr sitze ich im Hotelzimmer und erwarte den Anruf von Professor R. Es kann Nachmittag darüber werden, das hat er mir am Vorabend gesagt. Kann, kann nicht. Es wird später Nachmittag. »Ich bin fertig«, sagt er mit matter Stimme. »Die Operation war größer, als wir erwartet hatten, den Rest machen jetzt meine Ärzte. Der Tumor war vermutlich gutartig. Ihr Mann bleibt vorerst in Narkose.« Wir verabreden uns für den nächsten Morgen. Vermutlich gutartig.

Morgen früh werde ich die ganze Wahrheit erfahren. Ich verlasse das Hotel, gehe an der Mauer des alten Friedhofs entlang, durch die fremde Stadt, die Geschäfte sind noch geöffnet, es werden Plastiktüten in parkenden Autos verstaut, Tannenbäume auf den Gepäckträgern festgebunden. Dann liege ich wieder auf dem Bett. Ich kann dich nicht retten. Kurz vor Mitternacht rufe ich auf der Intensivstation an, verlange den diensthabenden Arzt; es ist eine Ärztin. Ich nenne deinen Namen. Ich bin seine Frau. Mit frischer Stimme sagt sie: »Oh, wir werden ihn gegen Morgen wach werden lassen.« Wach werden, wach werden lassen, transitiv, intransitiv.

Am Morgen fahre ich zur Klinik, gehe mit Professor R. durch die Gänge. Seine Stimme ist ausgeruht, er wirkt frisch, er ist jung, vergleichsweise ist er jung. »Besteht Hoffnung?« frage ich. Er sagt: »Wir haben zehn Stunden operiert!« Er muß mir nicht erklären, daß eine Operation nur dann so lange dauert, wenn man sich Erfolg verspricht. Am Morgen begreife ich das, nachts ist mir dieser Gedanke nicht gekommen.

Er redet dich mit deinem Namen an. Du lächelst. Der Patient ist ansprechbar! Er läßt uns allein. Deine Augen bleiben geschlossen. Manchmal lege ich den Kopf auf den

Rand der Bettkante, dann streichst du mir übers Haar, läßt die Hand eine Weile liegen. Wortlose Verständigung. Endlose Stunden der Dämmerung. Vorm Klinikgebäude steht ein Weihnachtsbaum; ich weiß nicht, ob die Lichter auch nachts brennen. Du kannst ihn nicht sehen, was siehst du überhaupt? Du liegst jetzt im ersten Stockwerk. Als man dich einlieferte, kamst du in das Mansardengeschoß, zwischendurch zu den Untersuchungen ins Untergeschoß, alles in demselben Flügel des Klinikums der Justus-Liebig-Universität, Ende des 18. Jahrhunderts erbaut, eines der wenigen schönen Gebäude der Stadt, baulich den modernen Anforderungen an eine Klinik nicht mehr entsprechend, rundum Neubauten, Baustellen, man erkennt die fünfziger Jahre, die sechziger Jahre, nichts paßt zueinander. Das Häßliche bleibt nicht auf der Netzhaut hängen, es teilt sich dem Körper als Unbehagen mit. Später, in der nächsten Klinik, wird es nicht anders sein.

Du beschränkst deine Antworten auf ja und nein, verweigerst sie oft, bei früheren Klinikaufenthalten hast du bereitwilliger danke gesagt: Danke, Schwester. Danke, Herr Professor. ›Laßt mich doch‹, sagst du manchmal, und manchmal sagst du: ›Was ist der Mensch?‹ – Du empfindest deine Hilflosigkeit. Man hat ein großes Stück Gewebe aus deinem rechten Oberschenkel in deinen Kopf transplantiert, das Bein schmerzt wochenlang, du wirst nicht auf der Seite liegen können. ›Was man nicht in den Beinen hat –‹ Unsere vertrauten Spiele gelten nicht mehr.

Nirgendwo in dieser verregneten Stadt wird soviel gelacht wie auf der Intensivstation. Das Lachen der Furcht? Reagiert man sich ab? Lautes Zurufen, die anderen Frischoperierten liegen noch in Narkose. Über das Lachen der Furcht habe ich als junge Redakteurin einer Frauenzeitschrift in Nürnberg einen Leitartikel geschrieben. In jener Redaktion habe ich gelernt, über alles zu schreiben, mit oder ohne Kenntnisse. Was ist seither an Lebenskenntnissen dazugekommen! Geblieben ist: das Lachen der Furcht. Nirgendwo wird soviel geraucht, soviel Kaffee getrunken. Alle sechs Stunden wechselt das Pflegepersonal.

Im Hotel finden abends die letzten Weihnachtsfeiern statt. Blockflöten, Vorträge, festliches Essen, festliche Kleidung. An einem Abend wird gesungen. ›Süßer die Glocken nie klingen als zu der Weihnachtszeit ...‹ Aus Kinderweihnachtstagen kenne auch ich dieses Lied. Wer singt das, heute noch, in einem Hotel, in dem sonst Kongresse stattfinden.

Warum tragen so viele Krankenpfleger auf Intensivstationen zottelige Bärte, langes, strähniges Haar? Sind Ersatzdienstleistende darunter? Alle tragen die gleichen blauen Leinenanzüge, auch die Schwestern und die Schwesternschülerinnen. Hauben sind verpönt, den Patienten waren sie angenehm, es hingen ihnen beim Umbetten keine Haare ins Gesicht. Einer der Pfleger sieht, daß bei Kühner der Bart kräftig sprießt, er beneidet ihn. Man könnte Sie ja direkt beneiden! Alles vereinzelt sich an dem Kranken, man kann auch den Bartwuchs für sich betrachten; sonst gedeiht nichts an ihm. Ich sitze eine Stunde, zwei Stunden, du schläfst, ich werde ruhiger, höre auf zu denken, bin nur noch da, anwesend, angehörig, so steht es an der Eingangstür, die immer verschlossen ist: Nur für Angehörige. Ich habe mich in eine Angehörige verwandelt und meine Identität verloren. Türen für Angehörige, grüne Leinenkittel für Angehörige, Desinfiziergeräte für Angehörige. Oft bin ich die einzige Angehörige, die meisten Frischoperierten bleiben nur für Stunden hier, liegen zu mehreren in den Zimmern, du liegst allein. Man verschreibt mir Beruhigungsmittel, Schlafmittel, auch solche, von denen man mir nur eine Tablette aushändigt. Traut man mir nicht? Man hätte recht, ich würde eine Tablette nach der anderen schlucken, um für kurze Zeit schlafen zu können. In der Schublade meines Nachttisches liegt ein Neues Testament, mehrsprachig, Reader's Digest-Verschnitt. Ich lese in den Offenbarungen des Johannes, verstehe nichts, begreife alles. Erleuchtungen, die sich wiederholen, wenn du in Bruchstücken von deinen Visionen sprichst. Du liest ganze Zeilen von der Zimmerdecke ab, und ich sehe, was du siehst, das Unsichtbare. Wenn du erwachst, bist du verstört von Träumen, mußt dich erst einordnen.

Ich verschenke deine Bücher, hoffend, daß man ein anderes Bild von dir bekommt. Ich blättere darin, lese das letzte Gedicht in dem Band ›Wozu noch Gedichte?‹. Eine Zeile ist herausgerückt, sie heißt: ›Er hat das letzte Wort.‹ Er, das ist der Tod. Die Frage ›Wozu noch?‹ verfolgt uns, bleibt unausgesprochen, wird von kurzen Augenblicken der Erkenntnis beantwortet.

Leben um jeden Preis. Wie soll er es schaffen? Wie soll ich es schaffen? Das ist kein heilender, wohltuender Schlaf mehr, das ist nur noch ein Röcheln, ich kenne das, ich habe an Sterbebetten gesessen. Ich bitte, den leitenden Arzt zu rufen, er kommt, beobachtet dich, beobachtet den Monitor, läßt sich die Krankenblätter geben und sagt: »Es ist ernst, aber nicht todernst.«

Du lächelst nicht mehr. Am Tag nach der Operation hat dein Lächeln, das von weit her kam, alle beglückt. Du besitzt nichts mehr, was dir gehört, keine Brille, keine Uhr, nichts. Man putzt dir die Zähne mit einer Einwegzahnbürste, die Zahnpasta ist bereits eingearbeitet, bei der Benutzung entwickelt sich Schaum im Mund. Einwegfieberthermometer, alle Stunde wird gemessen, Einweghandschuhe für alle Handreichungen, Einwegspritzen, Einwegtücher und -handtücher, der große Müllsack neben der Tür füllt sich täglich zweimal. Dein Körper ist von Einstichen und

Blutergüssen verfärbt. Handtellergroße Hämatome. Seit Monaten schon bekommst du blutverdünnende Präparate, die eine weitere Thrombose verhindern sollen.

»Das Telefon hat geklingelt!« sagst du. »Eine Stimme sagte laut und deutlich: Kühner. Im gleichen Augenblick verlöschte das Licht. Ich habe dich bei deinem Namen gerufen.« Dann schweigst du wieder, die Augen öffnest du nicht.

Du legst mir beide Arme um den Hals. Ich sage: »Halt dich fest, halt dich ganz fest«, und du sagst: »Die Brandung unter mir, die Brandung!« Und ich höre die Brandung und spüre, daß ich stärker werde, daß ich ihn noch eine Weile halten muß und halten kann. Er sagt an diesem und an den folgenden Tagen noch mehrmals: »Wenn ich jetzt loslasse, dann stürze ich ab. Du bist der Fels.« – »Halt dich fest«, sage ich.

Wenn ich komme, läßt man eine der Bettwände herunter, damit ich seine Hand halten kann. Er sucht nach Worten, selten kommen ganze Sätze. Einmal hast du einen Traum erzählt, über die Alpträume kannst du nicht sprechen. »Du hast tapeziert«, sagst du, »du hattest viele Tapetenrollen unterm Arm und hast zu mir gesagt, daß du alle Krankenzimmer, in denen ich liege, mit dieser Tapete bekleben willst, damit ich mich überall zu Hause fühle. Du wolltest mich überraschen, aber ich habe deine Absicht erkannt. Es soll überall aussehen wie hier.« Die Meßinstrumente und die Computer, die in dem halbdunklen Raum abgestellt werden, hältst du für das Muster einer Tapete. »Graphisch ist das schön«, sagst du, schließt die Augen, entziehst mir deine Hand. Nach langer Zeit sagst du: »Man schiebt doch nur alles immer wieder vor sich her.« Zu wem solltest du das sagen, wenn nicht zu mir.

Lange Dämmerungen, im Flur brennt Licht, ein Schein fällt durch das Kontrollfenster. Wenn ich anwesend bin, wird die Tür geschlossen. Ich erzähle dir von einem Brief, den die Frau Rath Goethe an Christiane von Goethe nach Weimar geschrieben hat, in dem sie ihr von dem Rebhuhn berichtet, das sie in den Nachmittagsstunden bei sich haben möchte, wenn es still sein soll und sie sich entspannen und nichts weiter tun möchte als ein Rebhuhn streicheln. Jetzt ist so eine Stunde. Ich bin still und gefaßt, wenn ich bei dir sitze. Wir nennen diese Stunde seither die Stunde des Rebhuhns. Einige Tage danach sagst du: »So soll dein Buch mit den Aufzeichnungen heißen: ›Die Stunde des Rebhuhns‹.«

»Du mußt das Bild für den Schutzumschlag noch malen!«

»Verlang nichts von mir!«

Er lächelt! Das sagt man mir schon, wenn ich die Intensivstation betrete. Aber es ist wieder so ein Lächeln von weit her, es lag am Tag nach der Operation über deinem Gesicht, verschwand dann, mit Anstrengung holst du es manchmal hervor. Sprechen wäre noch anstrengender. Der katholische Priester, den wir schon von unserem ersten Aufenthalt her kennen, dessen Auftauchen mich damals ängstigte, kommt an jedem Nachmittag; jetzt kennen wir uns, reden leise miteinander. Er nimmt einen Band mit Pummerer-Gedichten mit, für die Weihnachtsfeiern in den einzelnen Stationen der Klinik. Er bleibt nur wenige Minuten, vermutlich will er sich überzeugen, ob dieser Poet, dessen Gedichte er vorlesen läßt, auch noch am Leben ist. Er nähert sich besorgt, verläßt den Raum erleichtert. Es gibt eine Reihe von skurrilen Gedichten über die Art und die Unart, das Weihnachtsfest zu feiern. Auch bei einer Klinikfeier darf gelacht werden. Er liest vom ›Mantel der Liebe‹, den der Pummerer aus dem Schrank holt und sich umhängt, damit er alle, die ihm so fremd sind, zu lieben vermag. Das Gedicht vom Wassertropfen im Transformatorenhaus, der einen Kurzschluß auslöst, so daß in der Heiligen Nacht ›O du fröhliche ...‹ selbst gesungen werden muß und eine Mutter zu ihrem Kind in der Dunkelheit sagt: ›Fürchte dich nicht!‹ Zum Abschluß der Feier läßt er von einer jungen Schwester ›Ein Lächeln zum Weiterreichen‹ vorlesen, ein Lächeln, das morgens von diesem Pummerer, der Kunstfigur, die du erfunden hast, ausgeht, von einem Gesicht aufs andere überspringt und dann am Abend zu seinem Erfinder zurückkehrt. Ach, dein Lächeln ist zu schwach für Gießen, die Stadt wirkt in diesen Tagen vorm Fest hektisch und unfroh. Auf mich. Ich muß das einschränken. Am folgenden Tag berichtet der Pfarrer, wie deine Gedichte angekommen sind, und dann kehrt das Lächeln für Sekunden auch zu dir zurück.

Als die Freundin Heide sagte: »Ich kann dich doch an der Klinik abholen«, willigte ich ein, an jenem Tag war ich optimistisch. Wir gingen zusammen in ein Restaurant. »Laß uns Champagner trinken«, sagte ich. Sie hatte Bilder mitgebracht, fertige und unfertige, eine neue Richtung, sie muß mit jemandem darüber sprechen. Wir reden über Maltechniken. Später kommt ihr Mann dazu, sagt: »Das lenkt dich doch von dem Klinikleben ab!« Er hat einen Freund mitgebracht, den ich bereits kenne. Alle trinken wir Champagner, der Freund hat den Fahrer dabei. »Das tut dir doch gut!« – »Wir bringen dich zum Lachen!« – Man bringt mich zum Lachen, man lenkt mich ab, ich sitze neben mir, sehe der Frau zu, die sich auf Small talk versteht. Im Hotel dann wieder in Tränen. Ich habe dich verraten. Man darf mich nicht ablenken, ich will nicht, daß man mich ablenkt, ich kann jetzt keine anderen Rollen übernehmen. Es ist schwer, sich verständlich zu machen, man bedauert mich, auch das will ich nicht. Ich bin dort, wo ich hingehöre, nirgendwo sonst will ich sein.

Er sagt, es gibt zwei Kontinente, zwei Rassen. Die Welt der Gesunden und die Welt der Kranken. Meinem ersten Roman hatte ich als Motto einen Satz von Thornton Wilder vorangestellt: ›Da ist ein Land der Lebenden und ein Land der Toten, und die Brücke zwischen ihnen ist die Liebe.‹ Gibt es auch eine Brücke zwischen den Kranken und den Gesunden? Ein guter Tag, vergleichsweise. Ich schalte das kleine Radiogerät ein, und Mozart dankt dem Patienten die Treue, er ist zur Stelle, ein Konzert für Bläser. Als der Sprecher ›Köchelverzeichnis‹ sagt, geht ein Lächeln der Befriedigung über das Gesicht des Leidenden. Die beiden haben einander erkannt. Wenige Tage später Arien aus Rossinis ›Barbier von Sevilla‹, er summt Melodien mit. Abends rufe ich alle Telefonnummern an, die ich mir mitgenommen habe. Ich verkünde euch große Freude, sage ich. Ich kann doch nicht nur Angst und Schrecken verbreiten. Und ich wußte ja auch nicht, wie vorübergehend diese guten Augenblicke waren. Mehrmals täglich wechsle ich die Kontinente. Seit jeher halte ich den Augenblick für die Ewigkeit, so wird es bleiben: So gut. So schlimm. Ich habe mir eine Zeile aus dem ›Ave Maria‹ ausgeliehen. ›Jetzt und in der Stunde unseres Todes.‹ Warum heißt es ›unseres Todes‹, wo doch der Tod das ist, was jedem allein zusteht, wo niemand folgen kann oder folgen darf. Du würdest, vielleicht, ohne mich weiterleben wollen, aber nicht können, weil ich die Lebenstüchtigere bin. Ich könnte vermutlich allein leben, auf erschreckende Weise habe ich immer alles gekonnt, aber ich will es nicht. Fragte man mich jetzt, heute, nach meinen Wünschen für die Zukunft, was man früher oft getan hat, dann würde ich sagen: dieser stille Platz auf dem Dorffriedhof, neben dem, den ich liebe, unter dem Granitblock, der noch die Namen meiner Großeltern trägt und den Stern Davids als Zeichen.

Wieder schickt man die Sträuße ins Hotel, in eine Intensivstation darf man keine Sträuße schicken. Ich wußte nicht,
daß es so viele Blumen in Lila gibt, sie verdüstern mein
kleines Zimmer. Ich bin durstig, nachts stehe ich immer
wieder auf und hole mir eine kleine Flasche Perrier aus der
Minibar, der Flüssigkeitsverlust ist groß. Ich bete nicht
mehr um dein Leben, sondern um einen gnädigen Tod. In
diesen Winternächten stehe ich oft auf dem kleinen Balkon im fünften Stockwerk des Hotels und weiß nicht: Wo
bist du? Ich habe die Orientierung verloren, finde mich
unter den Sternbildern besser zurecht als in den Straßen
der Stadt. Wenn ich kein Taxi bekomme, nehme ich den
Bus, fahre in die falsche Richtung und werde unfreundlich
belehrt, als ob jeder Mensch in Gießen Bescheid wissen
müßte.

Viermal täglich komme ich an einem Plakat vorbei, auf
dem man mir ein leichtes Jahr wünscht: blauer Himmel
und sprühendes Wasser, und jedesmal denke ich: Leicht,
leichter möge es werden. Keine weiteren Wünsche.

Während ich frühstücke, lese ich die Überschriften der
Lokalzeitungen, nur das Fettgedruckte. Das Fernsehgerät
schalte ich nur für Minuten ein. Die Welt ist aus den Fugen
geraten, die Nachrichten überstürzen sich, der Ostblock
wankt. Ich verliere auch in der Weltgeschichte die Orientierung, beziehe die Kommentare von Oberkellnern, von
den Taxifahrern, die mir ›einen schönen Tag noch‹ wünschen, wenn sie mich vor der Neurochirurgie absetzen.
Erwarte ich denn Anteilnahme von Taxifahrern? Ich lasse
mir die Haare schneiden, blättere in einem Magazin, um
mich nicht unterhalten zu müssen, lese, was im Frühjahr
1990 todchic sein wird, und denke darüber nach, was
denn am Tod ›chic‹ sein könnte. Das Hotel wird zu Weihnachten geschlossen, bis über Neujahr. Ich muß mir eine
andere Bleibe suchen. Ich telefoniere. Nein, Telefonverbin-

dungen kann man in den Festtagen nicht herstellen, nein, das Restaurant bleibt geschlossen, aber es sind nur Asylanten im Hotel, wenn Sie das nicht stört. Doch, es stört, ich kann nicht noch mehr Rücksichten nehmen. Man bietet mir ein Gästezimmer in einem der Klinikgebäude an, allerdings ohne Frühstück. Professor R. sagt: »Aber selbstverständlich kann man Sie auf der Station versorgen.« Ich beschließe, von nun an abends nach Hause zu fahren, morgens wiederzukommen. Fünf Stunden unterwegs. Unser Haus ist dunkel, kalt, aber es erwärmt sich rasch, die Weihnachtspakete stehen unausgepackt, auch das Paket aus dem Allgäu mit den Heiligen Drei Königen und dem Joseph, der sie beim Holzschnitzer abgeholt hat. Vor Monaten hatte ich zugesagt, bei der Weihnachtsfeier unserer Gemeinde zu lesen; der Pfarrer erkundigt sich, ob ich das unter diesen Umständen –. Ich frage ihn, ob er unter diesen Umständen nicht predigen würde? »Doch«, sagt er. »Also!« sage ich.

Auf der Hinfahrt sehe ich Schafe zur Rechten, auf der Rückfahrt Schafe zur Linken. Traue ich denn den Weissagungen der Schafe? Habe ich denn einen Schafsglauben?

Der Winter bleibt ein November ohne Ende. Der Blutbeutel, der auf seinem Kopfkissen liegt, wird immer praller, sein Körper blasser und kälter. Neue Transfusionen sind nötig. Man erteilt einer Schwesternschülerin Anweisungen, beachtet dabei weder den Kranken noch die Angehörige. Was hört er? Ich höre alles, verstehe wenig. Dann ist die Schwesternschülerin allein, hantiert mit den Blutbeuteln, sagt, daß sie erst seit einer Woche auf der Intensivstation arbeite, blickt mich aus ihren Kinderaugen an und sagt: »Ich bin so beruhigt, wenn Sie hier sitzen, dann fürchte ich mich weniger.« Bin ich dazu da, das Pflegepersonal zu beruhigen? Müßte man denn nicht mir Zuversicht in die richtige Durchführung der Anwendungen geben? Ein Arzt kommt, kontrolliert die Verträglichkeit des fremden Blutes. Alles okay. Wessen Blut? Als junges Mädchen habe ich in den Nachkriegsjahren mehrmals Blut gespendet, ich lag dann unmittelbar neben dem Kranken, der mein Blut bekam, es verursachte einer alten Dame Schüttelfrost, darüber haben wir damals gelacht. Ich erhielt Lebensmittelmarken und von der Patientin eine Flasche Wein, sie besaß ein Delikateßgeschäft. Wein für Blut. Ich habe viel Zeit, mich zu erinnern.

Man hantiert an deinem Körper, handhabt ihn. Ich stehe vor den Ärzten und sage empört: »Die Würde des Menschen ist unantastbar!« Der Satz steht im Grundgesetz, gilt er hier nicht? Versteht man mich überhaupt? Wie oft habe ich in diesen Wochen gedacht: Die Würde des Menschen. Niemand sagt bei der Visite, auch nicht, wenn der Kopf verbunden wird: Wollen Sie lieber draußen warten? Im Flur würde ich anderes sehen, an anderen, fremden Körpern; die Türen zu den Zimmern sind weit geöffnet, nichts ist zu übersehen. Wer sich auf einer Intensivstation aufhält, darf nicht empfindsam sein.

Wenn du wach bist, lese ich manchmal vor, auch deine skurrilen Verse, weil ich denke, ich könnte dich erheitern. Meist unterbrichst du mich, sagst: Worte, alles nur Worte. Oder auch: Sprüche. Wir schweigen, lassen uns auch dann nicht los, wenn Pflegepersonal ins Zimmer kommt, ohne anzuklopfen, nur Ärzte klopfen an. Ich kann mir die Namen der Pfleger und Schwestern nicht mehr merken.

Ich lese dir meine griechischen Kardiogramme vor. Wir kehren miteinander in eine glückliche Zeit zurück. Kardios, das Herz betreffend. Für die kurze Lesezeit ist nicht mehr das physische Herz wichtig. Ich zögere, will eine Eintragung auslassen, aber du sagst: »Lies das auch!« Und ich lese: »›Ohne meinen Willen geboren, gegen meinen Willen gestorben. Für dich wird die Welt stehenbleiben, wenn ich sterbe. Für wie lange Zeit wird der Tod uns trennen? Für Wochen, Monate, Jahre? Du machst mich unsterblich. Die Welt wird nicht einfach weitergehen, ohne mich, unverändert, ungerührt: für dich nicht. Du wirst fremd sein in ihr ohne mich. Ist es das? Ist das ein Trost, daß ich in deinen Armen sterben werde? Ja, das ist ein Trost. Und ich werde bei dir sein, wenn du stirbst, und ein Teil von mir wird dann mit dir sterben, und du wirst unsterblich sein in mir. Ich kalkuliere den Tod mit ein. Mein Lebensgefährte, mein Gefährte zum Tode hin. Ich bin geborgen. Mir kann nichts geschehen.‹«

»Du hast damals schon alles gewußt, vor zwanzig Jahren«, sagst du.

Ich schreibe auf kleine Zettel, im Halbdunkel, wenn er schläft, ich werde kaum etwas entziffern können. Auch vor vier Jahren habe ich Notizen gemacht, eine ganze Mappe voller Zettel, die ich lesen wollte, wenn alles ein Ende hat. Das Schlimmste am Schlimmen …

›Wie sind Dir unsere Leiden so süß, daß Du's nicht änderst!‹ Diesen Satz hast du auch früher schon zitiert. Wo hast du ihn her? Ich habe ihn in der Konkordanz zur Bibel nicht gefunden.

Professor R. hat sich verabschiedet, Weihnachtsurlaub, er wird erst im Neuen Jahr zurückkommen, dann sind wir nicht mehr hier. Die Ärzte wechseln, das Pflegepersonal wechselt, nur du hast einen 24-Stunden-Tag, eine Sieben-Tage-Woche. Keinen Weihnachtsurlaub, ersatzweise Neujahrsurlaub. Schon meine Frage, ob eine Narkose für Angehörige vorgesehen sei, stieß auf Unverständnis; ich spreche nicht die richtige Sprache. ›Guten Abend, gute Nacht, von Computern bewacht‹, sage ich. Vier Bänder laufen über die Bildschirme, man verbessert mich, es handelt sich um Kanäle. Was wird da aufgerechnet, dir angerechnet. Auf Datenbänken. Die Atmung wird sichtbar gemacht, bei jedem Herzschlag ein Piepton. Häufiger Alarm, Monitor-Alarm. »Meistens«, sagt die Schwester, »meistens ist keine Gefahr.« Aber wann ist meistens, Schwester? Sie klopft auf das Gerät, sagt: »Du spinnst wohl mal wieder?« Der Monitor reagiert auf deine unkontrollierten Bewegungen.

Es liegt hier ein Zettel, auf den ich in den Herbstwochen, als das Unheil sich über uns zusammenzog, geschrieben habe: ›Es mögen wohl Berge weichen und Hügel hinfallen, aber deine Liebe soll nicht von mir weichen.‹ Bei Jesaja heißt es ›Gnade‹, nicht Liebe; ich habe nachgeschlagen. Wen habe ich gemeint? Mit wem hätte ich in den Hotelnächten reden sollen? Mit wem reden die, die sich nicht unmittelbar an Gott wenden? In keinem Augenblick hatte ich das Gefühl, daß er mich nicht hört. Anhören ist damit nicht gemeint, auch nicht erhören. Er ist in Rufweite, ich rede laut mit ihm, gehe hin und her, der Platz reicht für vier Schritte hin, vier Schritte her. Bei Tag bin ich schweigsam. ›Das Unheil‹ sagen wir noch heute, fassen darunter Monate unseres Lebens zusammen.

Meine Gesprächspartner waren Krankenpfleger, Oberkellner, Taxifahrer. Zwei Tage vor dem Fest fuhr mich ein Iraner, dem Aussehen und Benehmen nach ein Herr. Unsere prüfenden Blicke begegneten sich, ein Gespräch war möglich. Er hatte in Gießen ein Diplom als Agraringenieur erworben, war in sein Land – Iran – zurückgekehrt, hatte dort gearbeitet und war dann, sechs Jahre später, geflüchtet. ›Das Regime‹, sagte er, diesen Ausdruck benutzen alle Asylanten und Vertriebenen und Aussiedler. Nun fährt er Taxi. Seine Frau ist psychisch krank, krank vor Fremde, paßt sich nicht an, lernt nicht die Sprache, zwei Monate lag sie in einer Klinik, täglich ist er hingefahren, zweimal 40 Kilometer, zum Zwölf-Stunden-Tag dazu. Sie klagt, sie klagt immer! Darum wird er die Festtage bei Schweizer Freunden verbringen. »Ach, Madame, die Gesundheit …« Der Satz bleibt offen. Er hat mir keine frohen Festtage gewünscht, wie es alle tun, er sagte statt dessen: »Ich wünsche Ihnen alles Gute, alles, Madame, alles!«

Wieder ein neues Gesicht auf der Intensivstation, ein kluges und aufmerksames Frauengesicht. Wir reden leise miteinander. Sie wird über Weihnachten und Neujahr Dienst tun, aushilfsweise, sie ist eine examinierte Krankenschwester mit langer Erfahrung, sie hat auf dem zweiten Bildungsweg Abitur gemacht, studiert jetzt Medizin, steht vorm Physikum. In der vorlesungsfreien Zeit arbeitet sie als Krankenschwester, sie braucht ja auch Geld. In einem anderen Gespräch sagt sie, daß sie ein Jahr lang in der Neurochirurgie gelegen habe, das kennt sie also auch, die Situation des Kranken. Wie wird sie sich verändern, wenn sie als Ärztin am Krankenbett steht? Wenn sie doch bleiben würde, wie sie jetzt ist, so ernsthaft, so aufmerksam. Ich sehe ihr gerne zu, höre ihr gerne zu, wenn sie Anweisungen gibt. »Ich kenne Sie schon lange«, sagt sie, nach Tagen erst, sie ist zurückhaltend. »Ich kenne Sie beide, ich habe doch ›Das glückliche Buch der a. p.‹ gelesen.«

Am Heiligen Abend holten mich die Freunde ab, sie hatten mich überredet, mit ihnen zu feiern, bei ihnen zu übernachten, in einem der Kinderzimmer. Die kleine Johanna lief mir im Treppenhaus der Klinik entgegen, mit Spangen im Haar und mit langem Rock. Wir setzten uns auf den Rücksitz des Wagens, eine halbe Stunde Fahrt über Land. Der Vater mischte sich nicht ein, wir sangen leise ein Weihnachtslied. Plötzlich sagte sie: »Du bist ja gar nicht bei mir, du bist noch bei Otto Heinrich!« Ich sagte: »Gleich bin ich bei dir!« Ich erklärte ihr die Sternbilder, die ungewohnt klar am Himmel standen, der Große Wagen übergroß, nahe am Horizont. Ich sagte leise: »Es waren aber Hirten in derselben Gegend auf dem Felde –« Und dann sagten wir zusammen Lukas zwei auf, keiner wußte, daß das Kind den Text kannte. Erneut unterbrach sie mich: »Du hast schon wieder an Otto Heinrich gedacht!« Ich drückte es fester an mich, dieses kleine empfindsame Mädchen, für das ich die Patenschaft übernommen habe. Was wird aus ihm werden? Das ist neu, daß ich Kinder mit Sorge und Angst betrachte. Was wird aus ihnen werden, so ein langes Leben vor sich und so wenig darauf vorbereitet. Wird sich Johanna später an dieses Weihnachtsfest erinnern, das ich mitgefeiert habe? Alle beschenkten mich, auch ein Gabentisch für Otto Heinrich unterm Christbaum, sie hatten alle an alles gedacht. Ein Kind nach dem anderen spielte Flöte, Geige, Klavier, wir sangen, beschenkten uns, aßen festlich, da war es schon fast Mitternacht. Von allem bekam ich das Beste, die größte polnische Bratwurst, das beste Bett. Es ist mir gutgegangen, aber ich konnte es so schwer ertragen, daß es mir gutging, daß ich dich mehrmals vergessen hatte. Ich zog den Rolladen hoch, lag auf dem Bett, sah in den Sternenhimmel. Man hatte alle Computerspiele weggeräumt, damit ich es still haben sollte, aber alle halbe Stunde kam ein Piepston und schreckte mich auf. Die Armbanduhr des Sohnes war auf dem Schreibtisch liegengeblieben.

Ich kaufe nun täglich eine Rückfahrkarte: Gießen–Kassel–Gießen, als wäre ich in Gießen zu Hause. Meist bleibt soviel Zeit, daß ich in der Bahnhofshalle aus einer Plastiktasse Kaffee trinken kann; neben mir stehen an der Theke Asylanten, das Notaufnahmelager Gießen befindet sich in der Nähe, ich benutze denselben Steg wie alle die Aussiedler und Umsiedler, die in Gießen eintreffen. Hat das Lager bereits seine Bedeutung verloren? Müßte ich es mir ansehen? Schließlich ist auch Maximiliane Quint auf der Flucht aus Pommern in diesem Lager gelandet, auf dem Weg zum Eyckel, der im Fränkischen liegt. Der Beamte damals, der ihr die Papiere ausstellen sollte, warf einen Blick auf die vier Kinder und auf das fünfte, das noch unterwegs war, und fragte: Glauben Sie denn an Wunder, liebe Frau? Maximiliane hat mit ›ja‹ geantwortet. Ohne Wunder kommt man in Gießen nicht durch, das habe ich inzwischen erfahren. In dieser Bahnhofshalle habe ich mehrere Nächte des Januar 1944 verbracht, zu Hunderten hockten wir auf unseren Gepäckstücken, warteten, daß Züge eintrafen, mit stundenlangen Verspätungen. Einmal flog nachts eine Pute, die sich aus ihrem Sack befreit hatte, über unsere geduckten Köpfe hinweg, man versuchte, sie einzufangen, und reichte sie dann von Arm zu Arm, bis sie wieder in ihrem Sack verschwunden war und Stille einkehrte. Und einmal kamen Soldaten, fragten mich, wo ich denn hinwollte, und ich sagte: Nach Frankenberg, das nicht weit entfernt lag, 40 Kilometer vielleicht. Kommen Sie! Und andere Wartende sprangen auf und wollten auch in diese Richtung, aber die Soldaten sagten: Nein! Ich hätte mich fürchten müssen, tat es nicht, ließ mich auf einen offenen Lastwagen heben, der Motor wurde mit Holzkohle gefeuert, Funken stoben in die eiskalte Nacht, die Straße war vereist, wir fuhren mit abgedunkelten Scheinwerfern. Wären feindliche Luftverbände gekommen, hätten wir anhalten müssen. Man reichte mir Wehrmachtsdecken und etwas Heißes zu trinken. Wäre ich älter gewesen, hätte man mich nicht mitgenommen. Keiner der Soldaten wollte mehr als freundlich zu einem jungen Mädchen sein. Es war eine vergnügte Fahrt. Als der Lastwagen vor dem Haus hielt, in dem meine Schwester ein kleines möbliertes Zimmer bewohnte, wurde es gerade hell. Sie unterrichtete dort am Gymnasium, sie war schon Referendarin, und ich hatte gerade in Fulda ein Notabitur gemacht und arbeitete als

Zweitköchin in einem Hotel im Vogelsberg. Zum Abschied schenkten die Soldaten mir eine Büchse mit Fleisch. ›Sag mir, wo die Männer sind, wo sind sie geblieben …‹ Marlene Dietrich sang das. ›Über Gräber weht der Wind, wann wird man je verstehn …‹

Und immer wieder Gießen. Zu Festen bei den Freunden, zur Premiere meines Theaterstücks, zu Operationen, Gießen, wo uns soviel Gutes widerfahren ist, behält seine Schrecken. Bei jeder Bahnfahrt in Richtung Frankfurt hält der Zug minutenlang in Gießen. Wenn ich den Ausruf ›Gießen‹ höre, erschrecke ich.

Dein Sohn kommt! Er ist auch vor der Operation für einen Tag angereist; er wohnt mit seiner Familie weit weg, am Rand der Schwäbischen Alb. Ich freue mich auf ihn. Er kennt sich in Krankenhäusern und mit Krankheiten aus. Ein Mann wie ein Baum. Ich werde einen neuen Zug an mir gewahr: das Bedürfnis, mich anzulehnen, an jemanden, der stärker ist und jünger ist. Dieser Mann ist mehr als zwei Meter groß, er hat die glückliche Fähigkeit, zu sehen, was du bereits kannst, ich sehe nur das, was du nicht kannst. Er hebt dich in einen Rollstuhl, ich fahre den Ständer mit den Ampullen hinterher, wir fahren bis ans Ende des Ganges an ein Fenster. Ich erkläre dir die Gebäude, die man sehen kann, was doch nicht nötig wäre, vor vier Jahren hast du hier ebenfalls gesessen. Ich mache vieles falsch. Von der Körperkraft und der Gelassenheit des Sohnes geht Beruhigung auf den Vater aus, auch etwas wie Gehorsam. Du tust, was er sagt, du ißt eine Mandarine, eine zweite, eine dritte, bisher hast du Obst verweigert.

»Es geht doch schon wieder ganz gut«, sagt der Sohn, als wir zusammen im italienischen Restaurant sitzen. Ich sage, was ich manchmal denke, daß er mehr und mehr auch mein Sohn würde. Er legt seine große Hand auf meine und sagt: »Das denke ich doch schon lange!« Man kommt sich nahe in Ausnahmesituationen. Für einen halben Tag vertritt er mich; ich nehme einen früheren Zug, liege einen langen Abend auf meinem schwarzen Sofa, packe keines der Weihnachtsgeschenke aus, niemand weiß, daß ich zu Hause bin, das Telefon klingelt nicht, eine automatische Licht-Uhr täuscht meine Anwesenheit vor, ich richte mich nach der Automatik, die du eingestellt hast; von fern her bestimmst du, wann ich schlafen gehen soll, besser: zu Bett gehen. Ich streiche durchs dunkle Haus, stehe in deinem Schlafzimmer, deinem Arbeitszimmer, im Badezimmer hängen deine Handtücher. Die Freundin Rose hatte mir zum Geburtstag ein Nußbrot geschenkt, davon esse ich abends und morgens eine Scheibe, ein Stück Butter befand sich noch im Kühlschrank. Rotwein, Tee.

Der Freund Johannes, mit dem ich regelmäßig Briefe wechsle, schrieb, daß sein Arzt gesagt habe, eine zweite Kopfoperation überlebe man nicht. Oder hatte er ›in der Regel‹ dazugesetzt, Einschränkungen und Ausnahmen für möglich gehalten? Ich weiß es nicht, ich habe den Brief zerrissen, in immer kleinere Fetzen, die ich beim Weggehen in die Mülltonne geworfen habe; die übrige Post blieb ungeöffnet.

Das Schlimmste am Schlimmen –. Die Beiworte ›gutartig‹, ›bösartig‹ werden vermieden, auch von uns, wir sagen ›unartig‹.

Ein Mann mit einer Gehirnblutung wird eingeliefert, der Raum, in dem dein Bett steht, immer noch auf der Intensivstation, wird gebraucht, dein Transport nach Kassel wird in Eile vorbereitet; dein Bett wird in ein Nebenzimmer der Chirurgie geschoben, der Sohn wird dich betreuen. Ich fahre wieder zurück, damit ich dich in den städtischen Kliniken erwarten kann. Ich warte mehrere Stunden, stehe beim Pförtner. Als der Krankenwagen aus

Gießen einbiegt, sehe ich für Sekunden deinen Kopfverband. Du wirst in ein großes Einzelzimmer gebracht, mit Balkon, mit Bad; das Zimmer kennen wir bereits, weder den Balkon noch das Badezimmer wirst du betreten. Du bist irritiert, die lange Autofahrt hat dich verwirrt. Einige der Schwestern kennen uns noch.

Ich versuche, den großen kahlen Raum, in dem die freundlichen Aquarelle des früheren Chefinternisten fehlen, mit Kalenderblättern zu verschönern. Der Tesafilm haftet nicht auf dem Ölanstrich, die Blätter lösen sich, fallen zur Erde, eine Schwester gibt mir Heftpflaster. Nur kein Aberglaube! Ein Wald, dessen Boden mit blühenden Anemonen bedeckt ist; daneben blühende Kirschbaumhänge aus dem Tal der Werra, dann ein blühendes Mohnfeld, in Waldeck fotografiert, wo ich herstamme. Vertraute Landschaften in ihren schönsten Jahreszeiten. Auch ich glaube nicht daran, daß du, daß wir das alles je wiedersehen werden.

Viel Platz für Blumensträuße, ich stelle Obstschalen auf. Meine Talente für Innenausstattung reichen nicht weit. Ich zerkrümele Weihnachtsgebäck auf dem Balkon, zweimal täglich kommt Colomba, eine Stadttaube, pickt und pickt, setzt sich für lange Zeit auf das Geländer und blickt dreist in dein Zimmer. Keine weiteren Besuche. Die Ärzte sind an Kopfoperationen nicht gewöhnt, wieder heißt es: Sie müssen doch Schmerzen haben. Warum muß ich das? Muß man Schmerzen haben? Man bringt Eisbeutel, legt sie auf die Wunde am Bein, die nicht heilt. Die jungen Ärzte und Pfleger und Schwestern kommen aus dem Weihnachtsurlaub, strahlend und gebräunt vom Skilauf; sie entschuldigen sich, spüren, wie fehl am Platz sie sind, machen Einschränkungen: Das Anstehen an den Liften! Ein Spaß ist das auch nicht, und dann die Schneeverhältnisse!

Kaum lagst du auf der Inneren Abteilung, bekamst du Koliken, heftige Leibschmerzen, dein Befinden verschlechterte sich. Was man aus Klinik-Statistiken weiß, bewahrheitete sich. Iatrogene Schäden, auch das kennen wir schon. Viermal täglich durchquere ich die Stadt, bringe mit, was du verlangst. Du verfügst nun wieder über eine Uhr, über ein Telefon, einen Notizblock, Zeichenstifte. Nichts kannst du benutzen, möchtest es aber um dich haben. Montags mußt du angeben, was du mittwochs zum Frühstück an Brotaufstrich haben möchtest, ob roten oder grünen Tee zum Abendbrot, das wachsweiche Ei, das du bestellt hast, ist kalt und hartgekocht, täglich lege ich ein Ei in die Teeküche, das man dir am nächsten Morgen kocht, doch, man gibt sich Mühe. Die Schwester trägt das Tablett aus dem Zimmer, fragt: »Hat es geschmeckt?« Nichts hast du angerührt. Sie trägt viele Tabletts aus mehreren Zimmern. Personalmangel, Überbelastung, Neujahrsurlaub, Vertretungen. Schmerzen und Übelkeit nehmen zu, Depression, weitere Fachärzte, man entdeckt die lange Narbe der Darmoperation. Vermutungen, Ängste.

Ich hatte g. t. in Berlin angerufen, noch aus Gießen, und gefragt, ob er kommen könne, und er hat nicht gezögert, ›sofort‹ zu sagen. Als ich aus dem Zug stieg, stand er bereits auf dem dunklen Bahnsteig, eine langstielige Rose in der Hand. Das Haus war geheizt, er hatte eingekauft. Von nun an brannte Licht, wenn ich aus der Klinik kam, war der Abendbrottisch gedeckt. Ich lag abends auf dem Sofa, er las mir vor, hatte sich überlegt, was mir guttun würde, oft schlief ich darüber ein. Keinen anderen Menschen hätte ich um mich ertragen können. Wir sind aneinander gewöhnt seit mehr als zehn Jahren, damals war er ein Schüler, der einen Aufsatz über eines meiner Bücher schreiben wollte. Es trennen uns Jahrzehnte, es verbindet uns die Sprache, auch der Glaube. Wir gehen nicht nur zusammen ins Theater, in Konzerte, wir gehen auch zusammen in die Kirche, ›gesund-beten‹, das gibt es doch, sagt er.

Auf einem der Zinnbecher, die wir zu unseren Picknicks mitnehmen, steht sein Name. Er schreibt für mich, schreibt über mich, wir haben uns auf ›Wahlsohn‹ als Familienstand geeinigt. Ohne Glanz mag auch er nicht leben, das hat er mit mir gemeinsam. Er ist bei uns wie zu Hause, weiß, wo der Schlüssel liegt. Zuneigung und Distanz. Einmal ist er mit in der Klinik gewesen, Kühner hatte darum gebeten, ich mußte derweil auf dem Gang warten: er hat ihm Aufträge, mich betreffend, erteilt. Als er aus dem Zimmer kam, sagte er: »Er ist ein Heiliger« und lief davon.

Der letzte Tag des Jahres. Die Stunde des Rebhuhns. Du sagst mir, wo deine wichtigsten Akten stehen, wo dein Manuskript liegt, die erste Hälfte, seit Jahren arbeitest du an ›deinem Eulenspiegel‹, immer wieder von großen Krankheiten unterbrochen. Vielleicht kann man das Manuskript so, wie es ist, veröffentlichen? Warum sollen wir nicht auch darüber sprechen? Das Wort ›Nachlaß‹ wird nicht benutzt, wir leben nicht zum ersten Mal in diesem Zwischenreich. Als du eingeschlafen bist, verlasse ich im Dunkeln dein Zimmer, vor dem Klinikgelände wartet das Taxi; ich fahre zu den Freunden, wo man mich mit heiterer Behutsamkeit umgibt. Ein kleiner Kreis vertrauter Menschen, auch g. t. ist dabei. Wir essen, wir trinken, alle trinken wir auf dein Wohl. Wir führen politische Gespräche, immer wieder: diese Deutschen, denen wir eine unblutige Revolution nicht zugetraut hätten. Wir sehen auf dem Bildschirm Bilder vom Brandenburger Tor, durch das Tausende, vom Osten her, vom Westen her, gehen wollen. Man liegt sich in den Armen, Sektkorken knallen, Jubel und lachende Gesichter. Daß diese Nacht in Klamauk und

Vandalismus endet, wissen wir noch nicht. Die Zeichen stehen noch auf Freude. Und Freiheit.

Unsere kleine Silvestergesellschaft nahm vom Feuerwerk über der Stadt nicht viel wahr. Als die Glocken der Kirche läuteten, stand ich allein an einem Fenster, sechs Kilometer trennten uns, Luftlinie. Für dich war das Feuerwerk ein Inferno. Du konntest dich nicht wehren, die Fensterfront geht zur Stadt hin. Raketen, Knallkörper, über Stunden. Du bist ein Kriegsteilnehmer. Was bricht da auf, fällt über dich her. Ich kann dich nicht schützen.

Ich habe mich dann in das Jahr 1990 hineingeschrieben, ich benutzte Fotokarten, auf denen wir beide zu sehen sind, mit Sektgläsern in der Hand, ich brauchte nur ›Prosit Neujahr‹ zu schreiben. Leserpost.

Als wir Monate später in Berlin waren, war das Brandenburger Tor eingerüstet, die Quadriga zur Renovierung abmontiert. Schäden aus jener Silvesternacht, aber: Freude, daß wir nun ungehindert ›Unter den Linden‹ gehen konnten.

Nach einigen Tagen hatte Kühner sich an den weiten Ausblick der Stadt gewöhnt, der auch mich zunächst ängstigte. Er sagte: »Ich wohne am Fuß des Lykabettos und blicke hinunter auf Athen.« Ich sah genauer hin und erkannte die Ähnlichkeiten: die Hochhäuser mit den flachen Dächern, die Schornsteine, die Fernsehantennen. Die Berge des Habichtswaldes liegen in Smog und Nebel, das war in Athen nicht anders. Zur Linken, aber so weit reicht sein Blickfeld nicht, liegt die Akropolis. Es ist Jahre her, daß wir beide in Athen waren, nach einem längeren Aufenthalt auf der Insel Hydra. Beim nächsten Mal war ich ohne dich in Athen. Ich erzähle von jener Reise – warum bist du nicht mitgefahren? Stört es dich, manchmal, der Begleiter zu sein? Du hast oft gesagt, daß dir Halbschatten lieber sei als Sonnenlicht. Ich selbst fühle mich wohler, wenn wir nebeneinander vor dem Publikum sitzen, nebeneinander stehen und uns verneigen, wir sind dann mehr als nur Kollegen, wir sind ein Menschenpaar, so empfinden es wohl auch die Zuhörer.

Wir leben in deinem Krankenzimmer wie auf einer Isolierstation, vom Weltgeschehen nehmen wir nichts wahr. Keine Nachrichten aus dem Radio, keine Zeitung; manchmal berichte ich dir etwas, ohne zu wissen, ob du meine Mitteilung registrierst. Der Funke, den Gorbatschow entzündet hat, schwelt und wird entfacht zu großen Feuern. Keiner scheint einen Weltenbrand zu fürchten. Habe ich überhaupt von Rumänien gesprochen? Bei der großen Visite fragst du unvermittelt, wo man Ceauşescu beigesetzt habe. Einer blickt den anderen an, wir wissen es alle nicht, bis dann eine Assistenzärztin sagt: »Man hat ihn an einem unbekannten Ort verscharrt.« Erst sehr viel später haben wir festgestellt, daß meine politischen Kenntnisse über jene Monate nicht viel genauer sind als deine, obwohl ich doch die Spätnachrichten einschalte. Ich höre und höre nicht zu, ich sehe und sehe nicht hin. Keine Musik mehr, sie verursacht dir Ängste. Aber ich lese dir vor, was du vor langen Jahren über Lappland und Island geschrieben hast und was ich über unsere Wanderung über die Höhen der Vogesen, den Odenwald, die Reisen durch Latium und die Toskana schrieb; für die Länge einer Buchseite verlassen wir das Krankenzimmer.

An einer Krücke und gestützt auf meine Schulter kannst du jetzt einige Schritte auf dem Gang tun. Die Weihnachtsbäume sind weggeräumt, Blumenarrangements. Ich habe die kleinen Mützen, die ich vor vier Jahren gehäkelt habe, mitgebracht, damit die anderen Patienten der Inneren Abteilung sich nicht erschrecken. Wir sprechen wieder von ›barmherzigen Mützchen‹, ich häkele ein weiteres aus schwarzem Garn, es ist Winter. Ein Pfleger erkundigt sich, ob du Jude seist, er muß das in ungutem Ton gefragt haben. Keiner der Besucher hat den Mut, sich die Narben anzusehen. Die Fußstapfen des Chirurgen. Noch immer diese großen Hämatome, die deinen Körper entstellen. Das Haar wächst wieder, es ist schlohweiß. Ich habe nachgeschlagen, woher das Wort kommt: Schloßen, das sind Hagelkörner.

Ultraschalluntersuchungen, Röntgenaufnahmen, Darmspiegelungen, ein deduktives Verfahren. Man weiß nun, was alles nicht die Ursache deiner Beschwerden sein kann. Bis dann ein Ulcus von beträchtlichem Ausmaß am Zwölffingerdarm entdeckt wird, eine Folge der Streßsituation bei großen Operationen, der Sohn hat das bereits am Telefon vor Wochen vermutet. Man teilt dir die Diagnose mit, und du sagst: »Ich kündige hiermit, ich bitte um meine sofortige Entlassung.« Von diesem Augenblick an hat ›unser Arzt‹ dich und auch mich betreut. Die Bilder der Anemonen, der blühenden Kirschbäume, des wilden Mohns habe ich von der Wand genommen und zurückgelassen. Es dauerte nur wenige Tage, dann sagtest du: »Vielleicht sehe ich die blühenden Kirschbäume noch einmal wieder. Wir wollen dann über die Grenze fahren, die keine Grenze mehr ist, über den Todesstreifen gehen, der keiner mehr ist. Wir werden uns von der Richtigkeit der Nachrichten überzeugen.«

An einem hellen Märztag haben uns die Freunde an einen Waldrand gefahren, wir sind an einem Frühlingsbach entlanggegangen, Primeln und wilde Veilchen blühten auf einer Waldwiese, Anemonen unter den Bäumen, wir holten die Prophezeiung der Kalenderbilder ein. Wir haben ein kleines Picknick veranstaltet, Tisch und Bänke standen bereit. Du hast den ersten Rotwein aus dem Zinnbecher getrunken, in den dein Name, ›Pummerer‹, graviert ist. Wo ist dieser Pummerer geblieben? Einige der Freunde nennen dich noch beim Namen deines Ander-Ich, ich tue es nicht mehr. Es sind keine Pummerer-Zeiten. Eine Freundin hat am Telefon gefragt, ob bei uns auch mal wieder gelacht würde. Ich mußte nachdenken, dann habe ich gesagt: Nein, gelacht haben wir noch nicht wieder. Lachen, um nicht zu weinen. Es folgt eine Zeit des Weder-Noch. Freunde kommen aus Japan zurück, andere aus Mexiko. Ich sage nicht, was ich denke: Wir kommen von weiter her. Geht es ihm wieder gut? Die Fragen wirken suggestiv, verlangen nach einer zuversichtlichen Antwort. Besser, sage ich. Das Beste am Guten ist –.

Kühner sagt: Vielleicht haben wir noch zehn Jahre, zehn gute Jahre vor uns. Ich erschrecke bei der Vorstellung, sage zu rasch: Zwei Jahre, nehmen wir uns doch zwei Jahre vor. Noch am nächsten Morgen wirkst du verstört, du hast wenig geschlafen. Ich frage nach. Beim Frühstück sagst du: Für dieses Gefühl einer Wiedergeburt mußte ich wohl erst sterben. Für zwei Jahre diese ganze ungeheure Anstrengung?

Es ist leicht zu klären und zu erklären. Ich konnte immer nur in kleinen Portionen leben, von einer Jahreszeit zur anderen, allenfalls, lieber noch in Tagesrationen. Heute morgen, heute mittag, heute abend. Daher wohl auch meine Abneigung gegen Vorräte, Tiefkühltruhen, Sparkonten.

Andere Gedanken! Man will uns auf andere Gedanken bringen. Ablenkung, Zerstreuung. Sie brauchen doch Anregungen! Aber Anregungen wirken sich als Erregung aus.

In den ersten Monaten hatte man mir von glücklich verlaufenen Kopfoperationen berichtet. ›Sie lebt heute noch!‹ Später erfahre ich dann von jenen Operationen, die nicht gelungen sind, wo nicht überlebt wurde, wo Schäden geblieben sind. ›Heute ist er debil‹ schreibt man mir, es muß als Trost gedacht sein, aber wie könnte mich fremdes Elend trösten?

Im Vorjahr hatten wir im März Kühner als alten Achtundsechziger gefeiert. Auf einer Fotomontage konnte man ihn unmittelbar neben Rudi Dutschke als Demonstrant sehen. Ein heiteres Fest mit geistvollen Reden. In diesem Jahr? Man schickt uns Sträuße, das kleine Haus wird zum Gewächshaus. Der OB macht einen verspäteten Krankenbesuch, der Hausarzt macht einen Besuch außer der Reihe. In Bern spielt man an diesem Tag in einem kleinen Theater die Bühnenfassung des ›Glücklichen Buchs der a. p.‹. Und in Warschau hat am selben Abend die Rede der Christiane von Goethe im Vorzimmer der Frau von Stein Premiere, zusammen mit einem Stück von Ingmar Bergman. ›Herbstsonate‹.

Täglich pflücke ich im Garten Veilchensträuße, sie welken rasch in der Heizungsluft. Neurologisch ist der Fall Kühner abgeschlossen, die Begleitkrankheiten werden in einigen Wochen geheilt sein. Wir machen Pläne, weit reichen sie nicht, unser Lebensradius hat sich verkleinert, auch der unserer Wünsche. Bei Wittgenstein steht: ›Die Lösung des Problems des Lebens merkt man am Verschwinden dieses Problems. Kann man aber so leben, daß das Leben aufhört, problematisch zu sein? Daß man im Ewigen lebt und nicht in der Zeit? Ist nicht dies der Grund, warum Menschen, denen der Sinn des Lebens nach langen Zweifeln klar wurde, warum diese dann nicht sagen konnten, worin dieser Sinn bestand.‹

Auf dem kahlen Dörnberg, nahe bei Kassel, blühen die Frühlingsschlüsselblumen. Primula veris, dottergelb, auch officinalis genannt, nahe bei den Veilchen, die versteckt unterm Schlehdorn blühen, sich zu kleinen Teichen zusammenrotten, veilchenblau sind und nur dort duften, wo sie Schatten haben; sie teilen ihre Fähigkeiten ein: leuchten oder duften. Eine Sommersonne bescheint die Frühlingslandschaft, alles ist seiner Zeit voraus. Die Laubbäume zeigen den ersten grünen Schimmer, lassen Durchblicke zu. Der weite Blick über das hessische Land, wo wir zu Hause sind, die Bergkegel und die Dörfer, die sich um den wehrhaften Kirchturm scharen und dann auswuchern in die Felder hinein, ohne Konturen. Parkplätze. In den Windschutzscheiben brechen sich die Sonnenstrahlen, blitzen auf, stören das ländliche Bild. Erleichterung, daß auch für uns ein Auto dasteht, in dem wir zurückfahren können. Ein heller Tag. Wir versichern uns zu oft, wie schön er ist. Der Duft, die Ausblicke, die Wärme. Wir dürfen solche Tage nicht so rasch vergessen, sie müssen doch wirksam sein, wenn bei Nacht die Lemuren kommen.

Wir gewöhnen uns nur langsam daran zu leben, weiterzuleben. Das wissen wir nun: Wenn eine bestimmte Grenze erreicht ist, fällt alle Todesfurcht ab. Viel zumuten können wir uns nicht. Wir suchen im TV-Programm nach Sendungen wie: ›Das Leben der großen Landschildkröten‹. Da kann nicht viel passieren. Einer fragt den anderen morgens, wenn wir zum Frühstück die Zeitung durchblättern: »Gibt es irgend etwas Neues über die großen Landschildkröten?«

Jemand sagt: Erfahrungen muß man am eigenen Leibe machen. Ich mache die Erfahrungen am Leib des Menschen, den ich liebe. Mehr als mich.

Kühner trägt die barmherzigen Mützen oder trägt die Baskenmütze, man ist gewöhnt, ihn mit der Baskenmütze zu sehen; wenn er sich entschuldigt, daß er sie in Innenräumen aufbehält, weiß der Befragte nichts anderes zu sagen als: Mich stört es nicht.

Professor R., den ich gefragt habe, ob ich seinen Namen nennen dürfe, schrieb: ›Es reicht doch, daß der Patient eine

Operation über sich ergehen lassen mußte. Daß hierzu auch ein »Täter« gehört, versteht sich ja von selbst. Ich habe nur das praktiziert, was wir von unseren Altvorderen gelernt haben, und zu denen gehörte ja auch Professor Pia.‹

Mit seinem Namen beende ich diese Krankenblätter.

Die Uraufführung der ›Donna Laura‹, dramatische Szene für Mezzosopran und 15 Instrumente von Viera Janárčeková, fand am 23. Januar 90 in einer überfüllten Kirche statt.

In meiner ungehaltenen Rede der pestkranken Donna Laura an den entflohenen Petrarca heißen die letzten Sätze: ›Habe ich denn gelebt? Hast du mich nur erfunden?‹ Über einer der Kritiken steht: ›An diesem Abend hat sie gelebt‹. Die Autorin saß in einem Lorbeerhain zwischen den Instrumenten und las ihren Text. Mein Ich, mein eigentliches Ich, saß noch in der Klinik, es war der Tag der letzten entscheidenden Untersuchungen, die Ergebnisse waren beruhigend, einige Gefahren schieden aus. Aber ich war nicht beruhigt. Ich bin nur noch schwer zu beruhigen.

Ihr letzter Flug

Was für ein schöner erster Tag in einem neuen Lebensjahr. Das letzte dieses Jahrzehnts. Geburtstag am Geburtsort, nicht vielen Menschen ist das vergönnt. Auf der Fahrt fing es an zu schneien, der erste Schnee des Winters. Als wir am Gasthof eintrafen, wurde es bereits dämmrig. Wir gingen zur Kirche, die Pfarrersleute erwarteten uns bereits, stiegen auf die Empore, und Kühner setzte sich an die neue Orgel; ein Schild weist darauf hin, daß sie meinen Eltern gewidmet ist. Weitere Freunde kamen hinzu, mehrstimmig wurde gesungen. ›Tochter Zion, freue dich!‹ Wir hatten soviel Anlaß zu Dankbarkeit und Freude. Kerzenlicht erhellte die kleine Dorfkirche, vor den Fenstern fiel der Schnee in dicken Flocken, das hatte ich nicht mehr gesehen, seit ich dort ein Kind war. Die Freundin Rose sang für mich ›Maria durch ein Dornwald ging ...‹, und als letztes sangen wir im Kanon ›Dona nobis pacem‹ – nicht ahnend, daß uns ein Krieg bevorstand. Uns –? Auch uns. Wir tranken im Pfarrhaus ein Glas Sekt, in jenem Raum, der einmal das rote Zimmer meiner Mutter gewesen ist; dann stapften wir durch das verschneite, stille Dorf. Ein Gänsebratenessen! Auf unserer Einladung war eine fliegende Gans zu sehen, ich hatte daruntergeschrieben: ›Ihr letzter Flug‹ und angegeben, wo und wann sie auf unseren Tellern landen sollte. Später saßen wir im neuen Kaminzimmer des Gasthofs beim Rotwein; Kaffee und Torte gab es ebenfalls. Ernste Gespräche, heitere Gespräche. Der heilkundige Pfarrer führt uns seine Kunstgriffe der Akupressur vor. Als wir ein handgeschriebenes Schild an der Wand entdeckten, auf dem stand, daß die Gäste gebeten würden, die Füße nicht auf die Polstermöbel und den Tisch zu legen, nahm ich meinen Lippenstift und übermalte das große F mit einem großen S. Was für ein glücklicher Anfang dieses Jahres! Ich will das nicht vergessen. Es war der zweite Adventssonntag. Ich bekam den Schlüssel zur Kirche und eine Pfeife der alten Orgel zum Geschenk.

Unser Dorf soll schöner werden

In den Stadtteilen und umliegenden Dörfern finden jetzt Sommerfeste statt. Unser Ziel war ein hessisches Städtchen, lieblich an der Werra gelegen, nun nicht mehr Anlaufstelle für Besichtiger der Zonengrenze und des Todesstreifens – beides war von hier aus leicht einzusehen –, nun wieder ein gepflegter kleiner Kurort, mit Kurpark und Salinen und einer schönen Altstadt, in der man nach und nach die Häuser vom Putz befreit hat; sorgsam restauriertes Fachwerk am Marktplatz, an den Straßen: Bürgerstolz und Bürgereitelkeit werden sichtbar und von den Besuchern bestaunt und gelobt. Schon im August feiert man hier das Erntefest mit Festumzug, Kapellen, Erntekranz. Und am Abend tanzt man Triolet! Um das zu sehen und zu hören, sind wir gekommen. Der kleine Fluß teilt sich am Stadtrand und legt zwei magere Ärmchen um einen baumbestandenen Platz, macht ihn zur Insel. Dort tanzt man auf einem Tanzboden Triolet. Ein Tänzer, an jeder Hand eine Tänzerin. Die Kapelle spielt Walzer und Rheinländer und Foxtrott. Man ruft sich ›Tri-o-let‹ zu, tanzt dann zu sechst weiter, teilt sich wieder, verbindet sich neu, tanzt und singt ›Tri-o-let‹, und die Kapelle spielt rascher, und das Rufen wird übermütiger, schneller, noch schneller. Rundum beleuchtete Buden, Duft von frischgebrannten Mandeln, Bratwürsten nach Thüringer Art, Bierdunst. Die Lichterketten spiegeln sich im Fluß, die Häuser sind mit Lampions und Fähnchen geschmückt, überall Blumen. Schöne Bilder! Die Zuschauer kommen von weit her, man schiebt und drängelt sich, wer aus Hessen und wer aus Thüringen kommt, kann man weder sehen noch hören, die Dialekte waren nicht durch eine Grenze zu trennen. Die Tänzer sind laut und übermütig, auch lustig, aber warum sind sie, wo sie doch rundum Häuser und Gärten und Plätze geschmückt haben, nicht selbst hübscher? Warum putzen sie sich nicht zu einem Fest festlich heraus? Immer nur T-Shirt und Sweatshirt und Jeans, und alles locker und schlampig und knautschig, und die Turnschuhe sind auch nicht mehr hell. Sollte ich eine Vorliebe für Trachtengruppen bekommen? Für Uniformen? Wären nicht wehende bunte Röcke zum Tanzen schöner? Blusen mit weiten Ausschnitten? Kränze im Haar? Warum denn nicht Kränze, die jedes weibliche Gesicht verschönen, ob es nun drei Jahre oder dreißig Jahre oder fünfzig Jahre alt ist. Warum kein Sommernachtstraum auf den Wiesen an der Werra?

Tri-o-let! Tri-o-let! Wir verlassen den Festplatz, gehen zum Parkplatz, der Ruf begleitet uns, wird leiser; wir blicken von den Hängen des Meißners zurück. Unser Dorf soll schöner werden! Was einmal als Wunsch und Aufforderung galt, hat sich erfüllt – oder ist auf gutem Wege. »Erinnert ihr euch?« frage ich. »Erinnert ihr euch an die Frau, deren Leiche man am Dorfrand fand, ein Messer in der Brust und ein Schild daneben? Erinnert ihr euch, was auf dem Schild stand?« – »Du hast vergessen zu sagen, daß die Frau sehr häßlich war!« – »Was stand auf dem Schild?« – »Unser Dorf soll schöner werden!«

Ein Schlößchen wird zum Schloß

Ein Verein zur Rettung von Schloß Schönfeld wurde gegründet. Seit das Schlößchen nicht mehr als Hotel und Restaurant genutzt wird, verfällt es, steht aber unter Denkmalschutz, der es vor weiterem Verfall nicht schützt. Man braucht zahlungswillige und zahlungsfähige Mitglieder. Aus dem ehemaligen Jagdschlößchen, in dem für kurze Zeit Jérôme residiert hat, in dem die Grimms und Brentanos und Savignys aus und ein gingen, wurde, was an den dynamischen Vorstandsmitgliedern liegen muß, sogleich ein Schloß, es wuchs über sich hinaus. Die Planungen für die umfangreichen Restaurierungsarbeiten ziehen sich hin. Es wurde ein Frühschoppen im kleinen Kuppelsaal veranstaltet; die meisten der Fenster sind mit Pappe vernagelt, der Putz bröckelt, aber die heruntergekommene Schönheit ist doch noch sichtbar. Der Blick geht durch die restlichen Glasscheiben in den Vorfrühlingspark, in dem bald die hohen Kastanienbäume in Blüte stehen werden. Man gibt sich an diesem Sonntagmorgen heiter, auch festlich-elegant. Kleine Reden, ein wenig Musik, Getränke und Imbiß. Keine Sitzgelegenheiten, aber die schönsten Weissagungen auf spätere Annehmlichkeiten. In diesem Schlößchen haben wir eine Reihe von Buchpremieren gefeiert, das werden wir – vielleicht – wieder tun können.

Eine Anwesenheitsliste liegt aus, man wird eindringlich ermahnt, sich einzutragen, deutlich lesbar mit Anschrift. Wer sich entschlossen hat, Mitglied des Vereins zu werden, der möge bitte ein Kreuz hinter seinem Namen machen. Ich gebe zu bedenken, daß er damit erkläre, verstorben zu sein. Gelächter – die zumeist männlichen Gäste befinden sich im besten Alter. Ein Kreuz machen. Drei Kreuze machen, das tut man, wenn jemand geht, den man nicht leiden mag. Man macht ein Kreuz, wenn man seinen Namen nicht schreiben kann. Auf meinen Einwand hin entschließt man sich für ein ›x‹, und ich frage: »Statt eines ›u‹?«

In den kleinen Ansprachen, die ich gelegentlich zu halten habe, erwähne ich dieses Schlößchen, sage, daß hier einst die Dichter ein und aus gegangen seien, füge hinzu, daß sie heute hoffentlich dort nicht nur eingehen. Man lacht.

Die Noch-DDR

Die Mitteilungen der Betroffenen sind mir wichtiger als Berichte und Kommentare der Beobachter. Ich lese: ›Wir in der Noch-DDR sind überrascht, wie groß die Kontaktbereitschaft der Bundesbürger uns gegenüber ist, denn durch das jahrelange Abgeriegeltsein fühlten wir uns schon abgeschrieben. Um so erfreulicher, daß sich die Menschen in Ost und West wieder näherkommen, haben wir doch so viele Gemeinsamkeiten ...‹ Der Brief kommt aus Rogätz. Wo liegt Rogätz? Der Ausdruck ›Noch-DDR‹ wurde zum Kennzeichen für diesen neuen und vorübergehenden Status. An jedem Tag kommen neue aufregende Nachrichten, aus Dichtern werden Präsidenten, aus Pfarrern Verteidigungsexperten. Wir blicken nach Ungarn, nach Rumänien, zum Baltikum, zur ČSSR, die nun ČSFR heißt. Die Freundin Krystyna aus Warschau schreibt: ›Es ist mir ganz klar, was für Freude die Vereinigung für Euch sein wird. Ich wünsche es Euch von Herzen, aber ich kenne auch die vielen Enttäuschungen, die Ihr noch erleben werdet und die von der Dauer und dem Einfluß des sozialistischen Systems auf die Menschen stammen. Die Ost-Deutschen werden die kapitalistischen Güter haben wollen, aber arbeiten werden sie sozialistisch wollen und es auch probieren. Und was für ein furchtbares Durcheinander in ihren Köpfen herrscht! Ich weiß nicht, ob die deutsche Ordnungsfähigkeit und Tüchtigkeit diese Auswirkungen ganz ausgleichen können wird. Unsere polnischen Probleme, die auch davon herkommen, sind furchtbar schwer zu überwinden. Vielleicht braucht man viel mehr Zeit dazu, vielleicht Jahre oder Jahrhunderte, die noch vergehen müssen.‹

Am 1. Oktober 90 schreibt eine Leserin aus Eisenach: ›... wir alten »Revolutionäre« sind ständig gefragte Gesprächspartner. Neben der täglichen Arbeit in der Redaktion jetzt also Interviews, Gespräche, Rundfunk, Fernsehen; heute die »New York Times«, ich kann kaum noch atmen. Diese Stasi-Geschichte! Wir haben einen 24-Stunden-Protestmarsch gemacht, nachts war es lausig kalt, aber wir müssen doch die Vernichtung und die Auslagerung der Akten stoppen. Seitdem wieder Drohanrufe. »Die Einheit« wirft ziemlich dunkle Schatten, immer mehr Arbeitslose, immer mehr Betriebe schließen. Mich bedrückt vor allem, daß ich nun schon wieder »gegen« etwas bin. Fast mein ganzes Leben im Protest, dann für wenige Wochen wirklich »für« etwas, und nun schon wieder auf der anderen Seite. In einem Aufsatz habe ich geschrieben: »Die Andersdenkenden werden die Andersdenkenden bleiben.« Jubeln kann ich nicht, aber natürlich weiß ich, daß die großen Dinge wirklich groß sind: keine Grenzen mehr, kein Eingesperrtsein, die polnische Westgrenze festgeschrieben, ich könnte noch mehr aufzählen, aber alles geht im Alltagsstreß unter. Nun also der 3. Oktober, das Ende der Nachkriegsgeschichte. Wir werden in der Redaktion sitzen und arbeiten, aber zwischendurch auch feiern und sehen, was die Leute draußen treiben. Glockengeläut und Feuerwerk. Arbeit ist ein kostbares Gut geworden. Ob meine Zeitung überlebt, ist noch nicht gesichert ...‹

Ich habe sie gefragt, ob ich diesen Brief in meine Aufzeichnungen aufnehmen dürfe, sie hat zugestimmt, aber gebeten, daß ich ihren Namen nicht nenne, auch nicht in der Abkürzung. Sitzt denn die Angst noch immer so tief?

Wenn ich im Herbst 45 die russisch besetzte Zone nicht verlassen hätte –? Ich wäre dann wohl Bibliothekarin geworden, vielleicht auch Lehrerin. Wie stark war mein Drang zu schreiben? Wie hätte ich mich verhalten? Wie mutig? Wie ängstlich? Wäre ich geflohen, um das schreiben zu können, was mir wichtig erscheint? Hätte ich mich angepaßt? Ich neige zu Anpassung, zu Kompromissen. Keine Parteizugehörigkeit im Dritten Reich, das habe ich als Bonus, damit konnte man durchkommen. Ich laufe nicht so leicht weg. Ich kann diese Frage nicht beantworten, vorerst stelle ich sie mir nur selbst.

Ende September waren wir in Weimar, in der Noch-DDR. Man hatte uns ein Zimmer im ›Elefanten‹ reserviert. Ein Frankfurter Unternehmen schulte in diesen Tagen die Taxifahrer in westlicher Betriebsführung. Der Taxifahrer, der uns zum Hotel fuhr, sagte: »Die Genossenschaft macht bald pleite, und was dann?« Der Taxifahrer, der uns zum Bahnhof fuhr, sagte: »Ich mache mich selbständig, ich komme schon durch!« Man glaubte beiden, beide waren jung. – Als wir spät aus Kromsdorf zurückkehrten, wo man in einer restaurierten Schloßkapelle die ungehaltenen Frauen hatte reden lassen – Christiane von Goethe, geb. Vulpius, endlich nahe bei ihrem Gartenhaus an der Ilm –, da war das Hotelzimmer überheizt, die Heizkörper ließen sich nicht regulieren; wir zogen die schweren Samtvorhänge zurück, öffneten die Fenster, ließen den dicken Braunkohlegeruch ins Zimmer, gingen ins Foyer und dann den Klängen der Musik nach, kamen in die Hotelbar, wo vier mollige kleine Ostasiatinnen sanften Jazz spielten. Wir tranken bulgarischen Rotwein und: wir tanzten. Langsamen Foxtrott, Tango, auch Walzer. Am nächsten Morgen ein Spaziergang im Park von Tiefurt. Eine Kindergärtnerin war mit einer Gruppe sehr kleiner Kinder unterwegs, sie sammelten bunte Kastanienblätter zu dicken Sträußen, kugelten sich im Laub, jauchzten. Ich änderte sogleich meine vorgefaßte Meinung über Kinderkrippen: Wären diese Kinder einzeln, in der Obhut einer frustrierten Mutter besser aufgehoben? Ohne das Zusammenspiel mit Gleichaltrigen?

Noch ein melancholischer Spaziergang über den Jakobsfriedhof, und dann fuhren wir weiter. Nach der Rückkehr fragte man uns, ob wir im ›Elefanten‹ in jenem Zimmer geschlafen hätten, in dem Adolf Hitler, oder in jenem, in dem die Hofrätin Charlotte Kestner abgestiegen sei –? Ich holte ›Lotte in Weimar‹ aus dem Regal, las die ersten Seiten, vergnügte mich mit Thomas Mann, ärgerte mich über Thomas Mann, so geht es mir meist. Tief im September war die legendäre, altgewordene Lotte mit ordinärer Post vorgefahren und vom Portier überschwenglich begrüßt worden; uns hatte man allenfalls freundlich begrüßt. Lotte, geborene Buff aus Wetzlar, verwitwet, eine Matrone, Ende Fünfzig zumindest, ein wenig rundlich, die Haare in aschigem Grau. Und ich: Ende Sechzig, aber doch nicht grauhaarig und auch nicht rundlich, nicht mit Tochter und Zofe, statt dessen mit Kühner an der Seite. Wir logierten im zweiten Stock, Zimmer 228, und Charlotte Kestner logierte ebenfalls im zweiten Stock, allerdings in Zimmer 27, nebenan. Und auch diesmal war das Hotel voll besetzt. Name und Lage an der Südseite des Marktes sind noch dieselben, sonst erinnert nichts. Das Haus der Oberstallmeisterin von Stein ist eingerüstet.

Die Stadt wird zur Großbaustelle, mit westlicher Hilfe.

Fahrt ins ehemalige Drüben

April 1990. Eine Leserin aus Halle schrieb: ›... Aus Ihren Büchern weiß ich, daß Sie sich 1945 in Halle aufhielten und dort wohl auch das Kriegsende erlebten. Ich kam 1946 zum Studium (Pharmazie) nach Halle, mein Mann studierte auch in Halle (Theologie), und da er nach dem Studium nicht ins Pfarramt ging, sondern das Archiv und später auch die Hauptbibliothek der Franckeschen Stiftung als Leiter übernahm und dies zu seiner Lebensaufgabe wurde, blieben wir in Halle hängen und so im Schlamassel der DDR gefangen. Der bauliche Zustand der einst so berühmten Franckeschen Stiftung ist erbarmungswürdig. Die ganze Stadt Halle ist am Zusammenfallen, manchmal kann ich den Anblick von Baufälligkeit und Schmutz kaum ertragen, und wir fühlen uns um 40 Jahre unseres Lebens betrogen. Der Dom darf nicht mehr betreten werden, weil eine Rippe abgebrochen ist. Die Marktkirche verdankt ihren inneren Glanz einem Unglück: Vor 20 Jahren barst ein Fernheizungsrohr und hüllte die ganze Kirche in Wasserdampf. Die Denkmalspfleger frohlockten, weil endlich Gelder aus der Versicherung flossen. Wo mögen Sie damals gewohnt haben? Ich bin übrigens aus Schlesien, mein Mann aus Ostpreußen. Ich schreibe Ihnen aus Uder, seit 7 Jahren verleben mein Mann und ich den Urlaub im Eichsfeld, in diesem Jahr erstmalig mit der Möglichkeit, die Grenzen in unserem Trabi zu überwinden. Sechs Jahre lang versuchten wir von einigen günstigen Stellen aus mit unserem Fernrohr (wir sind Hobby-Ornithologen) einen Blick auf die Dächer von Duderstadt zu erhaschen. Mein Mann – er wird erst 1992 Rentner – durfte ja vorher nicht in den Westen reisen. Er saß stundenlang auf einem Klappstühlchen und schaute sehnsüchtig hinüber. Wir konnten den

Holzturm (»Grenzinformationsturm« genannt) bei Gerblingerode sehen und die Gaststätte daneben, die parkenden Autos, den Aufstieg der Besucher auf den Turm. Und mein Mann träumte davon, die Orte jenseits der Grenze kennenzulernen. Und jetzt ist es soweit!! Mit großer Bewegung fuhren wir in Duderstadt ein, besichtigten die Stadt und stiegen auf den Holzturm, der uns so lange unerreichbar blieb. Wir fuhren von Uder über Arenshausen, nach Hohengandern, nach Witzenhausen ...‹

Morgens traf dieser Brief ein, nachmittags saßen wir im Auto der Freunde und fuhren in Richtung Osten. Wir sind in der Grenznähe, wo Wälder und Täler einsam waren, auch früher oft gewandert, aber diesmal ist das Ziel Hohengandern. Die Bewacher des ehemaligen Grenzübergangs blickten freundlich und nur der Form halber in unsere Pässe. Wir fuhren auf Landstraßen, die von blühenden Birn- und Pflaumenbäumen gesäumt waren, zum Hanstein, den wir so oft von fern gesehen haben. Auf mächtigen Buntsandsteinfelsen erhebt sich die wohlerhaltene Ruine, und wir blicken auf den kleineren Bruder hinab, den Ludwigstein, dazwischen die Werra. Am Berghang die Kirche mit den schiefergedeckten Doppeltürmen im Westwerk, weiß-schwarzes Fachwerk. Auf dem kleinen Friedhof sind die Gräber mit Stiefmütterchen bepflanzt, in einigen Gärten hat man bunte Ostereier in die noch unbelaubten Fliederbäume gehängt. Ein Wochentag. Keine Buden, an denen man Bratwürste essen könnte, Cola trinken. Täuschen wir uns, oder erobert bereits der erste Frühling den Todesstreifen, auf dem wir ein paar hundert Meter zu Fuß gehen? Und dann wieder hinunter ins Tal der Werra, die schwarz und träge dahinfließt, nichts blüht am Ufer, die Böschungen sind kahl. Dann Lindewerra, dorthin führten wir die Besucher aus dem Ausland, wenn sie diese heiße Grenze besichtigen wollten, dort ragt eine Brückenhälfte

248

vom westlichen Ufer bis in die Mitte des kleinen Flusses, eine Pont d'Avignon in Hessen; der Grenzturm ist bereits abgerissen, in den Gärten und auf den Wiesenhängen stehen die Kirschbäume in voller Blüte, an den Häusern wird gebaut, als könne es nun gar nicht schnell genug gehen mit der Angleichung der thüringischen an die hessischen Dörfer. Man grüßt uns freundlich. Wir grüßen freundlich. Ein achtjähriger Junge begleitet uns auf dem Fahrrad; er gibt Erklärungen, ein begabter Fremdenführer. Er verkauft uns ein paar Betonstücke der ehemaligen Grenzpfähle, rotbemalt, schwarzbemalt, den goldbemalten schenkt er uns dann. Die schwarz-rot-goldenen Brocken liegen nun neben den Mauerstücken, die man uns aus Berlin geschickt hat, vom Tag nach der Öffnung der Mauer, als sich die ersten Mauerspechte ans Werk machten. Man wird die historischen Spuren unserer Vergangenheit nicht ausgraben müssen. Zwei Mark pro Souvenir. Der Junge spart für einen Walkman, elf Mark hat er schon zusammengespart. Wir haben diese Anschaffung gefördert.

Es roch nach Braunkohle, es roch nach schlechtem Benzin. Die Stiefmütterchen dufteten nicht, es blühten zu wenige in den Gärten. Die Berge sind hier höher als in Hessen, man zeigte uns den Weg zur Teufelskanzel. Woher der Name: Teufelskanzel? Wir kennen die Sagen und Legenden nicht, unsere Kenntnisse hören an dem Todesstreifen auf. Angehörige der Volksarmee waren dabei, die Befestigungsanlagen abzubauen, die das Land, dem sie noch dienen, schützen sollten. Mit welchen Gefühlen? Wieder aus Gehorsam? Vor den Häusern standen Trabis, aber auch die ersten Westautos. Wir waren im Eichsfeld, gar nicht so weit von Eisenach entfernt, aber an den Straßenrändern stehen Kruzifixe, hier ist man katholisch; man ist in diesem Teil Deutschlands auf andere Weise ein Christ, wenn man ein Christ ist.

Und abends, als wir von Eindrücken überwältigt und ermüdet waren und im ehemaligen ›Drüben‹ nirgendwo etwas zu essen bekommen hatten, saßen wir dann in einem Ausflugslokal bei Sooden-Allendorf und blickten hinüber wie früher so oft und machten uns klar, daß es kein Drüben mehr geben wird. Es ging uns der volle Mond über dem Thüringer Wald auf: der Ostermond. Er machte sich in hohem Bogen auf den Weg nach Westen; auch der Sonne hat man nachgesagt, sie gehe in den Westen, ein politischer Witz aus dem ehemaligen Drüben.

Der Raps fängt noch vor Ostern an zu blühen, das gab es noch nie. Welche Eile! Nichts geht mehr schnell genug; die Politik im Wettlauf mit dem Frühling. In den Spätnachrichten hören wir, daß die Kabinettsbildung bereits erfolgt sei. Unser Wahrnehmungsvermögen kann das alles nicht so schnell erfassen und speichern, es hat nicht einmal die Fähigkeiten eines veralteten Computers.

Gorbatschow strebe nach Macht, lese ich, lese die skeptischen und besorgten Kommentare. Von einer Gorbatschow-Diktatur ist die Rede. Wäre denn nicht auch ein guter Diktator denkbar? Der das Beste will und das Beste fest in der Hand halten will und nicht delegiert, alle Verantwortung übernimmt und trägt? – Es hat doch auch gute und mächtige Könige gegeben, nicht nur in den Volksmärchen.

Krystyna schreibt aus Warschau. ›Das sind die letzten großen Tage Bonns, und dann kommt das traurige Ende der vierzigjährigen Hauptstadt Deutschlands. Ich kann mir vorstellen, wie Ihr Euch auf die Vereinigung freut. Ich freue mich auch und hoffe, daß das der Anfang der Vereinigten Staaten Europas wird. Wird Polen zu diesem Europa gehören? Davon bin ich überzeugt. Vorläufig werden für die

Polen die Grenzen durch Visa bewacht. Leider muß ich gestehen, daß ich nicht verwundert bin. Mein Volk ist nicht mehr ein zivilisiertes Volk, der Krieg und 45 Jahre Kommunismus haben die nicht zu dicke Schicht der Zivilisierung heruntergerissen. Das ist sehr traurig, das ist tragisch.‹

Ich muß diese Krystyna, die zugleich stolz auf ihr Land ist und unter dem Fehlverhalten leidet, fragen: Wie sah das Ende der Teilung Polens aus? Ich habe die Zahlen der polnischen Teilungen aus dem Geschichtsunterricht in Erinnerung, aber wie wirkte sich die Teilung aus, wie die Vereinigung? Hält Patriotismus Menschen denn über 150 Jahre innerlich zusammen?

Bei uns haben 40 Jahre genügt, Patriotismus und Nationalismus auszutreiben. Zumindest scheint es mir so.

Oder/Odra

Aus Briefen kommt mir das Wort ›Oder‹ als Echo zurück. Ich lese: ›Die Oder! Fluß meiner Jugend, Fluß meiner Heimat. Im Sommer standen wir – wie alle Kinder der Welt! – auf der (Hindenburg-)Brücke und spuckten in die Schornsteine der kleinen Schiffe; die großen Schiffe mußten ihre Schornsteine unter der Brücke umlegen. Bei Frost brauchten wir nicht lange zu warten, der alte Oderarm fror zu, und wir zogen die Schlittschuhe an. Im Frühling, mit dem Tauwetter, kamen die ›Brieger Gänse‹ angeschwommen: Eisschollen. Ich habe die Jungen bewundert, die als Mutprobe von Scholle zu Scholle sprangen. Zur Tanzstundenzeit ging man auf die Oderterrassen und trank, ganz gesittet, eine Limonade. Im Krieg ging ein junger Fliegerleutnant mit mir an der Oder spazieren ... Und im Januar 1945 ging ich das letzte Mal über unsere Hindenburgbrücke, bevor sie gesprengt wurde. Man wollte es den Russen nicht so bequem machen mit dem Drübermarschieren. Sie kamen trotzdem über die Oder. Armer lieber Fluß. – Ihr Satz löst so viele Erinnerungen aus!‹

Wir waren an die Oder gefahren, im Frühling 1990 war das wieder möglich. Die Oder ist nun die offizielle Grenze zwischen Deutschland und Polen, das müssen wir lernen. Oderbruch. Neuenhagen. Hohenwutzen. Wir gingen zu Fuß über den Damm, das Auto blieb am Dorfrand stehen. Am anderen Ufer des Flusses steht die ausgebrannte Ruine einer Fabrik. Sollte dort Niederwutzen liegen? Wir fragten Kinder, die auf dem Damm spielten, aber sie wußten nicht, wie das Dorf drüben heißt, kannten weder den deutschen noch den polnischen Namen. Ein alter Mann ging mit seinem alten Hund auf den Wiesen spazieren, er wußte Bescheid, wollte auch reden, von früher, von heute. Die Oder war sein Fluß, sein ganzes Leben hatte er mit dem Fluß und an dem Fluß verbracht. Er kennt das alles: Deichbrüche! Eisgang! Jetzt ist der Fluß tot, die Fahrrinne versandet. Sein Vater fuhr einen Eisbrecher, er war selbständig! Das sagt er mit Stolz. Seine eigenen Söhne –? Der eine ist gleich ab in den Westen, der bringt es zu was, der andere hat Angst, der ist geblieben, bei der Reichsbahn, er wird arbeitslos werden. Wir fragen, ob er weiß, wohin die Bahnlinie führt. Die neue Brücke ist auf unserer Karte nicht eingezeichnet, auch die Bahnlinie nicht. Ein Tor versperrt das eine Gleis, es hängt ein Vorhängeschloß daran. Keine Wachposten, keine Fahnen. Früher, sagt er, früher war das die Strecke nach Königsberg! Wir betrachten die Stümpfe der großen Brücke, die noch aus dem Wasser ragen. Stimmen die Auskünfte des alten Mannes? Königs-

252

berg! Er sieht es an unseren ratlosen Gesichtern und er-
gänzt: Königsberg in der Mark! Die Mark hörte ja nicht an
der Oder auf, die war kein Grenzfluß, der Fluß muß sich
nun den Namen Oder/Odra teilen. Und die Ruine, die
man drüben sieht? Zellstoff, sagt er, die Nazis haben die
Fabrik gebaut, und die Russen haben sie gesprengt. Aha,
sagen wir und denken nun rascher. Zellstoff – Nitroglyze-
rin, eine Munitionsfabrik also, gesprengt von den nachrük-
kenden sowjetischen Truppen. Die Gleise der neuen Bahnlinie sind versandet, vermutlich gehört sie ins strategische
Netz des Warschauer Paktes, der nicht mehr gilt. Alles
versandet im märkischen Sand, auch das Gedächtnis, auch
das Vorstellungsvermögen.

Dürftige Vegetation auf dem Deich, der noch neu ist, die
Russen haben Bomben auf die zugefrorene Oder geworfen, um das Eis zu sprengen. Da sind die alten Deiche
gebrochen, alles – alles! – stand unter Wasser. Wann war
das? Wann –? Nach dem Krieg.

Der Fluß fließt schwarz und schwer, kein Boot, keine
Schlepper, keine Möwen. Am Rand des Ufergebüschs hat
sich ein Angler niedergelassen, in einiger Entfernung steht
sein Mercedes, mit einer Nummer aus dem Ruhrgebiet.
Die Frau des Anglers geht auf dem Damm hin und her, Tag
für Tag; die beiden verbringen im Dorf ihre Ferien, haben
sich eingemietet. Nach fünfzig Jahren wirft der Mann dort
die Angel aus, wo er sie als Kind ausgeworfen hat. Gibt es
überhaupt noch Fische in der Oder? Die Frau zuckt die
Schultern, gesehen hat sie noch keine, gegessen hat sie
noch keine. Zum Einkaufen fahren sie alle paar Tage nach
Berlin-West, weit ist es nicht, nicht mehr.

Der alte Mann fragt, was wir hier wollen, zu sehen gibt
es nichts. Wir wollen die Oder sehen! Wie könnte ich ihm
erklären, daß ich jenen Fluß sehen will, den Maximiliane
Quint auf ihrer Flucht aus dem Osten nach dem Westen

überqueren mußte, bei Nacht, als der helle Mond am Himmel stand, eine Brosche als Fährlohn. Ich versuchte, den Frühlingstag in einen Wintertag zu übersetzen, Frieden in Krieg. Und diese junge Frau mit ihren vier Kindern und dem Handwagen, was übriggeblieben war von dem Rittergut Poenichen in Hinterpommern. Eine Romanszene, in die Wirklichkeit übersetzt.

Ein trüber Tag, der Himmel lag schwer über dem Land und auf dem Fluß. Gegen Abend kam die Sonne durch, die Luft wurde leichter, silbern oder auch blau, und gegen Abend sang im Gebüsch ein Sprosser.

Ich werde mir nun wieder angewöhnen müssen, Frankfurt/Main zu schreiben, jetzt, wo es wieder ein Frankfurt/Oder in unserem deutschen Bewußtsein gibt. Ich habe ›a. M.‹ oft weggelassen, fahrlässig. Aber Marburg/Lahn habe ich immer deutlich von jenem Marburg an der Drau unterschieden, das seit Jahrzehnten schon Maribor heißt. Am Ufer der Drau haben wir uns erschöpft ausgeruht ... Wir kamen vom Schwarzen Meer, und der schwarze 21. August 1968 war in Sibiu, dem früheren Hermannstadt, über uns gekommen. Wir wollten nach Ungarn, hatten Empfehlungen in der Tasche, Hotelzimmer waren gebucht, aber die Grenzen waren bereits gesperrt, die tschechischen Autos trugen Trauerflor, es war gewittrig, Krieg! Es würde Krieg geben, wir sahen Frauen, die an Bahngleisen arbeiteten, ich sah mich unter ihnen, Geld wurde nicht mehr eingetauscht, Straßenkarten gab es nicht, wir fuhren südwestwärts, Jugoslawien, die Grenze war noch geöffnet, fuhren Tag und Nacht, die Angst im Genick. Nachrichtenübermittler waren Tankwarte, Kellner. Panzer in Prag! Tote in Prag! Mobilmachung in Rumänien! Was wird aus Jugoslawien? Und dann dieser sonnige Nachmittag an den Ufern der Drau. Drawe, dort heißt sie noch Drawe. Die Angst ließ nach, bald würden wir im Westen sein. Österreich! Deutschsprachige Zeitungen, Nachrichten vom Bildschirm.

Der Prager Frühling war zu Ende. Unsere Reise nach Prag wurde auf unabsehbare Zeit verschoben. Jetzt wäre sie möglich. Wird man den neuen Versuch, die neue ČSFR zu demokratisieren, später den Prager Sommer nennen? Ein Sommer ohne Ende –.

Dann Berlin: Presseempfang im Springerhochhaus. Journalistenclub. Der Blick aus den Fensterreihen im achtzehnten Stockwerk geht nach Westen und nach Osten weit über die nicht mehr getrennten Stadtteile hinweg. Todesstreifen und Mauerreste sind noch sichtbar. Ein großartiger Sonnenuntergang lenkt ab. Jemand fragt mich: »Wo ist überhaupt der Osten?« Ich mache ihn darauf aufmerksam, daß man das am Stand der Sonne erkennen könne.

Sonntagmorgen in der Gedächtniskirche, ein Taufgottesdienst. Eltern und Großeltern und Paten sind aus dem Ostteil der Stadt gekommen, ihr Kind soll im Westen getauft werden! Aber das Kind protestiert schreiend, schon während der Predigt, es stört. Es wird auf den Namen Diana, englisch ausgesprochen, königlich also, und den Namen Melanie getauft. Die Namensgebung ist immer mit Hoffnungen verbunden.

Krystyna schreibt (am 18. Mai 90) aus Warschau: ›Du hast an der Odra gestanden, Christine? Ich kann mir vorstellen, wie die Ostdeutschen jetzt Angst haben. Die ganzen Jahre ging es ihnen sehr gut, niemand wurde von der Arbeit entlassen, alle verdienten ungefähr dasselbe, es genügte, das Maul zu halten, um von der Stasi nicht beunruhigt zu werden. Das bißchen Unfreiheit –! Aber dagegen die Arbeitssicherheit. »Ob du stehst oder liegst, die zweitausend gehören dir«, sagte man bei uns in Polen, es reimt sich hier sogar. Dasselbe dachten die Ostdeutschen. Und jetzt ist man frei, aber was soll man mit dieser Freiheit machen, wenn der nächste Tag so unsicher ist? Wenn man wilde Tiere füttert, verlieren sie mit der Zeit die Fähigkeit, sich allein zu nähren. So wird es auch mit den Menschen. In allen postkommunistischen Ländern taucht dasselbe Problem auf: Die Menschen warten, daß der Staat ihnen alles geben wird, und weil er sagt, daß er nicht geben wird und auch nicht kann, haben sie Angst. Und Angst ist ein schlechter Berater. Die junge Demokratie schäumt überall, aber man weiß noch nicht, ob daraus Essig oder Wein wird. Sei umarmt von Deiner Freundin Krystyna.‹

Eine polnisch-deutsche Stiftung?

Jan-Józef Lipski, Warszawa. Als ich ihm zum ersten Mal einen Brief schrieb, war er ein ›writer in prison‹, heute ist er Abgeordneter einer Woiwodschaft, ein Schriftsteller, der in die Politik gegangen ist. Von Schonung nach einer schweren Herzoperation ist nicht mehr die Rede. Von 9–22 Uhr ist er im Sejm tätig. Er schreibt deutsch, nicht fehlerfrei, aber gut verständlich. Ich bin beschämt, kaum ein Wort Polnisch zu können; Polen war unser Nachbarland, ist es nun wieder, jetzt mit Oder/Odra als Grenze. Er kümmert sich um die polnisch-deutschen Beziehungen, der Bundeskanzler hat ihm dafür gedankt. Er hatte auch eine Unterredung mit dem Bundespräsidenten, den er lobt, wie alle ihn loben. Am 1. 9. 89 fand eine polnisch-deutsche Konferenz in Krakau statt. Lipski vertritt die These, daß Kulturdenkmäler immer Eigentum des Kulturkreises bleiben, der diese Denkmäler geschaffen habe. ›Deutsche Kulturdenkmäler‹, schreibt er, ›Paläste, Burgen,

Bürgerhäuser, Rathäuser, Friedhöfe, Kirchen, sind in unseren Händen nur Depositum. Wir haben Pflicht, diese Kulturdenkmäler zu schützen, nicht weniger als polnische Denkmäler. Wir sind heute sehr arm, darum ist es eine Unmöglichkeit, das gut zu machen. Warum bitten wir die Deutschen nicht, diese Kulturdenkmäler gemeinsam zu retten? Unsere Nationalisten wollen das nicht. Ich meine aber, daß auf diesem Gebiet eine Zusammenarbeit möglich wäre. Ich denke über eine polnisch-deutsche Stiftung nach. Das Problem liegt nicht nur am Geld, mehr noch ist es ein Problem der deutschen und polnischen Architekten, Kunstgeschichtler etc.‹

Hat er nicht recht? Man müßte gemeinsame Sache machen, jetzt, wo sich die militärischen Pakte auflösen. Könnte es nicht die Aufgabe der Vertriebenenverbände sein, zu retten, was an deutschen Kulturdenkmälern noch zu retten ist? Nicht Ansprüche an ehemaliges Privateigentum zu unterstützen, sondern Verantwortung zu übernehmen, damit etwas bleibt. Es leben so viele in Wohlstand, die einmal mit mehr oder weniger, meist mit weniger, Wohlstand in Ostpreußen, Pommern, Schlesien gelebt haben.

Die Baudenkmäler aus der römischen Besatzungszeit fallen mir ein: die Porta Nigra in Trier, oder auch das Castel del Monte in Apulien. Die Italiener, als Nachfahren der Römer, werden sich nicht um die Porta Nigra gekümmert haben, die Nachfolger des großen Friedrich II. ebenfalls nicht. Aber die Welt weiß, daß es sich um römische und um fränkische Kulturdenkmäler handelt. Hätte ich als Beispiel das Straßburger Münster wählen sollen? Wenn es zu einer solchen Stiftung kommt, müßte ich mitmachen, im Gedanken an Poenichen.

Potsdam, 4. Juli 1990

Wir wohnen im ›Hotel Schloß Cecilienhof‹, wo man auch vor der Währungsumstellung in Devisen zahlen mußte; auf die Bezeichnung ›Währungsumstellung‹ hat man sich geeinigt, um keinen Vergleich zur Währungsreform des Jahres 1948 aufkommen zu lassen, damals trennte man das Geld in Ost- und West-Geld, nun soll wieder eine Währung gelten. Die Erinnerungen kommen trotzdem, ich habe vor wenigen Jahren darüber geschrieben. Das Hotelzimmer ist, der hohen Bäume wegen, düster, die Auspuffgase dringen in unser Zimmer, vor dessen Fenstern geparkt wird, auch von einigen Trabis. Es gibt ausreichend Personal an der Rezeption, aber keiner trägt uns den Koffer. Zum Frühstück holen wir uns die einzige deutschsprachige Zeitung, ›Das Neue Deutschland‹, die doch nun ›Das neue Neue Deutschland‹ heißen müßte.

Im großen quadratischen Innenhof leuchtet der Sowjetstern, nie sah ich ihn so exakt und so rot wie hier: kleine rote Begonien, auch Apfelblüten genannt, wie lange wird der Stern noch leuchten, wird er verwelken und entfernt werden wie andere verblühte Blumen? Begonien, der beliebteste Grabschmuck.

Ein Sommertag in Potsdam! Die letzten Linden blühen und duften noch. Ein kleiner Wochenmarkt. Ich kaufe langstielige Rosen für die Maler-Freundin, deren Ausstellung in der Nikolaikirche ich am Abend eröffnen soll. Der Gärtner klagt, steht zwischen seinen Freilandrosen und klagt. Er hat keinen Absatz, alles verblüht, er wird Bankrott machen; da fällt auch mir kein Trost ein. Rosen können nicht warten, und noch entschließt sich keiner, eine Rose zu kaufen, wenn das Geld für zehn Rosen nicht ausreicht. Wohin hat er in früheren Jahren seine Rosen geliefert?

Sollte ich ihn fragen? Will ich die Antwort hören? Ich möchte diesen Sommertag doch genießen. Der Gärtner sagt: »Wir haben das alles schon mal erlebt, wir gehören doch einer Generation an.« Er hält uns für gleichaltrig, ein Mann von Mitte Vierzig, falls wir uns nicht ebenfalls täuschen.

Es ist schön, mit einem Arm voll Rosen durch die Brandenburger Straße zu gehen, so heißt sie nun wieder. Die zweistöckigen barocken Wohnhäuser sind fast alle frisch getüncht. Es wird flaniert, es werden Auslagen betrachtet, man sitzt in kleinen Straßencafés, als sei dies ein südlicher Ferienort; man ist heiter. Straßenmusikanten! Es liegen nicht viele Münzen im Geigenkasten, aber man hört der Musik aufmerksam zu. Schon bald wird es vermutlich mehr Geld, aber weniger Aufmerksamkeit geben. Und dann der Park von Sanssouci! Die Weinstöcke und Feigenbäume auf den Terrassen sind herangewachsen. Was für ein schöner Gesamteindruck: preußisches Rokoko. Ein Putto, verschleiert mit hauchdünner Gaze, aus Sandstein, ich sehe ganz anderes als bei dem Aufenthalt vor vier Jahren. Ich nehme andere Düfte wahr. Sehe in veränderte Menschengesichter. Sollten wir noch zum Neuen Palais gehen? Oder nach Hermannswerder, das in meinem literarischen Leben eine so große Rolle gespielt hat, die schmale Halbinsel, die sich in den Schwilowsee schiebt? Wir bleiben statt dessen sorglos in Sanssouci.

Am Abend, nach der Veranstaltung, berichte ich belebt und beglückt von diesem Nachmittag. Und dann fragt mich jemand, wann wir in der Innenstadt gewesen seien. In der Brandenburger Straße? Am späten Nachmittag? Aber da fand doch eine Schlägerei statt! Polizei mußte eingreifen, Blut ist geflossen, ein Krankenwagen kam. – Sieht denn jeder etwas anderes? Wessen Eindruck ist der richtige? Der Mann, der seine Eindrücke schildert, ist Polizeipräsident in einer großen westdeutschen Stadt. Aber daran kann es doch nicht liegen, ich höre doch auch Martinshörner, erschrecke, wenn ich Krankenwagen sehe.

Immer war Potsdam die schönste Vorstadt Berlins, oft die zweite und manchmal sogar die erste Residenz der preußischen Herrscher, später der deutschen Kaiser.

Ich liebe Flußlandschaften! Seen, Kanäle, Inseln, die hier ›Werder‹ genannt werden. Slawen und Wenden und Germanen haben hier gesiedelt, später kamen Hugenotten dazu, man lebte vom Fischfang. Das ist lange her.

Wir haben auf der Freundschaftsinsel gesessen, sind zwischen wohlgepflegten Kräutergärten spazierengegangen, es gab viel zu bewundern. Wir machten erste Versuche zur Herstellung von Freundschaften und bemühten uns, nicht immer die reichen Westdeutschen zu sein, zu denen die Brüder und Schwestern aus dem Osten ›danke‹ sagen müssen, seit vierzig Jahren geht das nun so. Noch fehlt das Selbstverständliche. In meinem ersten Roman fragt der Bürgermeister eines Dorfes, von dem jemand erwartet, daß er in seinem Haus eine Geistesgestörte verbergen und vor der Euthanasie retten solle, seine Frau: ›Warum sollten wir das tun?‹ Und seine Frau antwortet: ›Weil wir es können.‹ So einfach die Frage, so einfach die Antwort, sie muß noch eine Weile gelten, sie ist übertragbar. Ich werde mich doch an meine eigenen Ansichten und Ausführungen halten können. Wer denn sonst?

Fontane nennt die Havel einen aparten Fluß, nennt ihn den norddeutschen Neckar. ›Von Potsdam aus wurde Preußen aufgebaut, von Sanssouci aus durchleuchtet.‹ Sanssouci hat auch uns durchleuchtet und heiter gestimmt. Ein Besuch im Fontane-Archiv schien uns angebracht.

Knobelsdorff hat für die barocken Bauten gesorgt, Schinkel war für den Klassizismus zuständig. Hofbeamte, Hofbedienstete, Offiziere und Soldaten. Von Friedrich Wilhelm I. heißt es, daß er seine Soldaten so sehr liebte, daß er sie nicht den Gefahren eines Krieges aussetzen mochte. Das gefällt mir! So viele großgewachsene Landeskinder gab es nicht, also warb er sie anderswo an: ein internationales Heer. Ich lese den Stadtführer plötzlich mit anderen Augen. Von den Preußenkönigen wurden die repräsentativen Bürgerhäuser erbaut, zwei- und dreistöckig, die Fassaden in preußischem Barock, und dann wurden diese Häuser den Bürgern geschenkt, mit der Auflage, sie gut instand zu halten. Wie einleuchtend das ist! Warum hat man in demokratischen Ländern solche absolutistischen Maßnahmen nicht beibehalten?

Im April 45 wurde dann auch Potsdam bei einem Luftangriff zerstört, man hatte gehofft, daß dieses Kleinod erhalten bleiben würde. Manches ließ sich wieder aufbauen, anderes nicht. Die Garnisonkirche ist weg, und weg ist das berühmte Glockenspiel, und wo das Stadtschloß stand, ragen jetzt Hochhaustürme in den Himmel und verderben den Blick auf Seen und Inseln. Die Nikolaikirche mit der gewaltigen Kuppel, die von Schinkel entworfen wurde, steht wieder in voller Größe, Übergröße da. Täglich gehen an die 800 Besucher hindurch, und zum Gottesdienst füllt sich der weite Raum; ein wenig Hagia Sophia und ein wenig Santa Maria Maggiore auf karge preußische Art. Es kamen mir Zweifel: Habe ich überhaupt etwas geschrieben, das der Größe dieser Kirche standhält? Ich bitte den Pfarrer, in einem der unteren, kleineren Räume lesen zu dürfen. Der Brief, den ich postum an Fontane gerichtet habe, schien mir geeignet, ein Text, zu einem von Kühners Bildern geschrieben, nachdem wir auf Fontanes Spuren in der Mark Brandenburg gewandert waren. Ich habe Fontane mitgeteilt, daß zwischen Rheinsberg und dem Stechlinsee jetzt ein Atomkraftwerk liege, nicht auffällig, aber auch nicht versteckt. ›Den Hinweisschildern auf die Konzentrationslager Oranienburg und Sachsenhausen sind wir nicht gefolgt, diesmal nicht. Wir sind sehr belastet, lieber Fontane.‹ Anschließend habe ich dann aus den Tischreden der Katharina Luther gelesen, darüber lacht man in beiden Teilen Deutschlands. Kühner beendete den Abend mit seiner ›Neuen deutschen Nationalhymne‹, ebenfalls vor Jahren schon geschrieben. ›...Ich darf dich, wenn ich will, verlassen ...‹

Mit großer Freundlichkeit hat man die beiden ›Wessis‹ aufgenommen; der Ausdruck ›Besserwessis‹ kam erst später auf, hätte nicht zu uns gepaßt.

Sorglos in Sanssouci. Eine Perle des norddeutschen Rokoko, sagen die Reiseführer. Ein König, der die Flöte spielt, der komponiert und philosophiert. Und nebenan, im östlichen Teil der Stadt, gibt es einen Politiker, der die Bratsche spielt, er ist hugenottischer Herkunft, vor den Sitzungen der Volkskammer gehe er in den Deutschen Dom, heißt es. Das ist doch alles nicht von ungefähr so! Die preußischen Tugenden: Pflichterfüllung, Einfachheit, Sparsamkeit, davon haben wir etwas wahrgenommen, bei dem Blumenhändler auf dem Marktplatz, bei dem Kellner im Straßencafé, beim Taxifahrer, beim Pfarrer von St. Nikolai und seiner Frau, der Ärztin, die mehrere Altenheime betreut.

Große Namen: Schleiermacher, Humboldt, Ludwig Tieck, der alte Theodor Storm, es war nicht nur die Stadt Fontanes.

Schloß Cecilienhof! Im Ersten Weltkrieg luxuriös für den Prinzen und seine Gattin erbaut und dann, nach dem Ende des Zweiten Weltkriegs, zu Weltruhm gekommen. Hier wurde von den Alliierten über die Zukunft des zerschlagenen Deutschen Reiches bestimmt. Ein vielbesuchtes Museum. Nahebei die Glienicker Brücke, über die man ungehindert mit dem Auto fährt, über die man zu Fuß geht, noch ist das nicht selbstverständlich, noch stockt der Atem. Eine halbe Stunde mit der S-Bahn von Berlin nach Potsdam? Von Potsdam nach Berlin –?

3. Oktober 1990

Rede zum ›Tag der deutschen Einheit‹ in der Stiftsruine von Bad Hersfeld

»Ludwig XIV. sagt: ›L'Etat c'est moi!‹ Wenn ich das jetzt ebenfalls sage, sage ich es mit anderen Gefühlen, mit anderer Betonung. Ich bitte mich zu verstehen, während der nächsten zehn Minuten bitte ich mich zu verstehen. Als vor wenigen Tagen jemand zu mir sagte: Der Bürger hat Rechte, der Staat Pflichten, habe ich mit Entschiedenheit widersprochen. Der Bürger hat Pflichten! Mit einem solchen Pflichtgefühl stehe ich hier. Ich will mich nicht vorenthalten, erst recht nicht als Frau. Heute bin ich eine Deutsche, und heute bin ich es gern. Das ist mein Ausgangspunkt.

Wenn diese Feierstunde in der Stiftsruine stattfindet, mag auch das symbolisch sein: eine Ruine, wohlerhalten, vielfach zu nutzen, für großes Welttheater, für große Oper, auch für eine große politische Stunde. In der Weiterverwendung von Ruinen haben wir Erfahrung, auch in der Herstellung. Wir haben kein Dach über dem Kopf.

Ich spreche für mich, ich werde nicht sagen: wir Deutsche. Ich selbst habe das Adjektiv ›deutsch‹ immer als ein besonderes Kennzeichen empfunden. Ich gehöre einer Generation an, die bei der Machtübernahme Hitlers noch im Kindesalter war. Als Krieg und Terror ein Ende hatten, befand ich mich ›drüben‹. In Halle an der Saale. Ich habe mich im Herbst 45 auf den Weg gemacht, aus der russisch besetzten Zone in die amerikanisch besetzte Zone, dort hatte ich nichts zu verlieren, hier nichts zu erwarten, den Besitz trug ich im Rucksack bei mir. Ich war davongekommen! Das mußte doch einen Sinn haben. Ein neues Leben mit einer alten Schuld. Besonderes Kennzeichen deutsch, das erschien mir wie ein unsichtbarer Judenstern, den ich fortan zu tragen hatte. Ich war oft feige, ich habe im Ausland nicht immer zugegeben, eine Deutsche zu sein: Ich habe mich für das Land, aus dem ich kam, geschämt, dessen wachsendes Ansehen auf seinem wachsenden Wohlstand beruhte. Ein Land, dessen Einwohner von Jahr zu Jahr – mit Fleiß, ich weiß! – reicher wurden. Die Trennung zwischen Ost und West wurde spürbarer, schmerzlicher, war immer mit der Schuld verbunden, den besseren Teil erwählt zu haben. In vierzig Jahren war ich daran ermüdet, Pakete zu schicken. Geschenksendung, keine Handelsware, als außergewöhnliche Belastung steuerlich geltend zu machen. Meine ermutigenden Briefe klangen nicht mehr glaubwürdig. Aber: ich hatte mich gewöhnt, gewöhnt an die Grenzkontrollen und -schikanen, an den kleinen Grenzverkehr, den wir gelegentlich benutzt haben, um im nahen Thüringer Wald zu wandern.

Nach dem Krieg verging noch fast ein Jahrzehnt, bis ich anfing zu schreiben. Ein Schriftsteller ist ein Chronist; ich habe mich wieder und wieder mit der jüngsten deutschen Vergangenheit auseinandergesetzt. Das Dritte Reich und seine Folgen. Die Folgen! Dazu gehört der heutige Tag. Über das vergangene Jahr haben vorerst die Journalisten berichtet, das ging für einen Schriftsteller viel zu rasch, er braucht mehr Zeit. Ich habe über den ›Deutschen Osten‹ geschrieben, vornehmlich über den Verlust des Deutschen Ostens. Ein Jahrzehnt meines Lebens habe ich damit verbracht, die Poenichen-Trilogie zu schreiben. Wir können nicht so tun, als sei dieser 3. Oktober 1990 nur der Tag der Einheit aller Deutschen, ohne daran zu denken, daß es für viele der Schlußstrich unter eine hoffnungslose Hoffnung ist. Im dritten Band der Poenichen-Bücher gibt es einen gewissen Joachim Quint, er wurde in Pommern geboren, wuchs als Flüchtlingsjunge im Westen auf, studierte Geschichte, zog sich in die schwedischen Wälder zurück, schrieb Gedichte: ein Poet. Er kehrte zurück in die Bundesrepublik Deutschland, um sich in die Politik einzumischen, wie seine pommerschen Vorfahren. Václav Havel beweist, daß es nicht nur in der Literatur, sondern auch in der Realität möglich ist.

Man hat mich einmal als eine ›hellere Schwester der Kassandra‹ bezeichnet. Es gibt in den Poenichen-Büchern eine fiktive Bundestagsdebatte, in der jener Joachim Quint angegriffen wird. Er, als Betroffener, sollte sich zur Frage der Vertreibung aus dem Osten äußern. ›Sie sind ein Heimatvertriebener, ein Pommer!‹ – Pommer sei richtig, sagte Quint, aber er selbst habe nur über zehntausend Morgen Pommern zu verfügen, deren Erbe er sei. Wenn er damit zur Befriedung der Welt beitragen könne, sei er bereit, auf dieses irreale Anrecht auf Heimat zu verzichten. ›Bei unseren Gesprächen über Flucht und Vertreibung ist immer nur von Verlust die Rede‹, sagte er in heftigem Ton. ›Warum wird nicht deutlich erkannt und gesagt, daß die Ostdeutschen wesentlich zum Wiederaufbau des westlichen Teils des zerschlagenen Deutschen Reiches beigetragen haben?‹

Man hat mir im vergangenen Frühjahr den Kulturpreis der Pommern von seiten des Vertriebenenverbandes verleihen wollen, für diese deutsche Chronik. Ich habe den Preis mit der Begründung: ›*Ich* habe in Pommern nichts verloren …‹ abgelehnt. Ich hoffe, daß man diese Begründung verstanden hat, ich hoffe, daß Sie diesen Satz verstehen. Wir können nicht auf etwas verzichten, was uns nicht gehört hat; das ist Sache jedes einzelnen. Die Betroffenen haben einen hohen Preis zu zahlen. Ich respektiere den Schmerz, den viele der Ostdeutschen heute empfinden werden.

In einem Aufsatz, den Joachim Quint Mitte der achtziger Jahre veröffentlichte (er bedient sich dabei der Überlegungen der Autorin), heißt es: ›Wenn sich ein Staatsmann des einen Deutschland mit einem Staatsmann des anderen Deutschland trifft, was selten vorkommt, dann fürchtet man in der westlichen und in der östlichen Welt, daß die beiden Deutschen sich wie Brüder in die Arme fallen und danach trachten könnten, wieder zueinander zu kommen. Die einzigen, die das nicht denken, sind diese deutschen Staatsmänner selber. Sie stehen sich nicht wie zwei Deutsche gegenüber, sondern wie Vertreter der feindlichen Machtblöcke. Aber es ist nicht nur die Mauer, die Berlin in eine westliche und eine östliche Hälfte teilt. Es ist nicht nur der Todesstreifen, mit dem sich das eine Deutschland vom anderen abgegrenzt hat. Es geht durch jedes Herz eine Mauer und ein Todesstreifen, die unüberwindlich scheinen … Die Politik der Machtblöcke treibt das eine Deutschland immer weiter vom anderen weg. Das einzig Gemeinsame scheint zu sein, daß in einem Ernstfall das eine und das andere Deutschland zu einem gemeinsamen Schlachtfeld würden. Nur eine Katastrophe könnte beide vereinen.‹

Ich habe diesen Text, 1984 geschrieben, zitiert, damit Sie sehen: ›Eine hellere Schwester der Kassandra‹ bin ich nicht! Es ist Ungeheures inzwischen geschehen, Weltenbewegendes.

Im Herbst 1989 war ich so ahnungslos wie die meisten. Es hat mich, wie wohl alle, eine Welle der Freude, der Überraschung, des Mutes und der Hoffnung erfaßt. Eine

Welle, die von Moskau ausging, Warschau bereits erfaßt hatte, auch Prag. Die Worte Freiheit, Frieden, Freude klangen von nun an anders. Lassen Sie mich das Bild der Welle noch etwas ausmalen. Die großen Wellen – wir sind dann rasch bei den Gezeiten. Es gibt gefährliche Springfluten. Es gibt Zeiten der Ebbe. Die große Welle der Freude ist verebbt. Heute spüren wir ihre belebende Kraft noch einmal. Es gibt Haie, das haben wir nun schon wahrgenommen, es gibt kleine Fische. Man kann untergehen, es wird Strandgut geben, Schiffbruch, einige werden Schiffbruch erleiden. Ich will das Bild der Welle nicht überstrapazieren, suchen Sie nach weiteren Vergleichen, es werden Ihnen die Ratten einfallen, die das sinkende Schiff verlassen. Aber doch auch: ›Mit vollen Segeln voraus!‹ ›Den guten Wind nutzen.‹ An diese Welle der Freude wollen wir uns immer wieder gegenseitig erinnern!

Ernst Bloch sagt, es komme darauf an, das Hoffen zu lernen, es sei ins Gelingen verliebt, nicht ins Scheitern.

Ich habe im vergangenen Herbst, vermutlich zum ersten Mal, etwas wie Stolz empfunden, diesem Land anzugehören, Teil eines Ganzen zu sein. Diesen Stolz, den man in jenen Wochen und Monaten in Thüringen, Sachsen, Ostberlin, Mecklenburg verspürt hat, dürfen wir den Menschen nicht nehmen! Es gibt Stolz, und es gibt Würde, und beides ist von materiellem Besitz völlig unabhängig. Und wieder müssen sich viele für ihr Land schämen, für das, was dort mit und ohne ihr Wissen geschehen ist. ›Die Würde des Menschen ist unantastbar‹, steht in unserem Grundgesetz, das nun für uns alle gilt, an das wir uns halten wollen. Jetzt muß gelebt werden, was Politiker in einem ungeheuerlichen Kraftakt in Paragraphen festgehalten haben. Es darf nicht statt ›Ost‹ und ›West‹ ›arm‹ und ›reich‹ heißen. Wir müssen teilen. Teilen! Aber teilen wollen immer nur die, die nichts oder wenig besitzen. Bei der

Erziehung des Menschengeschlechtes stehen wir noch immer am Anfang. Wir sind aber lernfähig! Vielleicht dringt nun wieder preußischer Geist ins deutsche Wesen, das täte uns allen gut. Bescheidenheit als Tugend! Und nun rede ich schon wieder von Pflichten. Erfüllte Pflichten verschaffen uns Rechte. Es gibt eine Befriedigung, die uns erwächst, wenn wir das Gefühl haben, unsere Pflicht erfüllt zu haben. Das hat dann gar nichts mit Profit zu tun.

Mein Mann und ich waren in der vorigen Woche noch einmal in der Noch-DDR, es herrschte Herbststimmung. Auch der Abschied von Sorgen, Angst, Mühen, von Lieb-gewordenem fällt schwer. Ich habe versucht, von der Freude des Risikos zu sprechen, ich habe gesagt: Sie müs-sen nicht allem zustimmen! Sie können in die Opposition gehen! Sie haben die Wahl! Und wenn wir immer von Wahlpflicht sprechen, dann werde ich an dieser Stelle nachdrücklich von Wahl-Recht sprechen, wir haben ein Wahlrecht, und das muß uns etwas wert sein.

In Weimar, genauer, in Tiefurt, stand ich unter einem Ginkgo-Baum. Die ersten gelben Blätter wehte der Wind auf den Rasen, ich hob einige davon auf, nahm sie mit. Erinnern Sie sich an das Goethe-Gedicht vom ›Gingo biloba‹? Es war schon immer eines meiner liebsten Goe-the-Gedichte.

> Dieses Baums Blatt, der von Osten
> Meinem Garten anvertraut,
> Gibt geheimen Sinn zu kosten,
> Wie's den Wissenden erbaut.
>
> Ist es *ein* lebendig Wesen,
> Das sich in sich selbst getrennt?
> Sind es zwei, die sich erlesen,
> Daß man sie als *eines* kennt?

Solche Frage zu erwidern,
Fand ich wohl den rechten Sinn;
Fühlst du nicht an meinen Liedern,
Daß ich eins und doppelt bin?

›West-östlicher Divan‹. Keines der Blätter, die ich in Tiefurt aufgelesen habe, ist zweigeteilt, doppelt, sie sind alle *eins*. Wie sollte ich das nicht symbolisch nehmen? Wir wollen und müssen nun beweisen, daß es möglich ist, zwei Welten, beide mit Vorzügen, beide mit Fehlern, zu einer besseren Welt zusammenzufügen. Mit Gottes Hilfe!

Am Ende des Romans ›Jauche und Levkojen‹ steht Maximiliane Quint mit ihren viereinhalb Kindern auf einem Bahnsteig in Berlin, unterwegs in den Westen. Herbst 1945, die Kinder toben, ein anderer Flüchtling, der in der Nähe steht, fragt: ›Habt ihr denn gar keine Angst vor eurer Mutter?‹ – Die Kinder rufen: ›Nein!‹ Der letzte Satz dieses Buches heißt: ›Etwas Besseres ist bisher über Maximiliane Quint nicht zu sagen.‹

Und wenn man in absehbarer und unabsehbarer Zeit von Deutschland, den Deutschen sagen kann, daß man keine Angst vor ihnen haben müsse, dann halte ich das für das Beste, was man über uns wird sagen können.

Ich weiß nicht, ob geplant ist, an diesem Abend unsere nun gemeinsame Nationalhymne zu singen. Kühner, mein Mann, hat vor zehn Jahren eine ›Neue deutsche Nationalhymne‹ geschrieben, er hat sie in Potsdam, Jahre vor der Wende, vorgetragen, als es gefährlich war; er hat sie nach der Wende in der ›Noch-DDR‹ vorgetragen, und jetzt werde ich zum Schluß meiner Rede den Refrain lesen, und Sie werden hören, daß sich die Bedeutung ein weiteres Mal geändert hat.

Ich darf dich, wenn ich will, verlassen,
Zu lieben dich, ist keine Pflicht,
Ich darf dich sogar schmäh'n und hassen,
Und deshalb hasse ich dich nicht.«

Was für ein Abend war das! Scheinwerfer leuchteten die romanische Stiftsruine aus. Der volle Mond tauchte in den hohlen Fensteröffnungen auf, verschwand wieder. Die Menschen standen dicht beieinander, sich wärmend. Ein großer Chor sang: ›Die Himmel rühmen des Ewigen Ehre‹; zum Schluß sangen wir dann gemeinsam ›die dritte Strophe‹.

Im vorigen Herbst, als der utopische Roman ›Die letzte Strophe‹ erschienen war, hatte ich allem das Adjektiv ›letzte‹ gegeben. Was für Veränderungen auch in meinem/unserem Leben. ›Die dritte Strophe‹, die letzte des Deutschlandliedes, ist an der Reihe.

›Blühe deutsches Vaterland!‹

Zug der Kraniche

Ein leuchtender Oktobersonntag. 1990! Wir fahren nach Thüringen, in jenes der fünf neuen Bundesländer, das uns am nächsten liegt. Der Parkplatz ist überfüllt, nicht immer gibt der Wagentyp Auskunft über die Herkunft des Besitzers, schon mischen sich Ost und West. Wir steigen auf die Teufelskanzel, sehen im Tal die große dunkle Schleife der Werra, sehen die klargezeichneten Umrisse des Meißners, lernen nun endlich seine Ostseite kennen. Die thüringische Mundart überwiegt. Man will das Sperrgebiet sehen, das jahrzehntelang unzugänglich war. Reste der Grenzbefestigung, herausgerissene Kabel. Die Buchen sind erst zur Hälfte entlaubt, man blickt in den Himmel. Bevor wir sie sehen, hören wir die Rufe der Kraniche, sie fliegen in 500 Meter Höhe, ungeordnet, unruhig, und dann übernimmt ein Vogel die Führung, die anderen ordnen sich zum Keil, die Form eines Trichters wird kenntlich. Sie fliegen der untergehenden Sonne zu, die den Himmel rosa färbt. Wer führt? Das stärkste Tier? Das älteste Tier? Im Herbst fliegen sie langsamer als im Frühling, wenn sie ihre Brutstätten aufsuchen. Sie erreichen eine Stundengeschwindigkeit von 75 Kilometern, bei Sturm und Nebel unterbrechen sie den Flug, instinktsicherer als der Mensch im Auto. Man bietet mir ein Fernglas an, aber ich lehne ab, ich will nur wahrnehmen, was ich mit eigener Sehschärfe erfasse. Die Abneigung gegen Vergrößerungen nimmt zu. Natürlich habe ich an Maximiliane Quint gedacht! Sie meinte, nie wieder Kraniche zu sehen, nachdem sie Pommern verlassen hatte. Der Titel der amerikanischen Übersetzung von ›Nirgendwo ist Poenichen‹ heißt ›Flight of Cranes‹, Flug der Kraniche, Flucht der Kraniche.

Die untergehende Sonne. Der Zug der Kraniche: ein Augenblick, ein Stück Ewigkeit. Die Auguren, die die Himmelszeichen deuteten, unterschieden eine linke und eine rechte Himmelshälfte. Der Zug der Kraniche wandte sich nach Südwesten, nach links, das ist die glückverheißende Richtung. Warum sollte ich solche Zeichen nicht konstatieren? Die Auguren erforschten den Willen der Götter. Wir sprechen über die Aufgaben der Auguren, und ich sage: Um Gottes willen! Wir steigen von der Felsplatte hinunter, machen anderen Besuchern Platz, halten an der Kirche von Wahlhausen an; wir haben sie oft von weitem gesehen, eine Entfernung von wenigen hundert Metern, aber unerreichbar. Sperrgebiet. Der Regen hat die ausge-

271

malte Tonnendecke schwer beschädigt, aber es gibt noch viel zu besichtigen und zu bewundern. Wer zur Renovierung beitragen möchte, für den steht ein Pappkarton bereit, mit einem Schlitz für Münzen und Scheine: Spenden erbeten. Die Dahlien werden in der Nacht, die nun anbricht, erfrieren. Der heftige Wind reißt das Laub von Buchen und Eichen. Dies war der Abschied von einem Sommer, der es gut mit uns gemeint hat. Wir fahren schweigend zurück, ich bitte mir Kutschen-Tempo aus. Für die nächsten Monate wird uns unser Park genügen müssen.

Der Golfkrieg

Ein Krieg droht. Man droht uns mit Krieg. Wie nah ist uns der Nahe Osten? Wir sind an kalte Kriege gewöhnt, an Krisen, an Schein-Frieden. Ein Krieg mit dem Einsatz von Giftgas und Atomwaffen, der Bombardierung von Erdölfeldern ist uns unvorstellbar. Um was geht es denn? Am Ende doch um Öl? Das Gold unseres Jahrhunderts? Um Macht? Es gibt Verträge, es geht um Solidarität, ich weiß es, aber weder Kopf noch Herz können es begreifen. Hätte ich immer und immer wieder über den von mir erlebten Bombenkrieg schreiben müssen, nicht nur diese kargen Angaben über die Zerstörung des Elternhauses? Nichts habe ich über die aufgetürmten, zur Unkenntlichkeit verbrannten Menschen geschrieben; wenn man meint, blind geworden zu sein vom Phosphorrauch, wenn Wimpern und Brauen angesengt sind von den Flammen, und dann der tote Hund auf dem Trümmerberg, über den ich weinte, über die toten Menschen habe ich nicht geweint. Ich habe den zerschossenen Hürtgenwald gesehen, als der Krieg vorüber war. Ich habe mich immer gescheut, Schrecken zu verbreiten, Angst zu säen. Nie wird man mir einen Krieg erklären können. Hat das Clausewitz gesagt, daß eines Tages der Krieg den Krieg vernichten würde? Sieger ist immer der Tod.

Als aus der lange schwelenden Golfkrise der Golfkrieg wurde, befanden wir uns in Berlin. Die Nachricht erreichte uns erst nach dem Hotelfrühstück. Kühner äußerte den Wunsch, das höchste Gewächshaus der Welt im Botanischen Garten in Steglitz zu besichtigen. Einige Arbeiter topften Pflanzen um, beschnitten Büsche. Keine weiteren Besucher an diesem Vormittag. Der blaue Januarhimmel leuchtete hart durch die gläserne Kuppel. Urwaldstille, es war warm und feucht und dunkel unter den Bäumen; kleine Wasserfälle, Wassergräben, Brücken und ein Teich, in dem Schildkröten ungeschickte Versuche zur Paarung vorbereiteten.

Auf der Rückreise fragte ich: ›Wo warst du am liebsten?‹ Wir hatten eine schöne Aufführung von Tschechows ›Kirschgarten‹ gesehen, wir waren endlich wieder in der alten Nationalgalerie, waren im Nikolaiviertel; die Verlagsgespräche gerieten in raschem freundschaftlichem Einvernehmen; an jedem Abend hatten wir einige Minuten in der Gedächtniskirche gesessen, stille Demonstrationen. Friedensgebete. Zu meiner Überraschung sagte Kühner: »Am wohltuendsten war es im Gewächshaus.« Ein Glashaus. Man wünscht sich ein Glashaus, in das nichts eindringt vom Weltgeschehen, keine Nachricht erreichte uns dort, nichts, nur diese stillen grünen Pflanzen, nicht einmal ablenkende Gerüche.

Wir hatten sein Manuskript ›Mein Eulenspiegel‹ nach Berlin gebracht, eigenhändig. Wir hatten die Bilder für die Schutzumschläge unserer Bücher nach Berlin gebracht. Der Verleger, die Lektorin und auch g. t. erwarteten uns auf dem Bahnsteig. Alle spürten: Es ist etwas Besonderes, daß wir zu zweit kommen, daß Bücher erscheinen werden, gesprochen wurde nicht darüber. Wir haben gelernt, das Besondere alltäglich zu nehmen, aber das Alltägliche, das ist das Besondere.

Heute kam ein Brief von Wolfgang Preisendanz, dem Philologen, vor ein paar Jahren hat er den ›Kasseler Literaturpreis für grotesken Humor‹ erhalten, er schreibt: ›Goethes »Gottes ist der Orient, Gottes ist der Okzident« hängt als Faksimile in meinem Arbeitszimmer mit anderen Talismanen des »West-östlichen Divan«, aber als eine schiere Utopie.‹

Die schiitischen Perser haben den Namen des sunnitischen Kalifen in ihre Teppiche geknüpft, damit sie ihn jeden Tag mit Füßen treten konnten. Hat sich der Brauch überliefert? Das Bedürfnis gewiß. Könnte man den Namen Chomeinis, den Namen Husseins entziffern –?

Den Tag vor dem Abend loben

Lieber Kühner!
So rede ich Dich in Gegenwart Fremder an, ich kann nicht alle Namen, die ich Dir im Laufe unserer Ehe gegeben habe, verraten, einiges müssen wir für uns behalten.

Eben hast Du das Haus verlassen. Du bist auf dem Weg zum Arzt. Ich habe gefragt, ob ich mitkommen soll, Du hast verneint. Hätte ich darauf bestanden, wärst Du meine Besorgnis gewahr geworden. Wir können nicht mehr viel voreinander verbergen. Wir leben nicht nur lange miteinander, wir leben auch nahe beieinander. Auf dem Tisch in meinem Arbeitszimmer steht eine kleine Bronzeplastik:

274

Heidschnucken drängen sich aneinander; erst wenn man die dünnen Beine zählt, erkennt man, daß sich ein fünftes Tier in der Mitte befindet, es wird von den stärkeren Tieren beschützt. Früher haben wir diese schöne und bedeutungsvolle Plastik nur in Notzeiten aufgestellt, es geht Trost von ihr aus. Seit der letzten schweren Operation räumen wir sie nicht mehr fort. Auch darüber haben wir nicht gesprochen. Wir sind schweigsame Leute. Wir trennen uns seither nicht mehr, auch nicht für Tage, folglich gibt es auch keine Briefe mehr. Früher schob einer dem anderen, der auf eine Reise ging, einen Zettel in den Koffer oder in die Manteltasche, so versteckt, daß er gesucht werden mußte. Und der, der wegfuhr, versäumte nicht, dem anderen einen schriftlichen Gutenachtgruß zurückzulassen.

Als wir uns kennenlernten, waren wir noch ›junge Autoren‹, beide ganz am Anfang einer Karriere. Wir interessierten uns kollegial füreinander, schrieben Karten, kurze Briefe, trafen uns bei Tagungen, näherten und entfernten uns wieder, bis uns endlich die Augen füreinander aufgingen. Da waren wir Anfang Vierzig, fast schon Mitte Vierzig. Du hast mich nicht einmal gefragt, ob ich Dich heiraten wollte! Das war so selbstverständlich. Wir erwarben eine Lizenz, wir wurden getraut. Freunde und Verwandte beobachteten uns mit Besorgnis, auch mit Mißtrauen. Würde das gutgehen? Zwei Einzelgänger, zwei Schriftsteller so unterschiedlicher Art? Die Pluspunkte waren: die gleiche Herkunft aus Pfarrhäusern, der gleiche Jahrgang. Und: Es ging gut. Es ging sogar sehr gut. Wir teilten uns das kleine Haus, das ich kurz zuvor erworben hatte, teilten den großen Raum mit Hilfe von Buchregalen in zwei Arbeitszimmer. Du hörtest das Klappern meiner Schreibmaschine, und es störte Dich nicht, sondern es belebte Dich. Wir schoben uns Kassiber zu, gereimt und unge-

275

reimt; diese zärtlichen, unsachlichen Billette liegen in jenem Karton, in dem wir unsere vielen Briefe aufbewahrt haben.

Nach einigen guten Ehejahren beschloß ich, unsere Beziehung als Modell für ein Buch zu nehmen. Ich wollte zeigen, daß eine glückliche Ehe möglich ist, wollte zeigen, daß es ›Glück‹ gibt. Ich nannte den Roman ›Das glückliche Buch der a. p.‹. Später fanden dann viele Leser heraus, daß jene a. p. und diese c. b. Ähnlichkeiten miteinander haben.

Wir arbeiteten Wand an Wand, wir reisten, wir wanderten. Du lehrtest mich Deinen Norden, ich Dich meinen Süden, daraus ergab sich dann ein gemeinsames Buch: ›Erfahren und erwandert‹. Du lektoriertest meine Bücher, Du warst ein erfahrener Lektor beim Süddeutschen Rundfunk gewesen, davon haben meine Romane profitiert. Erfolg stellte sich ein. Und zur selben Zeit die großen Sorgen. Ein Autounfall, dann die Krankheiten, die Operationen, wieder und wieder. Immer warst Du der Betroffene. Warum –? Was sollten wir lernen? Waren wir unserer Sache zu sicher? Namhafte Chirurgen, berühmte Kliniken. Ich bin eine geübte Krankenschwester geworden, ich habe sogar Geduld gelernt. Und immer wieder bist Du davongekommen. Wir leben nun nicht mehr unbekümmert. Wir sind vorsichtiger geworden, dankbarer, loben den Tag noch vor dem Abend. Wenn ich bereits am Schreibtisch sitze und Du die ersten Töne auf dem Cembalo anschlägst, stehe ich auf, gehe zu Dir, und wir singen einen Morgenchoral.

Wir hatten einen schönen Sommer in diesem Jahr. Gegen Abend sind wir oft zum Schwimmen an die Aue-Seen gegangen. Der Weg führt durch einen Park, führt auf einem Holzsteg über den Fluß. Kommen wir spät, begleiten uns nur noch ein paar Bleßhühner, ein paar Wildenten, manchmal ein Schwan. Erlen und Weiden werfen lange

Schatten auf das Wasser. So etwas ist wieder möglich und war doch ganz unvorstellbar! Keine Phantasie hätte dazu ausgereicht, kein Chirurg hätte eine solche Prophezeiung gewagt. Du malst wieder! Du hast zur Zeit eine Ausstellung in einem Museum. Neue Bücher erscheinen in diesem Herbst von uns beiden. Ein festlicher Sommer: Wir laden oft Gäste in unseren kleinen Garten. Du hängst einen Lampion, rund und gelb, ins Geäst, zündest, wenn es dunkelt, Kerzen an, Du weißt, daß mich der Blick in die schwarze Nacht bedrückt.

Du tauchst in meinen Büchern oft auf, ich gebe viel preis. Du erwähnst mich selten, Deine Bücher sind objektiver. Einmal hast Du einen kleinen Aufsatz über den Umgang mit mir, der Kollegin, geschrieben. Eben habe ich mir das Buch geholt und nachgelesen. Da steht: ›... Sie hat ein reales Verhältnis zum Leben, zum Altern, zum Tod, sie hat, was so selten ist, Talent zum Glück. Für ihren Partner ist es ein Gewinn, mit ihr zusammen alt zu werden. Für mich.‹

Wann hast Du das geschrieben? Jahrzehnte liegen dazwischen. Stimmt das noch? Wir waren oft, zu oft, dem Tod – Deinem Tod – zu nahe. Wir werden jetzt alt, eines Tages sind wir alt, dann haben wir die Grenze überschritten, die in unserem Fall durch keine Pensionierung gekennzeichnet ist. Wir haben Ersparnisse, Geldsorgen wird es vermutlich nicht geben, auch im Pflegefall nicht. Wir schreiben uns aus dem Leben heraus. Ich hätte gern Erkenntnisse in Taten umgesetzt. Ich wollte eine Alters-Kommune gründen, eine Lebensgemeinschaft alter Menschen, die neue Wege gehen wollen, ökologisch, ökumenisch, auch ökonomisch. Sie sollten verwirklichen, was sich bisher in ihrem Leben nicht hatte verwirklichen lassen. Wir beide waren für dieses Projekt nicht geeignet. Statt dessen habe ich ein Buch geschrieben, ›Die letzte Strophe‹, ein utopischer Roman.

Wir legen nun Pausen ein, sitzen länger bei Tisch, machen Spaziergänge und keine Wanderungen, keine weiten und fernen Reisen. Die Reizschwelle ist niedrig geworden, es ist uns recht so. Du warst einmal ein Vagabund, bist in den einsamen nördlichen Ländern gewandert. Als ich Dich zum erstenmal sah, kamst Du aus Island, wo Du mit dem rechten Bein in die Lava gebrochen warst. Du gingst am Stock. Einige Freunde nennen Dich noch ›Hetman‹; im Partisanenkrieg, in Rußland, warst Du Chef einer Kosakenschwadron. Man nennt Dich auch ›Pummerer‹. Mit Deiner grotesken, skurrilen Lyrik hast Du ein wenig Heiterkeit verbreitet. Während ich diesen Brief schreibe und auf Deine Rückkehr warte, ist mir eingefallen, daß ein Roman jener Schriftstellerin a. p. den Titel ›Narben‹ trägt. Wenn man Deine Biographie schreiben würde, dann wäre das der geeignete Titel.

Was alles haben wir erlebt! Kann man so viele Erlebnisse verarbeiten? Kann man Ordnung im Gedächtnis schaffen? Es ist eine große Bevorzugung, schreiben zu dürfen. Ich ermutige jeden, seine Erinnerungen aufzuschreiben, aber ich warne ihn auch, wenn er annimmt, es könne daraus ein Buch werden.

Wer von uns beiden wird übrigbleiben? Das wirst Du Dich fragen, das frage ich mich. Wir sprechen nicht mehr darüber. Ich würde gern in mein Heimatdorf zurückkehren, da wartet das Grab der Großeltern, das Grab der Eltern ist nicht weit. Der Stern Davids in dunklen Granit gehauen. Es wäre dort Platz für uns beide, wir könnten unterm Rasen liegen, niemand würde ein Blumenbeet anlegen, keiner müßte mit einer Gießkanne kommen. Die letzte Ruhe. Aber was ist vorher? Daß einem von uns das Vertrauen in die Gnade Gottes verlorengehen könnte, das kann und will ich mir nicht vorstellen. Im Schatten seiner Flügel haben wir viele schwere Zeiten überstanden.

Heute abend wird ein junger Gast kommen, und ich werde kochen, und auf den grünen Salat werde ich eine gelbe Kresseblüte legen. Er wird uns von seiner langen Frankreichreise erzählen, wir werden Wein trinken, Du wirst Kerzen anzünden, der Abend kommt jetzt schon früh, aber es ist noch warm. Am Ende dieses Tages wirst Du den Arm um meine Schultern legen, wir werden dankbar für diesen späten Sommertag sein. Spätestens dann wirst Du mir sagen, was der Arzt festgestellt hat.

Die Uhr

Kühner bekommt von seinem Sohn zu allen Geburtstagen eine Uhr geschenkt. Eine davon geht rückwärts, man erkennt die Zeit erst, wenn man die Uhr vor einen Spiegel hält. ›Damit Du länger lebst‹, schreibt er. Wir stellen sie auf den Tisch, wenn der Stiftungsrat für den ›Grotesken Humor‹ tagt. Als nächstes schenkte er eine Uhr, bei der Stunden und Minuten in Gestalt großer und kleiner Kugeln mit Getöse abrollen. ›Damit Du die Zeit wahrnimmst!‹ Und diesmal nun eine Uhr, die wunderbar ungenau geht, die man alle 24 Stunden aufziehen müßte, das Gegenteil eines Zeitmessers, keinerlei Anzeichen der Vergänglichkeit. ›Weg mit den Sekundenzeigern! Weg mit den Minutenzeigern!‹ schreibt er. Die Uhr zeigt nur die Stunden an, und das ungenau, meist steht auch der kleine Zeiger still.

Nachwort

»Ein protestantischer Landgeistlicher ist vielleicht der
schönste Gegenstand einer modernen Idylle«, schreibt
Goethe im zehnten Buch von *Dichtung und Wahrheit*.
Dieser Idylle aber sind vor allem in der Zeit des 17. bis
19. Jahrhunderts viele Söhne entflohen und haben das
Wort Gottes nicht wie ihre Väter weiter verkündet, sondern sind Schriftsteller geworden: die Barockpoeten An-
dreas Gryphius und Paul Fleming, der Aufklärungsschrift-
steller und -theoretiker Gottsched, Christian Fürchtegott
Gellert, der meistgelesene Dichter des 18. Jahrhunderts,
Lessing, der »eigentliche Autor der Nation und des Zeital-
ters« (Friedrich Schlegel), Matthias Claudius, Lichtenberg,
Jakob Michael Reinhold Lenz, Jean Paul, die beiden ro-
mantischen Schlegels, Nietzsche und Gottfried Benn, um
nur die bekanntesten zu nennen. Wenn die wenigsten von
ihnen auch im Sinne ihrer Väter das Wort Gottes verkündet haben, so haben doch alle das Verhältnis zum Wort
und seiner Wirkung vom Vater übernommen.

Die Frauen der Feder, wie man sie früher nannte, stammen meist aus besseren Häusern, in den seltensten Fällen
jedoch aus einem Pfarrhaus. Die Gottschedin und Sophie
La Roche waren Arzttöchter, Bettina von Arnim Tochter
eines Kaufmanns; auch unter den jüdischen Schriftstellerinnen sind meist solche aus besseren Häusern: Rahel
Varnhagen von Ense war die Tochter eines vermögenden
Kaufmanns, Else Lasker-Schüler die eines Bankiers (allerdings die Enkelin eines Rabbiners), Anna Seghers die
Tochter eines Antiquitätenhändlers. Töchter von Katholi-

schen und Adligen waren in der Regel keine Pfarrerstöchter. Von den Autorinnen der Gegenwart gilt Vergleichbares: Ingeborg Bachmann war die älteste Tochter eines Schuldirektors, Ilse Aichinger die Tochter einer Ärztin und eines Lehrers, Christa Wolfs Vater war Kaufmann, Hilde Domin ist die Tochter eines Rechtsanwalts. Sarah Kirsch, Tochter eines Fernmeldemechanikers, hatte wenigstens einen Pfarrer als Großvater. Unter den namhaften Schriftstellerinnen der Gegenwart sind lediglich zwei Pfarrerstöchter: Gabriele Wohmann und Christine Brückner.

Der Beruf der Väter zwingt zwei schwer Vergleichbare zusammen, kaum könnten zwei Schriftstellerinnen verschiedener sein: Die Figuren der »Graphomanin« (so nennt sie sich selbst) Gabriele Wohmann leiden grenzenlos unter Einsamkeit, Langeweile und Todesangst, ihr banaler Alltag ist bedrückend, fast immer ausweglos, heile Familien entpuppen sich als Hort der Unfreiheit. Ihr hat das väterliche Pfarrhaus offensichtlich nichts mehr zu sagen. Dem Pfarrhaus entflohen, zweifellos.

Christine Brückner, die als Pfarrerstochter im hessischen Schmillinghausen aufwuchs, ist der ländlichen Idylle, wenn sie denn eine war, auch längst entflohen, aber ihr ist dieses Dorf »Nährboden«: »[…] dort ist mir Urvertrauen zugewachsen, das nur ein anderes Wort ist für Gottvertrauen.« (S. 21) Ist es nicht völlig ›unmodern‹, wenn man wie Christine Brückner schreiben kann: »Der Vater, der Pfarrer, Gott Vater, Lieber Vater, Unser Vater, der du bist im Himmel, das war eine Einheit, das mußte nicht unterschieden werden, alle waren sie zuständig für mich, allen war ich verantwortlich.« (S. 20) Und nun gar: »Der Satz: ›Die Kunst darf alles und muß nichts‹ kann für mich nicht gelten: Ich stehe unter Kontrolle. Die Kontrollaufgabe hat dieses Dorf, das ich mein Dorf nenne und in dem mein Vater Pfarrer war, übernommen.« (S. 21)

Die kritische Philosophie verkündet seit anderthalb Jahrhunderten, die literarische Avantgarde nun seit mindestens achtzig Jahren den Tod Gottes, und dessenungeachtet hat eine deutsche Schriftstellerin den Mut zu sagen, sie stehe »unter Kontrolle«. Aber um diesen Gemeinplatz der literarischen Theorie kümmert der vermeintlich Verstorbene sich ebensowenig wie die literarische Praxis. Einer der wichtigsten Vertreter der Avantgarde, der die Kunst durch solche »Entgötterung der Welt« bis ins Tiefste erschüttert sah (Hugo Ball), endete als gläubiger Katholik. Doch soll hier nicht Glauben gegen Unglauben aufgerechnet werden; wie sehr eine gottlose Weltfrömmigkeit zur Humanität beitragen kann, dafür ist Gottfried Keller das beste Beispiel.

Christine Brückner gehört zu den Schriftstellern, die sich zu einer Verantwortung bekennen, und das ist keineswegs unzeitgemäß. Auch Heinrich Böll oder Günter Grass sind ohne die Kategorien von Verantwortung und Schuld, sind ohne den christlichen Hintergrund nicht zu verstehen. Doch es hieße die autobiographischen Texte, die der vorliegende Band versammelt, und somit die Bedeutung von Christine Brückners autobiographischer Rechenschaft schmälern, wollte man sie auf das Stichwort ›verantwortungsbewußte Pfarrerstochter‹ verkürzen. Was interessiert den Leser am Leben von Schriftstellerinnen und Schriftstellern? »Den Menschen in seinen Zeitverhältnissen darzustellen« erschien Goethe noch die Hauptaufgabe jeder Biographie zu sein. Und der klassische Autor und jene, die sich ihm gleichstellten wie Thomas Mann oder andere, konnten ihre Biographie durchaus als repräsentativ ansehen. Doch die grauenvollen Weltkriege haben endgültig die klassische Maxime vom Dichter als Repräsentanten der gesamten Menschheit zerstört; die alle gleichmachende Gewalt hat jeden dazu gemacht: »Jedes Geschöpf trägt nach meiner Überzeugung strenggenommen das Gewicht der ganzen Menschheit.« (Thomas Bernhard, Gespräche mit Jean-Louis Rambures)

Die Welt allerdings scheint unüberschaubar geworden, und die Biographie des einzelnen scheint unterzugehen in einem Strom der Kollektivität. Eine der traditionellen Aufgaben der Literatur ist es, in solcher (scheinbaren) Unüberschaubarkeit Sinn zu stiften, in der Erinnerung die Gegenwart zu deuten. Das kann auch der Sinn autobiographischen Schreibens in der Gegenwart sein. Christine Brückners Erinnerungen an die Schulzeit im Nationalsozialismus sind unspektakulär, aber dadurch, daß sie bewußt von heute aus schreibt, das Heute in die Erinnerung mit einbezieht, gibt sie den unscheinbaren Alltäglichkeiten eine andere Dimension als unmittelbare und nicht gedeutete Zeugnisse aus der damaligen Zeit.

Man kann solche Beschränkung auf das scheinbar Private eines einzelnen Lebens im autobiographischen Schreiben nur verstehen, wenn man sie mit Rekonstruktionsversuchen vergleicht, die auf andere Weise die Spuren der Vergangenheit für die Gegenwart sichern wollen. Als »eine der größten Leistungen der Literatur unseres Jahrhunderts« *(Frankfurter Allgemeine Zeitung)* feierte das Feuilleton Walter Kempowskis *Echolot*: Auf dreitausend Seiten präsentiert er kommentarlos zeitgenössische Zeugen, die sechzig Tage vom 1. Januar bis 28. Februar 1943 dokumentieren. Jetzt, fünfzig Jahre nach Kriegsende, sitzt er über *Echolot II*, das immerhin fast ein halbes Jahr vom Dezember 1944 bis zum 8. Mai 1945 dokumentieren und zudem Stimmen des 19. Jahrhunderts und unserer Gegenwart miterklingen lassen soll. Schon Hugo von Hofmannsthal schauderte vor genau hundert Jahren (1895): »Viele Geschicke weben neben dem meinen, / Durcheinander spielt sie alle das Dasein« *(Manche freilich)*, hielt aber seinen Teil dagegen; und wenige Jahre später entdeckte die literarische Avantgarde die »Simultaneität« der Moderne für sich.

Solche Antworten auf den Verlust des Gedankens vom repräsentativen Menschenleben, die es sich in der Präsentation historischen Materials genug sein lassen, dokumentieren, daß es manchem unmöglich scheint, irgendein isoliertes einzelnes Leben als Ganzes und Repräsentatives zu entwerfen. Kempowski vertraut auf die Assoziationen eines Lesers, der »wie beim Zappen im Fernsehen« (Kempowski) ein Bild historischer Simultaneität erhalten soll. Man kann das als Rückfall in voraufklärerische Stoff- und Wissenshäufung betrachten: »Dann hat er die Teile in seiner Hand, / Fehlt leider! nur das geistige Band.« (Goethe, Faust I, Vers 1939)

Christine Brückners autobiographische Texte hingegen zeigen, daß dieses geistige Band nur im Einzelschicksal sichtbar werden kann. Alle Aufklärung über den Holocaust haben nicht so viel Betroffenheit ausgelöst wie jene amerikanische Fernsehserie, die einzelne Schicksale in den Mittelpunkt stellte. Was jedoch ist das Besondere an den autobiographischen Texten von Christine Brückner? Auch hier auf den ersten Blick ›nur‹ Alltag: erste Malversuche, der Pfarralltag des Vaters, der Alltag der oft kranken Mutter, die Topographie der Heimat, wörtlich und übertragen, die Kindheit im ›Dritten Reich‹ ohne Eigenverantwortung, von außen gelenkt. Wie können sich Christine Brückners Momentaufnahmen der Vergangenheit, oft in thematischen Sammelbänden oder Zeitschriften erstmals veröffentlicht, ihre autobiographischen Notizen, über die chronologische Reihung hinaus zu einem Gesamtbild verdichten? Das gelingt durch eine besondere literarische Technik, die sich als Grundzug des autobiographischen Selbstverständnisses von Christine Brückner offenbart.

285

Auf der Ebene des Einzelschicksals versucht sie eine gleichsam autobiographische Simultaneität zu erreichen, in der Erinnerung, Gegenwart und literarisches Werk reflexiv durchdrungen werden. Einige Beispiele können das erläutern.

Zum Kriegsende heißt es im Abschnitt »Kinder des ›Dritten Reiches‹«: »Aber: sie schossen nicht mehr! Auch dieser Satz stammt nicht von mir. Joachim Quint, siebenjährig, Mosche genannt, das älteste der Flüchtlingskinder aus Poenichen, sagt immer wieder: ›Sie schießen nicht mehr, Mama!‹ Es fielen keine Bomben mehr. Es wurde nicht mehr auf Eisenbahnzüge geschossen.« (S. 70)

Natürlich stammt der Satz von Christine Brückner, stammt aus dem vorletzten Kapitel des *Poenichen*-Romans *Jauche und Levkojen*; immer wieder wird deutlich, daß von heute aus erzählt wird und daß Leben und Schreiben eine fast bruchlose Verbindung eingehen: »Nur selten war ein Wohnort mein Zuhause, wie in Marburg. ›Das gute alte Marburg‹, sage ich – und es überkommt mich Rührung, weil ich damals so jung war, so arm, und weil ich dort so viel gelernt und so viel getanzt habe. Ich wollte meinen heimatvertriebenen Quints aus Poenichen etwas Gutes tun, deshalb habe ich ihnen in Marburg ein Behelfsheim gebaut [...].« (S. 104)

Die Technik des autobiographischen Schreibens offenbart sich als kunstvolle Erinnerung an die Zusammenhänge des Lebens und an den Sinn des Schreibens. Die Gestaltung des Ganzen, die Sinngebung des *Woher und wohin*, das fragezeichenlos den Titel des vorliegenden Bandes bildet, liegt bei Christine Brückner in der ständigen reflexiven Durchdringung von Vergangenheit und Gegenwart des eigenen Lebens und der mit ihr Lebenden, aus der Distanz. Der umfangreichste Abschnitt von *Woher und wohin*, »Das Unheil«, ist der Krankheit und den Operationen ihres Mannes, Otto Heinrich Kühner, gewidmet. Wer die ersten drei Seiten dieses ›Berichtes‹ liest (S. 183–185), wird gleichsam auch Zeuge ihrer kunstvollen autobiographischen Schreibweise: Notizen in einem Kalender werden durchgeblättert und kommentarlos zitiert – Genrebilder aus dem Schriftstelleralltag, Gedanken über Vergänglichkeit, Hinweise auf den Klinikaufenthalt von »ohk«, Verlust des »Zutrauens«; dann beschreibt sie den Versuch, »nach Monaten der Sprachlosigkeit« das Geschehene zu bewältigen. Der Leser könne darüber hinwegblättern, Leben und Schreiben böten diese Möglichkeit nicht. Und dann erst setzt die dunkel grundierte Erzählung, die Erinnerung an den verhängnisvollen Sommer ein, auch hier verbunden mit dem literarischen Werk, das damals abgeschlossen wurde, *Die letzte Strophe*: »Man darf ein Buch nicht ›Die letzte Strophe‹ nennen, sagte ich, diese letzte Strophe, die vom Altern handelt, zum Tod hinführt.« Auch hier also wieder der Versuch, alle Bereiche eines Lebens zusammenzuschauen, dem scheinbar Zufälligen einen Sinn zu geben. So nutzte Christine Brückner die Chance des »zweiten, neugeschenkten Lebens« nach einem Autounfall des Ehepaars (»Totalschaden«, S. 131) zu nichts Geringerem als dazu, die *Poenichen*-Romane zu schreiben.

»Wir haben gelernt, das Besondere alltäglich zu nehmen, aber das Alltägliche, das ist das Besondere.« (S. 274) Das Allerprivateste, das Alltäglichste wird zum Symbol des »Urvertrauens«, das der Autorin allerdings nicht als einfaches Erbe des väterlichen Pfarrhauses zugefallen ist, sondern das sie sich, wie diese autobiographischen Texte zeigen, immer wieder bewußt erschreiben muß. So gesehen sind Christine Brückners autobiographische Aufzeichnungen und Essays höchst modern.

Der Leser findet also kaum direkte Antworten auf die

Fragen *Woher und wohin*, er erfährt aber beim Lesen, wie man die beiden Fragen verknüpfen kann. Nicht die Frage nach »Zweck und Absicht« des Lebens, nach »Glück« oder »Unheil« wird beantwortet. Sigmund Freud hielt einen Lebenszweck »Glück« für »überhaupt nicht durchführbar, alle Einrichtungen des Alls widersprechen ihm; man möchte sagen, die Absicht, daß der Mensch ›glücklich‹ sei, ist im ›Plan der Schöpfung‹ nicht enthalten« (Sigmund Freud: *Das Unbehagen in der Kultur*). Wie und daß Christine Brückner von ihrem Alltagsleben erzählt, zeigt, daß man den Plan der Schöpfung auch anders lesen kann. Die einzige direktere Antwort, die Christine Brückner einmal gibt, ist wiederum eine sehr indirekte; sie zitiert den Philosophen Ludwig Wittgenstein (S. 236): »Die Lösung des Problems des Lebens merkt man am Verschwinden dieses Problems. Kann man aber so leben, daß das Leben aufhört, problematisch zu sein? Daß man im Ewigen lebt und nicht in der Zeit? Ist nicht dies der Grund, warum Menschen, denen der Sinn des Lebens nach langen Zweifeln klar wurde, warum diese dann nicht sagen konnten, worin dieser Sinn bestand.«

Die indirekten Antworten jedoch, die Christine Brückners autobiographische Texte geben, liegen in der Art und Weise ihres Schreibens, in der humorvoll distanzierten Zurücknahme der eigenen Person, aber auch darin, daß sie nichts sagen will, was sich nicht sagen läßt. Wie Christine Brückner im gleichen klaren und heiter-ernsten Ton über Schulzeit im ›Dritten Reich‹ und Glauben, über Währungsreform und Krankheit, über Behinderte und Bergwanderungen, über Gebet und Rosenmontag, also über die einfachsten und die schwierigsten Dinge schreiben kann, macht ihr so leicht niemand nach. Christa Wolf setzte in einem frühen Essay (*Tagebuch – Arbeitsmittel und Gedächtnis*, 1964) Hannah Arendts Begriff der »Banalität des

Bösen« die »Banalität des Guten« entgegen und verwies so auf die Bedeutung des Alltags vor dem Hintergrund einer Welt, die immer gewalttätiger, für den einzelnen immer weniger durchschaubar wird. Christine Brückner allerdings sieht, anders als Christa Wolf und andere Vertreter einer typisch weiblichen Form der Literatur, den Alltag nicht als typisch weibliche Erfahrung; sie würde Hélène Cixous zustimmen, daß das »Nahe, das Nebensächlichste [zu] sehen, [...] paradoxerweise am schwersten ist« *(Weiblichkeit in der Schrift)*, doch wie Christine Brückner die ›Männer‹, ihren Mann, ihren Vater, in diesen Alltag lebend und schreibend einbezieht, macht aus dem für viele utopischen Einverständnis der Geschlechter vorbildliche Wirklichkeit.

Man merkt jedem Satz der autobiographischen Skizzen an: Hier inszeniert keine Schriftstellerin sich und ihr Leben als Künstlerin, sondern hier trägt jemand mit nur scheinbar unscheinbaren Erinnerungen bei zur humanen Tradition unserer Kultur, angesichts deren einem dann plötzlich klarwerden kann, worin der Sinn des Lebens besteht.

Anhang

Im Anhang wird nachgewiesen, welchen Buchveröffentlichungen von Christine Brückner die Texte dieses Bandes entnommen sind; verzeichnet sind auch (wo möglich) die Erstveröffentlichungen an anderer Stelle. Bei den Buchveröffentlichungen handelt es sich im einzelnen um folgende Titel:

Mein schwarzes Sofa. Aufzeichnungen. Frankfurt a. M., Berlin: Ullstein 1981. Taschenbuchausgabe: 9. Aufl. 1993 (Ullstein Buch. 20500).

Hat der Mensch Wurzeln? Autobiographische Texte. Hrsg. und mit einem Vorwort versehen von Gunther Tietz. Frankfurt a. M., Berlin: Ullstein 1988. Taschenbuchausgabe: 5. Aufl. 1993 (Ullstein Buch. 20979).

Die Stunde des Rebhuhns. Aufzeichnungen. Frankfurt a. M., Berlin: Ullstein 1991. Taschenbuchausgabe: 3. Aufl. 1995 (Ullstein Buch. 23102).

Christine Brückner und Otto Heinrich Kühner: Deine Bilder – Meine Worte. Berlin: Propyläen 1987. Taschenbuchausgabe: Frankfurt a. M., Berlin: Ullstein 1990 (Ullstein Buch. 22257).

Wo nötig, werden auch biographische und historische Daten und literarische Namen erläutert – sofern sie nicht im Register aufgeführt sind.

11 Die Tafel am Haus. *Aus*: Die Stunde des Rebhuhns, S. 7–8.
11 *Pfarrhaus*: steht in Schmillinghausen/Waldeck, jetzt ein Stadtteil von Arolsen.

11 Kleine Welt auf einem Kistendeckel. *Aus*: Hat der Mensch Wurzeln?, S. 13–15. – *Erstveröffentlichung*: Waldeckischer Landeskalender (Korbach) 228 (1955), S. 48–49.

14 Mein Vater: der Pfarrer. *Aus*: Hat der Mensch Wurzeln?, S. 16–23. – *Erstveröffentlichung*: Zeitwende. Die neue Furche 42 (1971) H. 3 (Mai), S. 189–193.

15 *Einjähriger:* Wehrpflichtige mit Obersekunda-Reife konnten einen verkürzten zwölfmonatigen Dienst leisten. – *im fürstlichen Schloß:* Friedrichstein, Bad Wildungen. – 17 *Bekennende Kirche:* Evangelische Widerstandsbewegung gegen den Nationalsozialismus und die ›Deutschen Christen‹; konstituierte sich im Mai 1934 auf der Bekenntnissynode der Deutschen Evangelischen Kirche in Barmen; theolog. geprägt durch Karl Barth; nach dem Zweiten Weltkrieg einflußreich in der EKD. – 20 ›*In meinem Elternhaus hingen keine Gainsboroughs‹:* Anfangszeile des Gedichts »Teils-teils« von Gottfried Benn.

21 Das wenige, das ich von meiner Mutter weiß. *Aus:* Mein schwarzes Sofa, S. 24–39; leicht gekürzt auch in: Hat der Mensch Wurzeln?, S. 24–40.

22 *einen kleinen Roman geschrieben:* »Ein Frühling im Tessin« (1960). – 23 *Bombenangriffe auf Kassel:* 22. Oktober 1943. – *Dein Roman:* »Katharina und der Zaungast« (1957). – 30 ›*Deutsche Christen‹:* Bewegung, welche die Gleichschaltung der evangelischen Kirche im ›Dritten Reich‹ zum Ziel hatte. – 36 ›*Ut mine Stromtid‹:* 1862–64 erschienene autobiographische Schrift Fritz Reuters. – 38 ›*Glückselig, wessen Arm umspannt‹:* aus der dritten Strophe des Westfalenliedes von Emil Rittershaus (1834–1897), Weise von Joh. Peters (1820–1870). – ›*Sie tat ihm viel Liebes und kein Leides‹:* Sprüche 31,12. – 39 ›*Was Gott tut, das ist wohlgetan‹:* Kirchenlied von Samuel Rodigast (1674), Melodie von Severus Gastorius (1681). – 40 ›*Im schönsten Wiesengrunde‹:* Anfangszeile des Gedichtes »Das stille Tal« (1850) von Wilhelm Ganzhorn (1818–1880); die Melodie ist eine Volksweise.

40 Es war einmal ein Teich… *Aus:* Deine Bilder – Meine Worte, S. 13–14, 16–18.

46 Waldeck. *Aus:* Hat der Mensch Wurzeln?, S. 41–43.

48 *Atlantik … überquert:* 1964 auf einer Amerikareise zusammen mit Sigrid Bauschinger.

49 Noch einmal: Waldeck. *Aus:* Hat der Mensch Wurzeln?, S. 112–116, 118–119.

50 *Theaterstück*: »Die Berufsberatung«, ein kabarettistisches Theaterstück über die Berufszukunft der Schüler.

55 Wenn es dämmert am Heiligen Abend ... *Aus*: Hat der Mensch Wurzeln?, S. 44–46. – *Erstveröffentlichung*: Gerhart Wolter (Hrsg.): Freue Dich, o Christenheit. Advents- und Weihnachtserzählungen. Hamburg: Agentur des Rauhen Hauses 1961.

58 Komm in meinen Umarm! *Aus*: Hat der Mensch Wurzeln?, S. 63–65. – *Erstveröffentlichung*: unter dem Titel »Zärtlichkeit« in: Das Glück liegt auf der Hand. ABC der Lebensfreuden. Hrsg. von Rudolf Walter. Freiburg: Herder 1984, S. 331–333.

58 *Bathildisschule*: nach Bathildis, der Mutter von Friedrich Fürst zu Waldeck und Pyrmont (siehe auch oben S. 52–53), benannt. – ›*Willkommen und Abschied*‹: Zitiert wird hier die spätere Fassung (1789/1810) dieses Gedichtes von 1771 an die Sesenheimer Geliebte Friederike Brion. – 60 *im Goetheschen Sinne*: In »Torquato Tasso« läßt Goethe den Dichter Tasso sagen: »Und wenn der Mensch in seiner Qual verstummt, / Gab mir ein Gott, zu sagen, wie ich leide.«

61 Erste Liebe, letzte Liebe. *Aus*: Hat der Mensch Wurzeln?, S. 66–68. – *Erstveröffentlichung*: unter dem Titel »Liebe – erste und letzte« in: Das Glück liegt auf der Hand. ABC der Lebensfreuden. Hrsg. von Rudolf Walter. Freiburg: Herder 1984, S. 178–179.

63 Carl mit C. *Aus*: Hat der Mensch Wurzeln?, S. 82–84. – *Erstveröffentlichung*: Nenne deinen lieben Namen, den du mir so lang verborgen. Schriftsteller über Vornamen. Hrsg. von Hanne Kulessa. Düsseldorf: Claassen 1986, S. 64–66.

66 DIN A 5 – eine Schulzeit im ›Dritten Reich‹. *Aus*: Hat der Mensch Wurzeln?, S. 76–78. – *Erstveröffentlichung*: Antworten wg. Schule. Hrsg. von der Oberprima der Detlefsenschule Glückstadt. Glückstadt: Wirsing 1986, S. 33–34.

67 *Christian-Rauch-Gymnasium*: Der Bildhauer Christian Daniel Rauch (1777–1857) wurde in Arolsen geboren. – *Theaterstück*: »Die Berufsberatung«, siehe Anm. zu S. 50.

69 Kinder des ›Dritten Reiches‹. *Aus*: Hat der Mensch Wur-

zeln?, S. 79–81. – *Erstveröffentlichung*: Stuttgarter Zeitung vom 24. Dezember 1985.

69 *Hindenburglichter*: Im Zweiten Weltkrieg als Notbeleuchtung dienendes Licht, bestehend aus einer Pappschale mit fester Brennmasse und Docht. – 70 »*Verleih uns Frieden*«: Kirchenlied von Martin Luther (1531). – 71 ›*Dreigroschenoper*‹: Brechts populärstes Werk (1928).

72 Von Gipfel zu Gipfel Feuerzeichen. *Aus*: Mein schwarzes Sofa, S. 208–209.

73 *Münchhausen-Balladen*: Balladen des früher sehr populären Börries von Münchhausen.

73 Mein Kopfgeld. *Aus*: Die Stunde des Rebhuhns, S. 100–108. – *Erstveröffentlichung*: unter dem Titel »Worte sind meine Währung« mit etwas anderem Anfang in: Mein Kopfgeld. Die Währungsreform. Rückblick nach vier Jahrzehnten. München: Deutscher Taschenbuch Verlag 1988 (dtv. 10901), S. 100–109.

77 *Mann gefunden*: Werner Brückner (1920–1977). – *Bekennende Kirche*: Siehe Anm. zu S. 17. – 79 *Redakteurin einer Frauenzeitschrift in Nürnberg*: der »Frauenwelt«, von Februar bis November 1951. – 81 *mein zweiter Mann*: Otto Heinrich Kühner.

82 Alles verloren, alles gewonnen. *Aus*: Mein schwarzes Sofa, S. 348–350.

84 Das Grundwasser steigt. *Aus*: Deine Bilder – Meine Worte, S. 24–26, 28.

88 ›*Und die Ranke häkelt am Strauche*‹: Zeile aus Annette von Droste-Hülshoffs Gedicht »Der Knabe im Moor«.

89 Die beste Telefonnummer. *Aus*: Die Stunde des Rebhuhns, S. 32–33. – *Erstveröffentlichung*: Manchmal setzt der Himmel Zeichen. Die Bibel in meinem Leben. Hrsg. von Johannes Kuhn. Stuttgart: Quell-Verlag 1989, S. 36–38.

90 *Buch Sirach*: 31, 3. – *Mein erster Roman*: »Ehe die Spuren verwehen« (1954).

91 Die erste Operation. *Aus*: Mein schwarzes Sofa, S. 123.

91 *Die erste Operation*: Otto Heinrich Kühners erste Operation im Dezember 1980.

91 Das neue Kassel ist unvergleichlich. *Aus*: Hat der Mensch Wurzeln?, S. 120–125. – *Erstveröffentlichung*: Unsere Stadt. 1968/69. Hrsg. vom Magistrat der Stadt Kassel. Kassel: Magistrat der Stadt Kassel [1968].

93 *Herr Keuner bei Bert Brecht*: In Brechts »Geschichten vom Herrn Keuner« (1930/56) lautet eine der bekanntesten und kürzesten (»Das Wiedersehen«): »Ein Mann, der Herrn K. lange nicht gesehen hatte, begrüßte ihn mit den Worten: ›Sie haben sich gar nicht verändert.‹ ›Oh!‹ sagte Herr K. und erbleichte.« – *Horst-Wessel-Lied*: Das Lied »Die Fahne hoch! Die Reihen fest geschlossen!« des bei einem Überfall gestorbenen Studenten und NSDAP-Mitgliedes Horst Wessel (1907–1930) wurde von der NS-Reichsregierung neben dem Deutschland-Lied Hoffmanns von Fallersleben zur Nationalhymne erhoben. – 94 *Fieseler-Storch*: Der Kunstflieger Gerhard Fieseler (1896–1987) gründete 1930 in Kassel die spätere Fieseler-Flugzeugbau GmbH, die 1937 das erste Kurzstart-Flugzeug, den Fieseler-Storch, herstellte. – ›*Katte*‹: Schauspiel in 5 Aufzügen von Hermann Burte (d. i. Hermann Strübe), Leipzig: Haessel 1931. – ›*Sommernachtstraum*‹: Lustspiel von Shakespeare. – ›*Iphigenie*‹: klassisches Drama Goethes. – 96 *documenta-Jahr*: Die internationale Kunstausstellung findet seit 1955 alle vier bis fünf Jahre in Kassel statt.

98 Die unerwiderte Liebe zum Theater. *Aus*: Die Stunde des Rebhuhns, S. 128–130.

98 *Ischia*: Siehe auch den Roman »Letztes Jahr auf Ischia« (1964). – 99 ›*Die Bürgerinnen von Calais*‹: Komödie, 1963. Der Titel nimmt Bezug auf Georg Kaisers Drama »Die Bürger von Calais« (1914). – *meine ungehaltenen Frauen*: »Wenn du geredet hättest, Desdemona. Ungehaltene Reden ungehaltener Frauen« (1983).

100 Hat der Mensch Wurzeln? *Aus*: Hat der Mensch Wurzeln?, S. 177–181. – *Erstveröffentlichung*: 40 Jahre Westfalen-Blatt. Jubiläumsbeilage zum Westfalen-Blatt (Bielefeld), 15. März 1986.

101 ›*Mein Waldeck lebe hoch*‹: Hymne von Konsistorialrat

August Koch (1851–1934), vertont von Musikdirektor Friedrich Rose. – 102 ›Im schönsten Wiesengrunde ...‹: Siehe Anm. zu S. 40.

106 Der Gegenbesuch. *Aus*: Hat der Mensch Wurzeln?, S. 144–149. – *Erstveröffentlichung*: So nah und doch so fern. Die Geschichten mit den Eltern. Hrsg. von Herrad Schenk. Reinbek: Rowohlt 1985 (rororo Panther. 5670), S. 57–62.

109 *Mein Mann*: Otto Heinrich Kühner. – 110 *Konkordanz*: hier biblisches Nachschlagewerk, das unter alphabetisch geordneten Stichwörtern die betreffenden Bibelstellen verzeichnet. – ›Kleine Schott‹: Der Benediktiner Anselm Friedrich August Schott (1843–1896) gab 1883 erstmals sein lateinisch-deutsches Meßbuch heraus, das in der großen wie der kleinen Ausgabe nach ihm benannt wurde. – 111 *Theaterstück*: Siehe Anm. zu S. 50.

112 Ich liebe Inseln. *Aus*: Mein schwarzes Sofa, S. 104–108.

117 Erhabene Bergwelt. *Aus*: Mein schwarzes Sofa, S. 109–111, 342–343.

117 ›Agnes-Straub-Stiftung‹: Künstlerstiftung zum Gedenken an die Schauspielerin in Gries im Pinzgau, ihrem letzten Wohnsitz. – 119 *Ganghofer-Art*: Die positiven Helden der Romane Ludwig Ganghofers gehen stets ihren Weg zum Guten und Wahren, sind volksnah und leben in guter Ehe.

122 Totalschaden. *Aus*: Hat der Mensch Wurzeln?, S. 129–137. – *Erstveröffentlichung*: Deutsches Allgemeines Sonntagsblatt Nr. 22 vom 28. Mai 1972 unter dem Titel »Asphalt + Blech = Totalschaden«.

122 *21. März*: 1972. – 131 ›Steppenwolf‹: 1927 erschienener Roman von Hermann Hesse (Zitat: Gesammelte Schriften. Frankfurt/Main: Suhrkamp 1952, Bd. 4, S. 254).

132 Erfahrungen einer Beifahrerin. *Aus*: Die Stunde des Rebhuhns, S. 13–17. – *Erstveröffentlichung*: unter dem Titel »Erfahrungen einer Fußgängerin« in AUTOgramme. Eine Anthologie zum Thema »Automobil«. Köln: Ford-Werke 1987, S. 16–21.

132 *meinem ersten Roman*: Siehe Anm. zu S. 90.

296

137 ›Das Gebet ist des Christen Handwerk‹. *Aus*: Mein schwarzes Sofa, S. 225–226.

137 *Regel des heiligen Benedikt*: Ordensregel der Benediktiner und überhaupt des abendländischen Mönchtums, geht auf Benedikt von Nursia (um 480–547) zurück. In den allgemeinen Zitatenschatz eingegangen ist die Formel »ora et labora«. – *Antiphon*: refrainartiges Gesangsstück, seit dem frühen Mittelalter am Anfang und am Ende eines Psalms gesungen. – *Responsorium*: liturgischer Wechselgesang mit Kehrvers, vorgetragen von einem solistischen Sänger und dem respondierenden Chor. – 138 *Jakobusbrief*: 1, 19. – *Paulus sagt*: 1. Thessalonicher 5, 17. – *Luther*: Werke. Kritische Gesamtausg. Tischreden. Bd. 6. Weimar: Böhlau 1921, S. 162, Nr. 6751. – *Nietzsche*: Also sprach Zarathustra, Kap. »Von den Abtrünnigen«, 2 (Werke. Krit. Gesamtausg. Abt. 6, Bd. 1, S. 223). – ›*Salve Regina*‹: ›Sei gegrüßt, Königin!‹ Anfang einer marianischen Antiphon.

140 Winter 1963. *Aus*: Mein schwarzes Sofa, S. 282.

140 Der Tag, an dem W. B. gestorben ist. *Aus*: Mein schwarzes Sofa, S. 197–198.

140 *W. B.*: Werner Brückner. – *Goethes Geburtstag [...] Todestag*: 28. August / 22. März. – ›*Ach, er war [recte: du warst] in abgelebten Zeiten*‹: aus Goethes Gedicht für Frau von Stein »Warum gabst du uns die tiefen Blicke« (1776).

141 Der Einzelgänger. *Aus*: Mein schwarzes Sofa, S. 93–95. – *Erstveröffentlichung*: unter dem Titel »Unser Lebenslauf« in der Kolumne »Aus meiner Sicht, Kommentar« in: HNA, Hessische/Niedersächsische Allgemeine Nr. 16 vom 19. Januar 1980.

144 Die Kunst, nicht ›in‹ zu sein. *Aus*: Mein schwarzes Sofa, S. 338–341. – *Erstveröffentlichung*: in der Kolumne »Aus meiner Sicht, Kommentar« in: HNA, Hessische/Niedersächsische Allgemeine Nr. 76 vom 1. April 1978. Hier leicht verändert.

148 Rosenmontag am Rhein. *Aus*: Mein schwarzes Sofa, S. 194–195.

149 *Niemand schwimmt zweimal im selben Fluß*: bildhafte

Zuspitzung von Heraklits (ca. 544–484) Philosophie des ununterbrochenen Werdens und Vergehens. – ›*Zuschau'n mag i net*‹: Lied des Kellners Leopold aus der Operette »Im weißen Rößl«.

149 Einfaches Leben. *Aus*: Mein schwarzes Sofa, S. 153–155. – *Erstveröffentlichung*: unter dem Titel »Die Abhängigkeit der Reichen« in der Kolumne »Aus meiner Sicht, Kommentar« in: HNA, Hessische/Niedersächsische Allgemeine Nr. 38 vom 14. Februar 1981. Hier etwas gekürzt.

152 ›...und mein Leben ein Ziel hat‹. *Aus*: Mein schwarzes Sofa, S. 321–325.

154 *Psalm-Wort*: 16,11. – 155 *Quindt-Essenzen*: Die Sammlung »Quin(d)t-Essenzen und Maximen« erschien 1988 im Verlag Ullstein, herausgegeben von Irmgard Schlarb. – 157 ›*Der Zerstreute*‹: In Tucholskys 1932 erschienenem Gedicht heißt es: »Und wo – wo hast du den Humor?« Im Gedicht antwortet der Zerstreute: »›Ich las‹ – sag ich dann ohne Bangen – / ›einst den Etat der deutschen Generalität. / Da ist mir der Humor vergangen.‹ Und Gott versteht. Und Gott versteht.«

157 Ein Sonntagsberuf. *Aus*: Mein schwarzes Sofa, S. 362–363. – *Erstveröffentlichung*: 15 × Sonntag. Hrsg. von Hannelore Frank. Stuttgart, Berlin: Kreuz-Verlag 1970 (Alltägliches. 13), S. 78–83.

158 *Don Carlos*: Oper von Giuseppe Verdi.

159 Innere und äußere Werte. *Aus*: Die Stunde des Rebhuhns, S. 72–73.

160 Bäume haben immer recht. *Aus*: Die Stunde des Rebhuhns, S. 77–78.

161 Die Schlafmaschine. *Aus*: Mein schwarzes Sofa, S. 207–208.

162 Frühstück am Sonntagmorgen. *Aus*: Die Stunde des Rebhuhns, S. 61–63. – *Erstveröffentlichung*: unter dem Titel »Gedenke der Quelle, wenn du trinkst« in: Evangelischer Gemeindebrief der Südstadt-Gemeinde Kassel, Oktober 1979.

165 Das Wunder von Bethlehem, hessisch. *Aus*: Die Stunde des Rebhuhns, S. 170–171.

166 Gespräche. *Aus*: Die Stunde des Rebhuhns, S. 331.

167 ›*Als die goldne Abendsonne*‹: Nazilied, das ursprünglich auf ein altes Handwerkslied zurückgeht, aber mit leicht verändertem Text auch von der kommunistischen Bewegung gesungen wurde. – ›*Prometheus*‹: Hymne des jungen Goethe. – ›*Füllest wieder Busch und Tal*‹: Goethes Gedicht »An den Mond« (1789). – *Horst-Wessel-Lied*: Siehe Anm. zu S. 93; Vers 2 und 3 der ersten Strophe lauten: »Kameraden, die Rotfront und Reaktion erschossen, / Marschiern im Geist in unsern Reihen mit.«

167 Die Winterreise im Mai. *Aus*: Die Stunde des Rebhuhns, S. 113–115.

168 *Winterreise*: Liederzyklus (1827) von Franz Schubert nach Gedichten von Wilhelm Müller (1794–1827). – 168 *Contergan*: Thalidomid, das bis 1962 in der Bundesrepublik als Schlaf- und Beruhigungsmittel von der Firma Chemie Grünenthal vertrieben wurde, erzeugt schwere embryonale Mißbildungen. – 169 ›*Der Tod und das Mädchen*‹: Lied Schuberts nach einem Text von Matthias Claudius. – ›*Ich träumte von bunten Blumen*‹: Anfangszeile des Liedes »Frühlingstraum« aus der »Winterreise«.

170 Behinderungen. *Aus*: Mein schwarzes Sofa, S. 285–287. – *Erstveröffentlichung*: unter dem Titel »Den Rollstühlen nicht ausweichen« in der Kolumne »Aus meiner Sicht, Kommentar« in: HNA, Hessische/Niedersächsische Allgemeine Nr. 201 vom 30. August 1980.

172 Sauna-Gespräche. *Aus*: Die Stunde des Rebhuhns, S. 136–137.

174 Das Familienbad. *Aus*: Mein schwarzes Sofa, S. 280–281.

176 Kein Haus in der Toskana. *Aus*: Deine Bilder – Meine Worte, S. 126, 128–129.

180 Ein Tisch und zwei Stühle. *Aus*: Deine Bilder – Meine Worte, S. 130, 132–133.

180 ›*Halbschatten und Halbtrauer*‹: Reise-Essay in »Unterwegs« (Gesammelte Werke), S. 192–206. – 181 ›*ungehaltenen Reden*‹: Siehe Anm. zu S. 99. – *Prediger Salomo*: 4,9 und 4,10.

183 Das Unheil. *Aus*: Die Stunde des Rebhuhns, S. 186–235.
183 ›*Die letzte Strophe*‹: 1989 erschienener Roman. – »*Gutes denken, tun und dichten*«: aus der zweiten Strophe des Kirchenliedes »Liebster Jesu, wir sind hier« (1683) von Tobias Clausnizer (1618–1684). – 184 *ohk*: Otto Heinrich Kühner. – 194 ›*Lächel-Gedicht*‹: Das Pummerer-Gedicht »Ein Lächeln zum Weiterreichen« von Kühner. – 196 *Sommer-Gedicht*: In: Otto Heinrich Kühner: Wozu noch Gedichte? Gedichte. Frankfurt a. M., Berlin: Ullstein 1983 (Literatur heute; Ullstein Buch. 26089), S. 52. – 197 ›*Spuren*‹: »Ehe die Spuren verwehen« (1954), der erste Roman. – 198 *Freund Johannes*: Johannes Rüber, Schriftsteller. – *Kühners Lektorin*: Hanna Siehr. – 200 *Minetti*: Bernhard Minetti war Thomas Bernhards Lieblingsschauspieler, für ihn schrieb er viele seiner Stücke, u. a. auch »Minetti«. – 206 ›*Jeder, der fällt, hat Flügel*‹: aus der vorletzten Strophe des Gedichts »Das Spiel ist aus« von Ingeborg Bachmann. – ›*Mir ist Erbarmung widerfahren*‹: Choral von Philipp Friedrich Hiller (1699–1769). – 210 *Berlin-Museum*: Museum zur Stadt- und Kulturgeschichte Berlins seit der Mitte des 17. Jahrhunderts, untergebracht im Palais des ehemaligen Alten Kammergerichtes im Bezirk Kreuzberg. – 212 *Das Lachen der Furcht*: Leitartikel in »Frauenwelt« (Nürnberg), Jg. 155 (1951), Heft 13 (Juni), S. 3. – 214 ›*Wozu noch Gedichte?*‹: Gedichtband von Otto Heinrich Kühner, siehe Anm. zu S. 196. – 216 *Frau Rath Goethe an Christiane von Goethe*: Brief vom 14. 12. 1807 – Briefe von Goethes Mutter an ihren Sohn, Christiane und August von Goethe. Weimar: Vlg. d. Goethe-Ges. 1889 (Schriften d. Goethe-Ges. 4), S. 332 f. – 217 ›*Ein Lächeln zum Weiterreichen*‹: Siehe Anm. zu S. 194. – 218 *Motto einen Satz von Thornton Wilder*: aus Wilders »Die Brücke von San Luis Rey« (1927). – 221 *griechischen Kardiogramme*: aus dem Roman »Das glückliche Buch der a. p.«. – 228 *Freund Johannes*: Siehe Anm. zu S. 198. – 230 *g. t.*: Gunther Tietz. – 233 *über unsere Wanderung […] die Toskana schrieb*: Reise-Essays, jetzt im Band »Unterwegs« der Gesammelten Wer-

ke. – 238 ›*Donna Laura*‹: Viera Janárčeková vertonte die Rede von Petrarcas Geliebter aus »Wenn du geredet hättest, Desdemona« (Dramatische Szene für Mezzosopran und 15 Instrumente).

238 Ihr letzter Flug. *Aus*: Die Stunde des Rebhuhns, S. 325–326.

239 ›*Tochter Zion, freue dich!*‹: Choral, Text von Friedrich Heinrich Ranke (1820), wird gesungen auf eine Melodie von Händel (1747). – ›*Maria durch ein Dornwald ging*‹: trad. Marienweihnachtslied, seit 1850 bekannt, aber wahrscheinlich älter. – ›*Dona nobis pacem*‹: Kanon, Melodie mündlich überliefert.

240 Unser Dorf soll schöner werden. *Aus*: Die Stunde des Rebhuhns, S. 297–298.

241 Ein Schlößchen wird zum Schloß. *Aus*: Die Stunde des Rebhuhns, S. 314–315; Schluß hier geändert.

241 *Schloß Schönfeld*: Der General Nikolaus Heinrich von Schönfeld erbaute sich 1777 das nach ihm benannte Schloß. Nach wechselvoller Geschichte gelangte es zu Beginn des 20. Jahrhunderts in den Besitz der Stadt, wurde als Restaurant und Hotel verpachtet, jetzt renoviert durch den Verein ›Schloß Schönfeld‹.

243 Die Noch-DDR. *Aus*: Die Stunde des Rebhuhns, S. 291–292 und S. 303–304, 301–303.

245 ›*Elefant*‹: Historischer Gasthof in Weimar. – *Gartenhaus an der Ilm*: Goethes Domizil in Weimar von 1776 bis 1782, auch späterhin des Dichters »geliebter Zufluchtsort«, Geschenk des Herzogs Carl August, unweit der Ilm außerhalb der Stadt gelegen, heute in den Weimarer Park einbezogen.

247 Fahrt ins ehemalige Drüben. *Aus*: Die Stunde des Rebhuhns, S. 243–247, 304–305.

251 Oder/Odra. *Aus*: Die Stunde des Rebhuhns, S. 247–251.

256 Eine polnisch-deutsche Stiftung? *Aus*: Die Stunde des Rebhuhns, S. 323–324.

258 Potsdam, 4. Juli 1990. *Aus*: Die Stunde des Rebhuhns, S. 292–296.

258 *Maler-Freundin*: Heide M. Sauer. – 260 *ersten Roman*:
»Ehe die Spuren verwehen« (1954). – *Fontane*: In den
»Wanderungen durch die Mark Brandenburg«, Kapitel
»Havelland«, zu Beginn des Abschnitts »Die Havelschwä-
ne«. – 261 *Hagia Sophia*: griech. ›Heilige Weisheit‹; Haupt-
kirche, seit 1453 Moschee, heute Museum in Konstantino-
pel bzw. Istanbul; der heutige Bau stammt von 537/62. –
Santa Maria Maggiore: Patriarchalbasilika in Rom; 432
bereits umgebaut, berühmte Mosaiken des 13. Jh., Fassade
aus dem 18. Jh. – *postum an Fontane*: »Und dann die
festlichen Kastanien« in »Unterwegs« (Gesammelte
Werke), S. 256–262. – 262 *Tischreden der Katharina Luther*: aus »Wenn du geredet hättest, Desdemona«. – ›*Neuen
deutschen Nationalhymne*‹: Das Lied, das mit »Ich liebe
deine Schmetterlinge« beginnt, ist abgedruckt in: Ein Lächeln zum Weiterreichen. Das Beste von Otto Heinrich
Kühner, gen. Pummerer. München: Langen Müller 1992,
S. 13.

263 3. Oktober 1990. *Aus*: Die Stunde des Rebhuhns, S. 305–
311.

263 *Stiftsruine von Bad Hersfeld*: Die Säulenbasilika wurde
1040 begonnen; 1761 von frz. Truppen niedergebrannt,
seitdem Ruine. – 265 ›*hellere Schwester der Kassandra*‹: Am
16. Dezember 1984 im »Sonntagsgespräch« des Zweiten
Deutschen Fernsehens. – 269 ›*Neue deutsche Nationalhymne*‹: Siehe Anm. zu S. 262.

270 Zug der Kraniche. *Aus*: Die Stunde des Rebhuhns, S. 324–
325.

272 Der Golfkrieg. *Aus*: Die Stunde des Rebhuhns, S. 329–
331.

273 *Aufführung von Tschechows ›Kirschgarten‹*: an der Ber-
liner Schaubühne in der Inszenierung von Peter Stein. –
›*Mein Eulenspiegel*‹: 1991 im Limes Verlag, Berlin, erschie-
nen. – *Verleger*: Damals Klaus Müller-Crepon. – *Lektorin*:
Damals und heute: Dr. Renate Jakobson. – *g.t.*: Gunther
Tietz. – 274 *Preisendanz [...] vor ein paar Jahren*: 1988; der
»Kasseler Literaturpreis für grotesken Humor« wurde

1984 von Christine Brückner und Otto Heinrich Kühner gestiftet und 1985 erstmals verliehen. – *Goethes »Gottes ist der Orient«*: Der erste der »Talismane« aus Goethes »West-östlichem Divan«, ein Vierzeiler, endet: »Nord- und südliches Gelände / Ruht im Frieden seiner Hände.«

274 Den Tag vor dem Abend loben. *Aus*: Christine Brückner: Lieber alter Freund. Briefe. Erw. Ausg. Frankfurt a. M., Berlin: Ullstein 1995 (Ullstein Buch. 23478), S. 55–60, dort mit dem Zusatz »Ende September 1991« (Erstausgabe: Stuttgart: Quell-Verlag, 1992 [Edition Johannes Kuhn. 11]).

277 *einen kleinen Aufsatz*: »Umgang mit Christine Brückner«: zuletzt erschienen in: Christine Brückner. Leben und Werk. Berlin: Ullstein 1994, S. 117–120, davor in: Christine Brückner: Lachen, um nicht zu weinen. Ein Lesebuch in Großdruck. Tübingen: Niemeyer 1984 (Edition Richarz), S. 9–12. – 278 ›*Hetman*‹: der Anführer bei den Kosaken.

279 Die Uhr. *Aus*: Die Stunde des Rebhuhns, S. 74.

Namenregister

Ziffern in Klammern [] verweisen auf indirekte Erwähnungen, Erläuterungen dazu im Anhang

Bach, Johann Sebastian, 1685–1750, bedeutender deutscher Barockkomponist, bekannt auch durch vielfältige Bearbeitungen kirchlicher Choräle *109*

Bachmann, Ingeborg, 1926–1973, Lyrikerin und Erzählerin *206*

Barth, Karl, 1886–1968, schweizerischer Theologe, wirkte nach seiner Amtsenthebung in Bonn 1935 durch die Nationalsozialisten lange Zeit an der Universität Basel *17*

Beckett, Samuel, 1906–1989, irisch-französischer Dramatiker und Romancier, herausragender Vertreter des »absurden Theaters« *63, 94*

Beheim, Ruth, Sopranistin *94*

Bellman, Carl Michael, 1740–1795, Lyriker, beliebt besonders durch seine Lieddichtungen *20*

Benn, Gottfried, 1886–1956, deutscher Dichter, besonders Lyriker und Essayist *20*

Bernhard, Thomas, 1931–1989, bedeutender österreichischer Romancier und Dramatiker *63, 200*

Bloch, Ernst, 1885–1977, deutscher Philosoph und Verfasser von religiös-marxistischen Sozialutopien *267*

Böll, Heinrich, 1917–1985, deutscher Schriftsteller *63*

Bond, Edward, *1934, englischer Dramatiker *94*

Brahms, Johannes, 1833–1897, Komponist *129, 154*

Brecht, Bertolt, 1898–1956, deutscher Dramatiker, Lyriker und Regisseur *[71], 75, 93*

Brion, Friederike, 1752–1813, Freundin Goethes während seiner Straßburger Zeit (1770) *[58]*

Friedrich Wilhelm I., König von Preußen (seit 1713), 1688–1740, Vater Friedrichs des Großen *260*

Gainsborough, Thomas, 1727–1788, begehrtester Bildnismaler des engl. Adels *20*

Ganghofer, Ludwig, 1855–1920, Romancier und Dramatiker, schrieb zahlreiche naiv-gemütvolle Romane und Erzählungen aus seiner bayrischen Heimat *119*

Geibel, Emanuel, 1815–1884, zu seiner Zeit hochgeschätzter deutscher Dramatiker und Lyriker *205*

Gerhardt, Paul, 1607–1676, deutscher Dichter, vor allem als Verfasser geistlicher Lieder bekannt *63*

Glau, Luise, Schauspielerin *94*

Goethe, Johann Wolfgang, 1749–1832, deutscher Dichter, Naturwissenschaftler und Staatsmann *58, 60, 103, 140, 167, 268, 274*

Goethe, Katharina Elisabeth, 1731–1808, Goethes Mutter *216*

Gorbatschow, Michail, *1931, sowjetischer Politiker, seit 1985 Generalsekretär der KPdSU, von 1988 bis 1990 Staatsoberhaupt, 1990 Friedensnobelpreis *233, 250*

Grimm, Jacob, 1785–1863, Begründer der Germanistik, Deutscher Sprach- und Literaturwissenschaftler, wie sein Bruder u. a. als Bibliothekar in Kassel tätig *67, 81, 97, 242*

Grimm, Wilhelm, 1786–1859, sammelte und edierte mit seinem Bruder Jacob die »Kinder- und Hausmärchen« *81, 242*

Havel, Václav, *1936, tschechoslowakischer Schriftsteller und Dramaturg, 1989–1992 Staatspräsident, seit 1993 erster Präsident der Tschechischen Republik *265*

Haydn, Joseph, 1732–1809, österreichischer Komponist, Vertreter der Wiener Klassik *129*

Hebsaker, Jo, 1933–1994, Leiter des Jugendbuchverlages Ensslin & Laiblin *157*

Heine, Heinrich, 1797–1856, deutscher Dichter und Publizist *20*

Hitler, Adolf, 1889–1945 *30, 52, 93, 246, 263*

Humboldt, Wilhelm von, 1767–1835, deutscher Philosoph, Sprachforscher und preußischer Staatsmann *262*

Hussein, Sadam, *1937, irakischer Politiker, seit 1979 Staats- und Regierungschef *274*

Christine Brückner
Leben und Werk

Mit Beiträgen von
Walter Pape,
Gunther Tietz,
Sigrid Bauschinger und
Otto Heinrich Kühner

144 Seiten, 23 Abbildungen, Leinen

»Die Übereinstimmung zwischen Leben und Schreiben hat sich erst spät eingestellt. Zuerst die Lebenserfahrung, dann die Schreiberfahrung. Leben gleich Einatmen, Schreiben gleich Ausatmen.«

(Christine Brückner)

Ullstein